大夏书系·推敲课堂

# 课堂教学「心」主张

董彦旭 著

华东师范大学出版社
全国百佳图书出版单位

图书在版编目（CIP）数据

课堂教学"心"主张/董彦旭著．—上海：华东师范大学出版社，2014.5
ISBN 978-7-5675-2079-0

Ⅰ.①课… Ⅱ.①董… Ⅲ.①课堂教学—教学研究 Ⅳ.①G424.21

中国版本图书馆 CIP 数据核字（2014）第 102162 号

大夏书系·推敲课堂
## 课堂教学"心"主张

| | |
|---|---|
| 著　　者 | 董彦旭 |
| 策划编辑 | 李永梅 |
| 审读编辑 | 卢风保 |
| 封面设计 | 戚开刚 |
| 责任印制 | 殷艳红 |
| 出版发行 | 华东师范大学出版社 |
| 社　　址 | 上海市中山北路 3663 号　邮编　200062 |
| 网　　址 | www.ecnupress.com.cn |
| 电　　话 | 021-60821666　行政传真　021-62572105 |
| 客服电话 | 021-62865537 |
| 邮购电话 | 021-62869887　地址　上海市中山北路 3663 号华东师范大学校内先锋路口 |
| 网　　店 | http://hdsdcbs.tmall.com/ |
| 印 刷 者 | 北京季蜂印刷有限公司 |
| 开　　本 | 700×1000　16 开 |
| 插　　页 | 1 |
| 印　　张 | 15.5 |
| 字　　数 | 238 千字 |
| 版　　次 | 2014 年 7 月第一版 |
| 印　　次 | 2015 年 12 月第二次 |
| 印　　数 | 6 101 — 9 100 |
| 书　　号 | ISBN 978-7-5675-2079-0/G·7366 |
| 定　　价 | 32.00 元 |
| 出 版 人 | 朱杰人 |

（如发现本版图书有印订质量问题，请寄回本社市场部调换或电话021-62865537 联系）

# 目录
## Contents

前言　优质课堂的教学艺术 ················································ 1

第一编　教学境界"心"追求 ········································ 1
　一、课在诗中，演绎诗意课堂的艺术 ································ 1
　二、智在书中，创建智慧课堂的艺术 ································ 4
　三、情在心中，打造浓情课堂的艺术 ································ 9
　四、人在乐中，构筑和谐课堂的艺术 ································ 13
　五、育在美中，追寻审美化课堂的艺术 ···························· 18

第二编　师生互动"心"思路 ········································ 23
　一、思想共享 ···························································· 23
　二、情感共鸣 ···························································· 29
　三、目标共求 ···························································· 33
　四、思维共振 ···························································· 38
　五、体验共悟 ···························································· 44
　六、创意共生 ···························································· 51
　七、评价共通 ···························································· 55
　八、考试共赢 ···························································· 60

第三编　协调育人"心"选择 ········································ 65
　一、科学精神与人文精神的全面性协调 ···························· 65

二、学习预设与课堂生成的联动性协调 …………… 71
三、接受式学习与探究式学习的互补性协调 ………… 75
四、独立学习与合作学习的辩证性协调 ……………… 80
五、三维目标与多元教学要素的驱动性协调 ………… 86
六、心理教育与学科教学的互助性协调 ……………… 91
七、学生主体与教师主导的一体化协调 ……………… 98
八、教师与学生关系的和谐性协调 …………………… 103
九、课堂学习与终身学习的可持续性协调 …………… 109
十、传统手段与现代媒体的融合性协调 ……………… 114

## 第四编 智慧施教"心"策略 …………………… 121
一、情感渗透法 ……………………………………… 121
二、愉悦乐学法 ……………………………………… 127
三、化知成智法 ……………………………………… 130
四、德才共轭法 ……………………………………… 136
五、以美促知法 ……………………………………… 143
六、愤悱启发法 ……………………………………… 147
七、创新求索法 ……………………………………… 151
八、争鸣讨论法 ……………………………………… 158
九、因材施教法 ……………………………………… 163
十、潜移默化法 ……………………………………… 167
十一、情境感染法 …………………………………… 172
十二、心灵感悟法 …………………………………… 177
十三、行而知之法 …………………………………… 181
十四、合作共学法 …………………………………… 185
十五、节奏变换法 …………………………………… 190
十六、潜能挖掘法 …………………………………… 194
十七、包容接纳法 …………………………………… 201
十八、严谨治学法 …………………………………… 205

十九、化繁为简法 ········································· 209
二十、轻负高效法 ········································· 214
二十一、塑造成功法 ······································· 219
二十二、网络互动法 ······································· 222
二十三、纠错自省法 ······································· 226
二十四、智慧管理法 ······································· 230

后　记 ······················································· 237

# 前言　优质课堂的教学艺术

雅斯贝尔斯说："教育是人的灵魂的教育，而非理性知识和认识的堆积。"教育是育人、育心、育德的文化心理活动，是人与人心灵的沟通、精神的契合，是人对人的交流活动，包括知识的传授、生命内涵的领悟、意志行为的规范等，它的目的是促进人健康、快乐、自主、幸福地成长。课堂是教师和学生共同活动的时空，教师的教学工作、学生的学习活动大部分是在课堂中进行的。课堂生活的方式及其质量，对教学效果，乃至于学生的身心发展、教师的生活质量，都会产生深远的影响。

课堂要着眼于心灵。《黄帝内经·素问·六节藏象论》中说："心者，生之本，神之变也。""心"是精神凝聚而变成的生命的根本。教育中有"心"，才有生命，才有根本，才会产生足以陶冶学生品格与个性的爱和美、情和韵、理和智，从而焕发出育人的魅力。教师既要善于敞开自己的心灵，也要善于打开学生的心灵。孟子早就提出："学问之道无他，求其放心而已矣。"(《孟子·告子上》)教育的"放心"，就是促使学生用心灵的情思、智慧去感受生活世界和书本世界进而获得领悟，当学生的心灵和教师的心灵取得契合而互动时，课堂教学就会取得浸润心田、凝神静听、欣然忘归的美妙。在教师与学生的心灵相通中，教师心灵中人格的、智慧的、情感的、文采的、美学的各种因子，会润物细无声地渗透进学生的心灵中去，融合成为学生心灵的有机组成部分，使学生学得心驰神往，如饥似渴地吸取教材的精华，看到哲学的沉思，听到历史的欢唱，闻到智慧的清香。

课堂是教师挥洒才情和智慧的舞台。优质的课堂应该智慧如风，因为这样才会出现无法预设的精彩。教师的魅力在于用自己的智慧去照亮学生的智慧，用自己的智慧去唤醒学生的智慧。在优质的课堂上，教师播下种子，收获的可能是情感的升华、思想的启迪、价值观的引领……没有智慧的课堂，只会稀释学生的情感，淡化学生的感悟，禁锢学生的想象，进而扼杀他们的创造灵性与个性，只会让课堂教学陷入机械、沉闷和程式化的死胡同，使课堂成为一潭死水，了无生机。

　　以往的教学，过于注重知识的传授，而不关注情感的流露、内心世界的表达。优质的课堂应该以这样的面貌呈现出来：教师和学生仿佛化作了生命共同体，同研究，共成长。课堂上，教师时时播撒情感，处处传递友谊；学生感觉到教师的热情扑面而来，体验到教师对自己的一片深情。当学生取得成绩时，教师的语言是欢快的、活泼的；当学生遇到困难时，教师的心情是沉重的、苦涩的，教师和学生是心相通、情相系、智相融的。当学生需要开启心智的时候，教师的讲解能让他们醍醐灌顶，怦然心动，悠然心会；当学生需要抚慰心灵的时候，教师的教诲能给他们自卑的心灵带来自信，脆弱的心灵带来强健，懵懂的心灵带来觉悟；当学生需要开阔视野的时候，教师总是适时引领他们更上一层楼；当学生需要放飞梦想的时候，教师总能够营造宏大的格局，为他们开辟广阔无垠的长空。

　　诗意，让课堂走向浪漫；

　　智慧，让课堂走向精彩；

　　快乐，让课堂走向和谐；

　　浓情，让课堂走向幸福；

　　审美，让课堂走向灵动。

　　书山有路，在课堂天地中，有飞扬的音乐，有激情的诵读，有幽默、机智与诙谐，有笑声中的传情达意，有言辞的交锋、观点的辩驳、心灵的碰撞。课堂不仅仅是知识切磋与智慧习得的场所，同时又是塑造灵魂的舞台。让我们充满感情地解读教育智慧，让我们神采飞扬地和学生一起探讨交流，让我们尽情地体味人文精神、审美情趣，让这情感的流淌，迸发诗的激情、美的神采、智的光华！

# 第一编　教学境界"心"追求

## 一、课在诗中，演绎诗意课堂的艺术

**【教学视点】** 诗意是课堂教学的灵魂

培根说，"读诗使人灵秀"，诗人荷尔德林也说过，"人，诗意地栖居在大地上"。课堂作为学生和教师栖居的主要场所，应当充满浓浓的诗意——涌动诗的灵性，洋溢诗的浪漫，弥漫诗的芳香，勃发诗的激情，流淌诗的旋律，演绎诗的精彩。从现代文明意义上来说，诗意是课堂教学的灵魂。

1. 以诗激志

优秀的诗歌往往凝聚着诗人对美好未来的憧憬，闪烁着充分诗意化的理想。伟大的理想是人格结构的内核，为理想所激动和鼓舞着的生命一定会焕发无限潜能，创造不可估量的人生奇迹。诗歌中有许多激励人生理想的作品，有许多精当凝练、充满哲理的佳句，或慷慨激昂、直抒胸臆，或悲愤满怀、借诗咏志，给人以深刻的启示和教益。教师借用诗歌渗透的形式开展教学，在一定意义上能让学生吟诗明志，体会诗人的志趣，从而树立远大的人生理想。

2. 以诗润心

人之所以成为人，是因为他不但生活在物质世界里，而且还生活在精神世界里。物质的营养品养育人的肉体，精神的营养品养育人的心灵。诗词是最精美的精神营养品。在课堂上渗透诗，引导学生读诗、赏诗，可以使学生更好地感悟人生真谛与宇宙哲理，可以极大地丰富学生的精神世界，提高学生对人生的洞察力与感悟力。当我们诵读"路曼曼其修远兮，吾将上下而求索"时，面前呈现的是屈原那颗光明高洁而忧愤深广的心。当我们吟唱"舟遥遥以轻飏，风飘飘而吹衣"时，面前搏动的是陶渊明那颗誓与污浊决绝、追求人的自由与尊严的心。当我们高唱"安能摧眉折腰事权贵，使我不得开心颜"时，会使学生仰慕李白人格的独立清高！当我们低吟"穷年忧黎元，叹息肠内热""可怜身上衣正单，心忧炭贱愿天寒"时，会使学生为杜甫、白居易那伟大的人道主义情怀所感动！……这样口诵心惟，咀嚼体悟，共鸣感奋，自然就会滋养学生的身心，化育学生的灵魂。

3. 以诗修文

诗是最高级的语言艺术作品。诗的语言最简洁、最优美、最富形象性，诗的节奏和声韵给人听觉上的美感，诗的辞藻里往往浓缩着民族文化的精华，诗的表达技巧最为丰富多彩，因此，"能读千赋，则能为文"，是自然的道理。学诗、吟词可以有效地医治中学生语言枯燥乏味、重复啰唆的通病，有助于把话说得精练、生动、有文采。"不学《诗》，无以言"，这是孔子对儿子孔鲤的教诲。古人学诗习词，可以"接遇宾客，应对诸侯"；今之外交家利用现成诗句巧妙达意而被世人称道者，也不乏其例。

当然，诗词在课堂中的渗透给予学生的影响，不是外显的，而是一种潜移默化。热爱读诗的学生自己也许感受不到这种影响的存在，但等他诗读得多了，积淀丰厚了，人们就会从他不俗的谈吐和文雅的举止中感觉到一种特有的气质——一种超凡脱俗的"书卷气"。苏轼有诗云："粗缯大布裹生涯，腹有诗书气自华。"

【案例在线】地理教学妙用古代诗歌

描写自然风光的古诗对地理课堂具有辅助作用，经过巧妙地选择，利用古诗能使地理课堂充满诗情画意，收到意外的教学效果。

比如关于长江的地理教学，讲述长江各段的水文特征时，如果平铺直叙——长江上游，多峡谷，水流急；中游，河道弯曲，多支流；下游，江阔水深——就很是乏味。如果穿插"朝辞白帝彩云间，千里江陵一日还。两岸猿声啼不住，轻舟已过万重山"，就能够生动地突显长江上游"多峡谷，水流急"的特征。中游的特征是河道弯曲，可选择用"朝发黄牛，暮宿黄牛；三朝三暮，黄牛如故"来表现。讲授长江下游的特征时，可用"故人西辞黄鹤楼，烟花三月下扬州。孤帆远影碧空尽，唯见长江天际流"，给学生展现出江阔、水深的特点。运用这些古诗，能把"死"的知识讲"活"，并且能形象生动地说明长江各段的水文特征，大大提高同学们的学习兴趣。

地理特征范围很广，如地形特征、气候特征、水文特征、经济特征等。运用古代诗词能加深学生对所学地理特征的印象，收到事半功倍的效果。比如内蒙古高原的地形特征，可运用北朝民歌《敕勒歌》——"敕勒川，阴山下，天似穹庐，笼盖四野。天苍苍，野茫茫，风吹草低见牛羊"来表现内蒙古高原"地表坦荡，草原辽阔"的地形特征。通过对该民歌的欣赏、理解，学生们将会对内蒙古高原的地形特征留下深刻的印象。同时，也活跃了课堂氛围。

地理原理是地理教学的重点内容，有些地理原理既难懂，讲起来又枯燥乏味。比如学习关于世界气候"气温随海拔增高而降低"这一规律，可运用白居易的《大林寺桃花》——"人间四月芳菲尽，山寺桃花始盛开。长恨春归无觅处，不知转入此中来"。这首诗把平原（人间）与山上（庐山大林寺）的气候（主要是气温）作了形象对比：海拔每升高100米，气温下降0.6℃，若平原上（海拔50米）气温为10℃，那么山顶海拔1474米，气温仅1℃左右，两者相差8℃多，难怪在人间已百花凋零时，山寺桃花才盛开。借助这首诗，学生不仅可以形象生动地理解气温随海拔增高而降低的地理原理，同时可以欣赏一首优美的七言绝句，真可谓一箭双雕。

（赵志明，载《光明日报》2011年5月6日）

【教学感悟】校园是诗歌天然的牧场

诗歌是语言的最高形式，诗人是语言的建筑师。青少年正处于敏感多思、爱诗的黄金时代和与诗歌天然亲近的诗性年华，可以说，青少年人人都是诗人，以诗促教不仅可以使他们的审美赏鉴能力、感悟人生能力和文学书写能力得到提高，而且使他们逐步向善向真向美，并更加热爱生活，珍惜生命，珍视友谊，思考时代。校园是诗歌天然的牧场，校园生活本身的诗意与纯净，给青春的心灵涂抹了一层天然的诗意土壤，诗歌可以拓展他们的精神空间，为他们提供一个放飞心灵的诗性的精神家园。在上述案例中，教师在教学中通过充分发挥诗歌的陶情养性的审美与教化作用，使学生在学习上产生积极向上的人生追求，对人生充满遐想和热情，较好地促进青少年身心的健康成长。

弹奏诗的琴弦，打造有活力的课堂。陶行知先生说："我们要把育才办成一个诗的学校……我要以诗的真善美来办教育……使每个同学、先生、工友都过着诗的生活，渐渐地扩大去，使每个中国的人民、世界的人民，都过着诗的生活。"课堂上，教师要时时奏响学生心中的诗的琴弦，使他们的求知欲、好奇心和鲜明的想象创造能力得到最大发展。

品味诗的浪漫，追求有灵性的教学。课堂会因诗意而变得浪漫，学生的思想也会因浪漫而变得自由驰骋。没有诗意的课堂是呆滞的课堂，是死板的课堂，是做作的课堂。只有渗透着诗意的课堂，才是真正返璞归真的课堂，才能让学生和教师都如痴如醉，如沐春风。追求课堂的诗意吧！把充满热情的青春情怀还给学生，把健全人格的自由发展还给学生！

## 二、智在书中，创建智慧课堂的艺术

【教学视点】追求智慧型的课堂

古希腊哲学家柏拉图说过："教育的任务不在于把知识灌输到灵魂中去，而在于使灵魂转向。"英国哲学家怀特海指出："教育的全部目的就是使人具有活跃的智慧。"因此，当代教师需要作为学生智慧成长的引导者、促进者和自我智慧成长的反思者、实践者。优质的课堂需要有智慧的教师。要使学生长智慧，教师自己必须有智慧，没有智慧的教师，是教不出有智慧的学生的。教师教育智慧在课堂上的表现主要有以下几个方面。

1. 深邃的思想

赞可夫说："为了顺利地完成自己的任务，一个教师应当掌握深刻的知识。"深刻意味着不仅把教材看懂，而且看穿、看透、看活，从而挖掘出教材的精髓、内涵。一句成语说得好——深入浅出。教师对教材钻得深,悟出来的道理就透彻,这样讲起课来就酣畅淋漓,也就能够做到行云流水。教师一句精辟的话,常萦绕于学生脑际而使学生终生难忘;一个生动的比喻,能使学生抓住知识的关键而茅塞顿开。言不在多,贵在精当;语不在长,贵在适时;要语不烦,达意则灵。

2. 独到的见解

教师对教材要有真知灼见,能够于平凡中见新奇,发人之所未发,见人之所未见。这样,他的课就如同一首诗、一幅画、一段旋律、一项发明,是独一无二的创造,学生听这样的课就会如沐春风,如饮甘霖。独到的东西总会给人特别的、难忘的印象。独到的对立面是平庸,平庸的特征是从众。一般来说,想从平庸者的教学中讨到什么让人开窍的钥匙,往往是徒劳的。

3. 广博的知识

苏霍姆林斯基在《给教师的建议》中说:"教师所知道的东西,就应当比他在课堂上要讲的东西多十倍,以便能够游刃有余地掌握教材。"的确,教师不仅应该是他所教学科领域的专家,也应是博览群书的饱学之士。他应该对各方面的知识都有所涉猎,努力拓宽知识面。这样才有可能口含灵珠,讲起课来旁征博引,妙趣横生,见地别具,吐语不凡,从而使学生如同进入一个辽阔、纯净甚至可以嗅到芬芳的知识王国,令学生流连忘返,全身心陶醉。这样的课堂教学活动是教师在汲取人类文明的丰富营养后,厚积薄发出来的艺术"精品"。

国际未来学研究所儒佛内尔博士说过:"明天的资本,就是智慧。"智慧是力量的源泉,智慧是创造的源泉。从现在开始,给课堂注入新鲜血液,让我们和学生一起从思想上亲近智慧,在行动中实践智慧,不断地生成智慧,让课堂成为学习的智慧之旅。

【案例在线一】天堂的位置

一个小学老师来邀请我对小学四年级的学生作一场演讲。

我问她:"要谈些什么呢?"那非常虔诚的老师说:"跟孩子们讲讲极乐

世界吧！我只是希望培养孩子们美好的向往，这种向往不是你最主张的吗？"

我看着那些天真无邪的孩子们，首先在教室里的黑板中间画一条线，把黑板分成两边，右边写着"天堂"，左边写着"地狱"。然后我对孩子们说："我要求你们每一个人在'天堂'和'地狱'里各写一些东西。"

孩子们心目中的天堂就这样呈现出来：花朵、笑、树木、天空、爱情、自由、水果、光、白云、星星、音乐、朋友、蛋糕、灯、冷气、书本……

在游戏里，孩子们也同时写出了他们心目中的地狱：黑暗、肮脏、灰色、哭泣、哀嚎、残忍、恐怖、恨、流血、丑陋、臭、呕吐、毒气……

我对孩子们说："当我们画一条线之后，就会知道，天堂是具备了一切美好事物与美好心灵的地方，这个地方有人叫做天堂，有人叫做天国，或者净土、极乐世界。"

"地狱呢？正好相反，是具备了一切丑恶事物与丑恶心灵的地方。那么，有没有人知道人间在哪里呢？"

孩子们说："人间是介于天堂与地狱中间的地方。"我说："错了。"孩子们露出不可思议的神色。

我告诉孩子们："人间不介于天堂与地狱之间。人间既是天堂，也是地狱，当我们心里充满爱的时候就是身处天堂，当我们心里怀着怨恨的时候就是住在地狱！"

如果一个人一直怀着坏脾气，住在肮脏的环境里，对未来毫无希望，就等于是地狱里的人。

如果一个人内心经常欢喜，住在洁净的住所里，有爱与美好的向往，那就是天堂里的人。

如果在很久很久以后，真的有一个地方叫天堂，应该也是为那些心里有天堂的人准备的。

（摘自林清玄的《林清玄散文集》）

**【案例在线二】课堂上有位"瘸子"同学**

一节英语复习课上，当课堂进行到一半时，突然有一位学生报告："老师，×××在画画！"话音一落，便引起了同学们的哄堂大笑。

我一看画画的同学，原来是一位已经被列为"瘸子"的学生。"瘸子"是对五门学科中有一两门学科特别差的学生的简称。这位同学其他学科成绩都不错，就是英语很差，我早已把他列为"英语学习困难户"，多次找他谈心，也多次对他进行课余辅导，但他的英语成绩不见明显的进步。当时我一看是他，心里就特别生气。

而这时他却没有放下手中的笔，还在继续画画。我知道当时如果大声批评他几句，或是轻声讽刺他几句，都能让自己很解气。但转念一想，我又强压心中的怒火，走到他身边，语气平和地问："What are you doing now？"（你在做什么呢？）或许是他没想到我会这样问他，或许是他没能听懂我的问话，或许是他不知道怎样回答"画画"，他没有回答。我转向其他同学问道："Who can help him ?"（谁能帮他回答？）马上有学生举手说："He is drawing."（他在画画。）我请他跟我说："I'm drawing."（我在画画。）他轻声地跟我说了一遍，我对他点点头。

然后我又拿起他的画，看看还真画得不错，于是我将他的画给大家展示了一下。正在他和其他学生一样不知我要做什么而迷惑时，我说："He draws very well，Great ! How beautiful the picture is !"（他画得很好，真棒！这幅画多漂亮啊！）那位同学显然没想到我会这样表扬他的画，只见他的脸红了起来，并不安地从座位上站了起来。我问他："What are you going to be when you grow up?"（你长大了想干什么？）他回答道："I want to be a 画家."（我想当画家。）"画家"这个词用英语他说不出来，我在黑板上写了"painter"（画家）并教他读。我说："Oh，×××is going to be a painter. I think he will be a good painter in the future."（哦，×××打算当一名画家，我想他将来一定会成为一名好画家的。）

接着我又问了几位同学："Who draws better，××× or you ?"（你和×××，谁画得好一些？）几位同学都谦虚地回答："He draws better than I. He draws the best in our class."（他画得比我好。他是我们班里画得最好的。）我带头为×××同学鼓掌，并说："He draws very hard. I'm sure his dream will come true. We must learn from him."（他画画很努力。我相信他的梦想会变成现实。我们必须向他学习。）

我无意中发觉，刚才我和学生的对话中，运用了各种不同的时态，实际上在不知不觉中已经在进行本节课的"英语时态"复习。接下来，我要求全班同学两人一组，以×××的画编一段对话进行表演比赛，要求运用各种不同的时态。我看到那位同学此时也加入了对话表演比赛，大家的兴致都很高，并且创造性地运用了各种时态进行对话，真是大大出乎我课前的预想，我一一进行了表扬。一节原本枯燥的语法复习课在轻松、快乐的氛围中结束，学生们也都掌握了复习的内容，并且有了成功的情绪体验。

（张大波，载《中学英语教学园地》2011年第7期）

【教学感悟】课堂教学本身是一种智慧的点燃

在我们的教学生活中，在每天发生的最平常的教学行为中，你是否思考过这样一个问题：我教给学生的是最有价值的东西吗？我对每节课作过价值判断，反思梳理过它的"含金量"吗？

古希腊的哲学家德谟克利特说过："智慧是最宝贵的东西，胜过其余的一切。"《论语》之所以千古传诵，经久不衰，是因为它饱含人生智慧；孔子之所以被称为圣人，首先是因为他是智慧之师。

上述事例启发我们，聪明的教师，其教育教学的目的，不只是让学生获得知识，更重要的是，让学生把知识转化为智慧。

有句话说得好——一流的教师教智慧，二流的教师教知识。在这样一个近乎网络化的现代信息社会里，知识的获得便捷得很，如果我们仅仅满足于在知识上做文章，恐怕我们不仅要落后于时代，而且要落后于学生了。我们只有发挥优势，把知识升华到智慧的高度，方能彰显我们教师的价值。

怎样化知成智呢？关键是要对知识进行选择评估、优化重组和二度思维加工。通过知识的优化重组，改造知识的结构，构建一种新的呈现方式，使之深入浅出；或是通过对知识的二度思维加工，构建贴近学生生活、符合学生"最近发展区"的新的"知识包"，包装、扩充，提升知识的附加值，引起学生思想的共振、情感的共鸣，加速其认识深化的过程，进而促进其智慧的生成、智力的发展。

作为教师，如果陷于日常琐碎的平凡杂务中，只管低头拉车，不知抬头看路，只是单纯满足于完成每天或每学期的教学任务，沾沾自喜于"应试教学"范式之下的教学成绩,恐怕并不能达到化知成智的教学目的。我们应善于反思、重组、优化每天的教学行为,以富有创造性的劳动,选择最有价值的知识、最有利于学生智慧生成的教学方式,刺激、催化、加速学生思想的成熟、观念的生长、精神的浩瀚、心灵的丰盈、想象的活跃、情感的高贵,这才是功莫大焉的事情。

在这个越来越崇尚效率的社会里,教师要具有化知成智的意识,既要缩短学生认识的过程、思维成长和思想成熟的时间,又要对学生善加指导。要统观全局,高屋建瓴,教学时呈现知识鲜活的生成、发展过程,讲清知识与生活的联系、知识与智慧的区别,以及知识的价值和规律,训练学生变通运用知识的能力,由知识上升到思想,由思想升华为智慧。

多少年后,当书本里的知识已在学生的脑海里淡化成一堆符号或文字时,唯独教师教给他的一句话、一道题或者一个思想,却改变了他的人生,成就了他的生命,树立了他的信仰,令他终生难忘。教师也就成了他的"一字之师""思想之师",因为那句话、那道题、那个思想,饱含深邃的生活哲理、人生智慧而让学生受益一生!

## 三、情在心中,打造浓情课堂的艺术

【教学视点】课堂教学中的情感渗透

作为教师,神圣职责并不只是向学生传授书本知识,更在于对学生的精神世界施加影响。这种影响的力度首先取决于对学生的爱,即人文性情感的渗透。教育工作的全部意义就在于唤醒每一位学生的心,使他们都沐浴在爱的阳光里,让他们受着情感的滋润;给学生以爱心,与他们进行心灵的沟通和爱意的融合,来唤起他们的求知欲望。这就要求教师在课堂中采用各种方式渗透情感,尽量使学生处于相应的情感氛围中,帮助学生在理解知识的同时也能受到情感的熏陶。而要实现课堂教学的情感渗透,就应做到以下两点。

一是教学要突出情感的目的性价值。

当今教育学把生命作为基础性、核心性概念,选择从生命的视角观察、理解和阐发教育活动。情感态度与价值观是人的生命的重要组成部分，理应作为教育的目的来追求，而不是仅仅作为获得科学知识的手段。当情感的目的性价值成为教师的一种自觉追求时，在课堂上教师就会经常主动与学生形成情感相依相融的关系。有了这种情感相依相融的关系，在丰富的课堂生活中，教师就不再把活生生的学生当成语言、符号的"它"，与教师交往的每一位学生都会得到教师的情感关注。学生就会"安其学而亲其师，乐其友而信其道"（《学记》）。

二是教学要注意情感的策略性价值。

社会心理学研究认为，在人们之间建立良好的感情关系时，"好感回报法则"起着决定性的作用，人们总是喜欢爱自己的人，而讨厌恨自己的人。优秀的教师往往能通过教学中与学生目光的接触、言语的交谈，积极主动地进行情感交流，并把对学生的爱、期望和信任也融入其中。美国心理学家罗森塔尔和雅格布森所揭示的皮格马利翁效应——从教师语气中、眼神里流露出来的期望之情能提高学生学习的效果，也从一个侧面反映了这个事实。我国古代教育家孔子生前与学生有着亲密无间的关系，他对学生的道德修养、学习和生活，表现出深切的关怀，并循循善诱、诲人不倦。瑞士教育家裴斯泰洛齐始终与学生生活在一起，他曾说过，学生的幸福就是他的幸福，学生的欢乐就是他的欢乐。热爱学生、诲人不倦是教师应有的品质和素养。心理实验也表明，当学生意识到教师是真正关心、爱护他，并为他操心时，教师在教学中的批评和诱导就是有效的，甚至是其他力量难以比拟的。

法国教育家卢梭说过："用爱心去弥补才能，是胜过用才能去弥补爱心的。"情感是开启心灵之锁的钥匙。教师与学生之间思想感情上融洽，就会产生相互理解、友谊、支持、帮助等诸多"感情效应"。美国全国专业教学标准署制定的优秀教师知识和技能标准中明确提出："优秀教师热爱青少年，一心扑在学生身上，承认学生有不同的特征和禀赋，并且善于使每个学生都学到知识。他们的成功在于相信人的尊严和价值，相信每个孩子的潜能。"对学生的尊重和热爱，是现代教育的第一原则。

**【案例在线】语文《灯》的情感教学反思**

  2003年11月25日上午第四节课，我走进教室，以舒缓而深沉的语调说："今天是11月25日，这是个特殊的日子，是巴金老人的百年华诞，各地的知识界都在举行庆祝活动，媒体纷纷以大篇幅进行了纪念性报道，作为上海人更应该以百岁的老作家居住在上海而骄傲。（我随手拿起11月23日的《文汇报》，让学生看其中的照片，在一片红红的枫树林中，巴老背靠躺椅，脸上露出舒心慈祥的笑容，画面背景苍苍莽莽，前景一大片火红的枫叶，仿佛先生燃烧的心。）先生一生创作出许多优秀的作品，鼓舞了一代又一代的青年，正如他在致冰心的信中写道：'有你在，灯亮着；我们不在黑暗中，我们放心了。'在这个特殊的日子里，我们不但要给病床上的巴金老人送去真挚的祝福，更要好好学习他为我们呈现的优秀的文学作品，因为这才是巴金先生给我们的最珍贵的财富，如果我们能将巴金先生的人格精神薪火相传，这将是对巴金先生最大的祝福与安慰。下面让我们一起为巴金老人的百岁生日祝福，并共同学习先生的散文名作《灯》，以表达我们深深的敬意。"听了这番富有深情的叙述，同学们心里充满感动，教室里静静的，学生带着敬仰的心理在认真阅读文章。

  课堂对话开始了，首先我与同学们从首尾两段找出文中作者的感情变化：由"窒闷"到"微笑"。"窒闷"是苦闷到窒息，因为作者是半夜里从噩梦中醒来的，而且身处抗日战争时期的国统区；"微笑"是因为作者坚信"在这人间，灯光是不会灭的"。这句话里"灯光"是什么意思呢？有同学说是信仰，因为巴金将《灯》编入《废园外》时，在后记中写道："这些不象样的零碎文章都是被一个信念贯穿着，那就是全中国人民所争取的目标：正义的最后胜利。因此我愿意把它们献给读者。"有同学认为是希望和光明，正如巴金在"文革"之后所说："我不是战士！我能活到今天，并非由于我的勇敢，只是我相信一个真理：任何梦都会醒的。"噩梦总会醒来，黎明就在面前。有同学说是理想，正如流沙河在诗中写道："理想是石，敲出星星之火；理想是火，点燃熄灭的灯；理想是灯，照亮夜行的路；理想是路，引你走到黎明。"有同学说是作者乐观奋进的生活态度，正如他在《激流》总序中写道:"生活并不是悲剧。它是一场搏斗。"……学生的精彩回答让师生的心灵灯光不断闪烁。

理解了灯的含义后,师生一起讨论这篇散文写了哪些具体的灯:平房射出的灯光、雪夜豆大的灯光、哈里希岛的孤灯、希洛点燃的火炬、友人看见的油灯。这五盏灯,前两盏是"我"亲身经历的灯,是无意受惠,不仅为身体指路,而且为灵魂"指路";后三盏灯是"我"听说的灯,是有意施惠,为亲人、情人、陌生人传递亲情、爱情和友情,它不仅为亲人导航,而且为人生导航。通过以上分析,学生在题目"灯"的前面加上定语,归纳出灯的象征含义是"精神之灯""给人温暖的灯""人生的导航灯"。

这时的讨论尽管没有激烈争论,没有豪言壮语,但"灯"的深刻内涵震撼着我们的灵魂。经典作品之所以具有永久的生命力,是因为它可以滋养我们的心灵!这时我开始问同学们:"今天是作者巴金百年华诞的特殊日子,阅读了他的作品,学习了他写的《灯》这篇散文,你最想用什么方式表达对巴金的祝福?"有同学说很想到华东医院,献上一百朵巴金喜欢的玫瑰,祝福巴金老人身体健康,福寿绵长;有同学说想与巴金交流刚刚阅读小说《寒夜》和学习《灯》之后的感受;有同学说想动身到武康路113号,朝拜巴金居住的那块圣地……

(陈赣,载"中国语文课程网")

【教学感悟】情感是开启心灵之锁的钥匙

人的任何认识活动都是在一定的情感推动下完成的。感人心者,莫先于情。语文《灯》的教学案例表明,学生是有血有肉的,是有思想、有爱憎的人,要使教学工作对象的思想境界到达理想的彼岸,就离不开情感这座桥梁。任何一堂课都会形成一定的"情感场",这种"情感场"是以教师的情感为核心去影响学生的情感,进而形成师生对教材及师生之间的情感体验的。

透过上述《灯》的教学案例,可以看到成功的教师应采取多种方式实现在课堂中进行情感渗透的目的。一方面是教师自我情感的调动与参与。作为课堂的引导者,很明显,教师上课时的情绪会影响课堂气氛和学生学习的兴趣与激情。对于这一点，每个老师肯定都有所体会。有时候教师由于情绪低落上课没有激情，会使课堂气氛沉闷，缺乏生气和活力，导致学生情绪压抑，思维的积极性受挫，大大降低课堂教学效果。反之，如果教师精神焕发地走上讲台，以饱含浓情的语言、丰富切实的例证、工整适量的板书讲授课堂内容，就会发现上课时灵感越来越多，往往能够有超水平的发挥。在这种氛围下，学生的情感就会受到老师的感染，其参与性也会逐渐提高，从而活跃课堂气氛，提高课堂效果。因此，教师的良好情绪是课堂情感渗透的基础。另一方面，营造与知识相应的情境感染学生。教学情境是指在课堂教学过程中，教师根据教学内容与教学目标、学生的认知水平和无意识的心理特征以及客观现实条件所创设的一种引起学生情感和心理的反应，对学生的意义建构起帮助和促进作用的氛围与环境。情境教学由于具有较强的生活现实仿真性，能给学生提供身临其境的体验机会，容易激起学生与作者的共鸣。一个好的情境不但能够调动学生学习的兴趣，而且还会定下课堂的感情基调，为学生的学习营造极佳的情感氛围，以此来深化学生的情感体验。

苏霍姆林斯基曾指出："情感如同肥沃的土壤，知识的种子就播种在这块土壤上。"日本著名教育心理学家泷泽武久用大量实验结果证明：一旦学生对学习失去情感，思维、记忆等认识机能就会受到压抑、阻碍。无论何等抽象的思维，没有情感都不能进行。课堂教学应该让教学过程成为一个师生情感流动的过程。课堂里有感情的浪花，师生就会精神振奋，独特的感悟、别有情味的语言就会如泉水叮咚，汩汩流淌，就会扫除课堂学习中疲沓、厌倦的阴霾，引导学生投入情感、投入精力去学习。简言之，情感传递人性，情感散发热情，情感表达活力，情感体现生动，情感具有巨大的感染人的力量。

## 四、人在乐中，构筑和谐课堂的艺术

【教学视点】改善课堂，让学生快乐起来

快乐是什么？快乐是一种愉悦的内心体验，是一种惬意与幸福的感觉。

学生是鲜活的生命个体，课堂应该成为学生快乐生活的组成部分，因为这是对学生生命发展的关照。追求快乐的课堂，有利于学生充分享受属于自己的成长空间，激发他们拼搏上进的热情，增强他们克服困难的信心，乐观面对学习中的失败与挫折，提升他们感受幸福的能力，促进学生生命个体内在的和谐与幸福。

上好一堂课，不仅是学生的享受，也是教师的追求。看到学生笑容常在、妙口常开、才思如泉涌，作为老师会有一种成就感。乐是通向学习乐园的向导，引导学生在知识的瀚海里邀游；乐又是潜在的学习动力，使学生保持旺盛持久的学习热情；乐还是一位学习的良师，使学生加快获得知识的进程。科学研究表明：一个人对所做的事乐意为之，他的全部才能可发挥80％以上；不乐意为之，就只能发挥20％。学习活动亦是如此。孔子是非常主张激发学生"乐学"的，他曾自我评价说："其为人也，发愤忘食，乐以忘忧，不知老之将至。"（《论语·述而》）这充分说明贯穿在孔子整个学习活动中的一个重要心理是无穷的乐趣。教师都有这样的体会：学生学习情绪轻松、愉快、高涨，教学就容易活，效率也就高。

快乐的课堂上，教师不再是以往的居高临下、盛气凌人、大声斥责，学生也不再表现为正襟危坐、唯唯诺诺、面面相觑；快乐的课堂上，师生将快乐写在脸上，将智慧捧在手中，将成长装在心里。

快乐的课堂上，思想自由徜徉，无拘无束，师生之间直率、坦诚、碰撞、争论、幽默，以及自由精神得到淋漓尽致的舒展。在快乐的课堂上，学生质疑问难时，既可以唇枪舌剑，也可以欢呼雀跃、手舞足蹈。在这样的课堂上学习，学生可以思接千载，视通万里，浮想联翩，让平等、自由、宽松、和谐谱写出一曲曲"课堂欢乐颂"。也只有在这样的课堂上学习，学生才能"胸藏万汇凭吞吐，笔有千钧任翕张"。

学习是一种特殊的认识活动，其过程本身就有无穷的脑力劳动的魅力和乐趣。对未知世界从不知到知，从知之较少到知之较多，是多么美妙的事情啊！我们都有这样的体验：当教师把深奥的知识浅显化、情节化，知识便生动起来了，教学也就有了生命的气息。

人都有被赏识和尊重的需要，学生更是如此。快乐的课堂，不能缺少学生展示自我的时空。学生展示自我时可以得到教师和同伴的尊重和鼓励，而这种尊重和鼓励是学生学习的不懈动力。情绪会相互感染,快乐也会相互感染,课堂是一个气场,在一个充满欢乐气氛的课堂上,大家都会受到感染。

快乐的课堂,感觉真好,像一杯清茶冲淡学生学习中的烦恼,像一缕春风拂去学生思考中的疲劳,像一抹阳光温暖学生的心房,像一曲乐章唤醒学生心田的喜悦。

在课堂上,让学生快乐,就是让学生的生命历程快乐。改善课堂吧,让学生快乐起来!

【案例在线一】 物理课的开场白

桑卡尔教授抛出一粒糖,一个学生接住了,教授叫了一声好:"这个同学对糖的落点判断得很好,我们马上要学的牛顿力学要解决的问题,其实就是一个判断落点的问题,就是'基于现在预测未来'。"

这是耶鲁大学公开课视频中桑卡尔教授的物理课的一个场景。教授说:"在座的有各种专业的学生,比如学医的学生,不知道相对论、量子力学有什么用,但是如果有一天你的病人以光速逃跑了,你就知道该怎么做了;又如学儿科的,你发现小孩子老是坐不住,你就明白那是因为量子力学不允许一个物体同时拥有确定的位置和动量。"

学生们大笑,继续听教授"忽悠":"我读书的时候,教材只有300页,现在1100页,我看你们谁的头也没有比我大三倍,所以我断定你们谁也读不完这本书,我将选重要的来讲,因此你只有来上课才能知道我们要学什么。你如果确实有事,比如要结婚、器官移植什么的,不来也是可以的。但是器官移植,你要给我出示换下来的器官或组织;结婚,你要给我出示配偶。如果祖父母、外祖父母去世了,五次以下我会相信的,但是五次及以上,我就要查你的家谱。"

学生们狂笑。

教授继续说:"我不喜欢学生上课随便说话,但是你如果对旁边的同学说,'帮我捡一下心脏起搏器',那肯定没问题。如果有人要睡觉,我很理解,你需要休息。以前我上课,睡觉的都在前排,他们说,只有在听见我说话的地方才能睡得香。但是今天这里的音响好,哪儿都能听清,不一定要到前排来,后面照样睡得好。我只要求你别说梦话,还有就是睡觉的坐在两个不睡觉的人中间,免得形成多米诺效应一起倒下,对我的声誉不好。"

教授看大家笑得前仰后合,还"变本加厉":"我担心有时气氛不够活跃,跟录像方商量可否像情景喜剧一样加上一些笑声,他们说不行,我只能自己应付了。"

开场白的最后,他说:"如果是有关课程的问题,你们可以随时打断我。我教这个课很多年了,对于我来说,唯一不同的是你们提出的问题,它可能是非常有创造力的问题。这个课程年复一年似乎天经地义重复的那些知识忽然变得苍白无力,可能就是因为你提出的问题。"

报载,毕业于中国名校的某先生,过去多少还有点"牛校感",看了美国名校的公开课,他悲凉地声称:"我显然已经不敢把我读的学校叫做大学了。"

"为什么我们的学校总是培养不出杰出人才?"著名的钱学森之问是否可以从耶鲁教授一堂物理课的开场白中找到一些答案呢?

(裴智新,载《中外文摘》2011年第24期)

【案例在线二】课堂幽默带来掌声

有一位身材瘦小的男教师走上讲台时,学生们有的面带嘲讽,有的则交头接耳。

面对这样的情况,这位老师扫视了一下大家,然后风趣地说:"上帝曾对我说过:'当今人们没有计划,在身高上盲目地发展,这将有严重的后果,我警告无效,你先去人间做个示范吧。'"

美国教育学家吉诺特所著的《教育孩子的谈话艺术》一书中讲述了这样一件事:有位老师要到少年管教所给少年犯们上课。他惴惴不安,因为第一堂课的成败对未来教学关系重大。当他快步走向讲台时,不小心摔了一跤,全班哄堂大笑起来。这位老师慢条斯理地站起来说道:"这就是我给你们上的第一课。一个人可能摔倒,但仍然可以站起来。"全班立刻鸦雀无声,随后是一片掌声。

（孙欣，载《淮安日报》2013 年 6 月 19 日）

【教学感悟】在课堂上能够自由地呼吸

兴趣是最好的老师。在上述教学案例中，老师们运用各种教学手段，有效地激发了学生的学习兴趣，引起学生愉悦的学习心情，使学生学习"乐在其中"。上述教学案例，使我们体会到快乐课堂是多么的可贵，它让教师变得更有激情，让学生的学习积极性更高，让学习变得快乐而高效。那么，应该从哪几个方面打造快乐课堂呢？

首先，将以"新"激趣作为快乐课堂的主旋律。

新鲜的东西容易引发兴趣，这已是常理。美国心理学家赫尔森认为：对于一种刺激重复多次而达到一定的水平后，便失掉它开始时引起兴趣的效力。我们应该常教常新，以"新"来吸引学生。

一方面，教学内容要勤于求异。教师要适当调整教学内容，根据教学进度，在可接受的范围内，不失时机地把学生引向一个又一个新的知识台阶，使学生总是保持吸收新知识的新鲜感。倡导一题多解和一题多变：通过一题多解，突破常规的传统解法，激发学生的求异思维，使之探索多种新解法；借助一题多变，让学生在变化中产生新的疑问，激发学生新的求知欲望。布置作业切忌重复式的机械性的训练。

另一方面，教学手段要善于求变。不同的课型、不同的内容可以变换教法，即使同一课中，也要使节奏有序、动静有致、张弛有度，读、议、练、讲交叉运用，各种教学媒体各得其所，恰到好处，切忌单调、枯燥、乏味。

其次，将以"用"生趣作为快乐课堂的主阵地。

知识来源于人类的实践活动，又反过来运用于改造世界的实践活动中。知识的价值也就在这里。然而，教师在教学中常常忽略了知识的源泉和归宿，把抽象的枯燥的概念原理传递给学生，这是很多学生厌学的原因。如果学习变成了空谈，知识成了死知识，就算在考试中得到再多的分数也没有多大意义。我们应当还原知识本来的面目，让学生感受和理解知识产生与发展的过程，让学生了解知识与人类实践紧密联系的丰富底蕴，大大增强学习的趣味性，既调动学生的学习积极性，又让学生感受到学以致用的乐趣。

再次，将以"志"成趣作为快乐课堂的主动力。

学生的兴趣有的比较短暂，不稳定；有的能长期存在，成为稳定的心理特征。一个人持久的学习兴趣，绝不是为一时的好奇心和需要所驱动，而是服从于他的志向。墨子说"志不强者智不达"，高尚的志趣是立身为学之本。志趣能激发毅力，"志"与"趣"相互渗透，能让一个人的成长成才如虎添翼。挑战世界吉尼斯纪录的人，虽然与众不同，但他们都有着超人的志趣和毅力。志拓才，趣激志，不少科学家的发明发现就是始于志趣。志趣在名山大川，才有《徐霞客游记》；志趣在草药医病，才有《本草纲目》。志趣颐养身心，增趣寻乐，一个人的身心会更加舒展，精神会更加充实。北宋张载说："人若志趣不远，心不在焉，虽学无成。"他还认为："本心乐为"，才能有"自修之志"，进而达到"自得"的境界。古往今来，不少有志之士能自觉学习，经受磨炼，最终为祖国、为人民作出不朽的贡献。茅以升因家乡端午节桥梁断塌而立志为人民造好桥，终于成为著名的桥梁专家。所以，我们应寓志向教育于教学之中，对学生进行爱国主义、集体主义、社会主义教育，使学生树立正确的世界观、人生观、价值观，树立远大的理想，从而引导学生做有心、有志、有为之人。只有这样，才能使学生产生稳定而强大的学习动力。

通过以上方法，既紧扣教学任务，又适合学生的口味，可使枯燥的学习变成具有吸引力的情趣活动，使学生学有所得，又乐在其中，使课堂变得生动有趣、和谐高效。

## 五、育在美中，追寻审美化课堂的艺术

【教学视点】课堂的审美价值

美是点燃爱的火种，美是推开我们心灵深处的那扇智慧之门的神秘力量。一册好书让人爱不释手，是因为它文字的美；一曲好歌让人百听不厌，

是因为它旋律的美；一幅名画让人赞不绝口，是因为它色彩的美。

一堂好课，应如一首清新的诗、一曲动人的歌，给人美的享受。美的课堂扎实高效、精彩纷呈，也是一首扣人心弦、引人入胜的交响乐。在整个教学流程中，学生在充满艺术美感的氛围中，不知不觉地进入学习的佳境，以最佳的心境和状态去汲取知识营养，磨砺创新能力，接受美的熏陶，获取最佳的学习效益。

1. 教学形态美是审美化课堂之魂

教学形态的美首先表现为美的仪表。仪表是教师文化素质的审美修养的外在表现，对学生有着直接的引导和陶冶作用。教师在课堂上的衣着、发式要整洁、大方、自然、庄重，使学生感到真诚可敬。教师在课堂上一个适当的手势、一个饱含情感的眼神、一个丰富的表情对学生都有着潜移默化的熏陶作用。

其次，表现为美的板书。美的板书是反映教学内容的"显微镜"，是一幅幅引人入胜的导游图。美的板书能直观形象地揭示教材的重点、难点，给学生以简洁美、对比美、动态美和空间美的艺术享受。

2. 教学语言美是审美化课堂之基

鲁迅在其著作《汉文学史纲要·自文字至文章》中说，中国文字"具有三美：意美以感心，一也；音美以感耳，二也；形美以感目，三也"。而教师美的语言和美的教态则是意美、形美、音美的高度融合，从而使教学感心、感目、感耳。美的教学语言对于提高学生分析问题、解决问题的能力具有重要作用。具体地说，美的教学语言表现为以下三点：一要有科学美。教师讲解理论，必须用准确、清晰、真切的语言，精辟、透彻、深刻地将其科学之美表现出来。在讲授中应做到字句精确无误。二要有逻辑美。教师的教学语言一方面要揭示教学内容本身的逻辑内涵；另一方面，教学语言自身也要合乎逻辑，具有一定的逻辑性，符合逻辑的形式、规则和规律。语言有了逻辑美，才会生动，才能抓住学生的注意力，诱导学生的思路，将知识联成"网"、形成"块"。三要有表达美。优秀教师的教学语言是鲜活的、生动的、有生命力的，能在课堂上中黏住学生。讲解性语言，似行云流水，一言一语经推敲；问答性语言，似暗藏玄机，一问一答重启迪；情感性语言，似春风化雨，一吟一咏润心灵；激励性语言，化腐朽为神奇，一字一句沁心脾。

3. 教学形式美是审美化课堂之源

美的教学形式应该由以下几个要素构成：首先，有美的教学方法。美的教学方法是指灵活多样，科学实用，最有利于完成教学任务、实现教学宗旨的方法。教学有法，教无定法，贵在得法。教师要根据不同的教学内容选择和运用不同的方法，比如，变注入式为启发式，变说教式为情感式，变单向式为互动式，变封闭式为开放式。其次，有美的教学手段。"工欲善其事，必先利其器"，要高质量、高水平地完成教学任务，在选用恰当的教学方法的同时，还要运用科学有效的辅助手段，如录像、投影、录音、漫画、图片、参观、调查、实践、演讲等，创设出学生喜闻乐见的教学环境，引发学生的学习兴趣。第三，有美的教学模式。教学中，在有限的时间内合理安排教学内容，优化教学结构，采用科学的行之有效的教学模式，对教学质量的提高是至关重要的。

教学过程的优化设计、教学内容的美化重组、教学技巧的综合运用、教学环境的精心营造，都是教学审美的阔海高天。这里既有科学美，又有艺术美，当然也有教学美。艺术的本质也在于美，高效的教学必定是教学过程中呈现出美的教学，教学应是一门创造美并唤起审美愉悦的艺术。

【案例在线】数学《旋转与角》的教学片段

一、图案引入，复习角的有关知识
1. 观察图案的组成。

师：同学们，在我们身边有许多美丽的事物，而且还有不少和我们数学有关呢。今天，老师就请大家欣赏一幅我设计的装饰图案，你们觉得我设计得怎么样？美吗？（生：美）谢谢大家的鼓励，这幅图案不仅看起来很美，它还是由许多数学密码组成的，这些数学密码就是我们学过的图形，你能看出来吗？

（学生指出有锐角、直角和钝角，教师指名学生上前指出发现的角。）

师：同学们都发现了吗，原来这幅图就是由直角、锐角、钝角组成的。这些看似普通的角组成的图案，美不美呀？（生：美）真是美极了！

2. 复习角的静态定义以及各部分的名称。

师：那现在我们来回忆一下，什么叫作角呢？我们以前认识过哪几种角？能不能把它们按从大到小的顺序排列一下？

（教师指名学生回答问题。）

3. 观察钟面，发现运动着的角。

师：刚才我们从一幅图案中发现了美丽的角，但是我们的生活中还有许多事物每时每刻都在运动变化，你能从中寻找到数学密码吗？

（教师出示钟面模型，旋转上面的分针或时针，引导学生观察。）

师：请大家仔细观察这个钟面，在时针和分针不停地旋转的过程中，它们组成了什么图形？寻找到这个数学密码的同学请举手。

生：形成了角。

师：组成的角是像这幅图案上的角静止不动吗？

生：不是，是不断变化的。

师：看来，生活中除了静态的角，还有这样不断变化的角，它也和静止的角一样美吗？今天，我们就来欣赏和研究旋转变化中的角。

……

（蒋俊，载"中国教育新闻网"）

【教学感悟】一堂好课留给学生美的享受

别林斯基认为："只有在美的感情下，才能有智慧。"学科知识的美就是一种智慧的美，它是在人类美好的感情土壤里培植起来的思维的舞蹈、智慧的体操。

从上述教学片段中，不难看出，在课堂教学中，教师将智育与美育很好地结合在一起，通过设计的平面图案和钟面模型，以及优美简洁的语言，使学生在学习有关角的知识时，也感受到几何图形角的静态美和动态美，让学生耳目一新，学习的主动性大大提升。

审美化课堂（或称审美化教学）是以美育为手段进行有效教学的一种新策略、新方法，通过教师美的教学激发学生美的感受，把知识性、趣味性和审美性有机地融合起来，让学生在科学理性和人文素养上得到均衡发展,从而有效、高质地完成学科教学任务。审美化课堂主要包括以下十个方面内容：教学设计之美在人本个性,教学情景之美在真趣愉悦,教学情态之美在自然亲和,教学情节之美在生动磁性,教学语言之美在规范优雅,教学内容之美在鲜活丰富,教学策略之美在简约有效,教学过程之美在精彩流畅,教学评价之美在激励启迪,教学反思之美在优化发展。

  审美化,就是让学生在教师的启发和引领下正确理解课程学习与生活中美的多元含义,自主地去发现美、鉴赏美、感悟美、展现美、创造美,达到"以美育人",促进学生和谐发展的教育教学目标。审美化不仅是一种超越功利主义、关注教育人本化的价值追求,也是一种教学理念——围绕新课程三维目标培养学生的全面素质和生命质量,又是一种教学策略——在审美愉悦中激发学生自主学习的学习力和创新性,还是一种教学手段——指导学生在审美学习中体验课程内涵,更是一种教学过程——在美的教育时空中实施有效教学。

# 第二编　师生互动"心"思路

## 一、思想共享

【教学视点】共享是一种泛爱的心境

萧伯纳曾说过:"你有一个苹果,我有一个苹果,彼此交换,每个人只有一个苹果。你有一种思想,我有一种思想,彼此交换,每个人就有了两种思想。"不管是在工作还是在学习中,共享对于师生的成长都是必不可少的。

《礼记》中说:"独学而无友,则孤陋而寡闻。"竹林七贤徜徉在山水之间,在共享彼此的志趣之时升华了各自的情谊;居里夫妇毫不吝啬自己的发现发明,无论是财富还是科研成果,都与世人同享,所以他们成了世人爱戴尊敬的对象……因为共享,师生之间的隔阂渐渐消失;因为共享,师生收获了双倍的幸福;因为共享,师生得以相互尊敬。共享能让教学走向一个又一个新的高峰,共享能创造一个和谐宁静而又温暖的学习共同体。

一个人钻研一个问题,固然会拥有安静的思考氛围,但个人的能力毕竟有限,团结就是力量,"三个臭皮匠抵个诸葛亮",换个思维环境,与别人一起讨论,思维的碰撞会产生新的火花。有时在激烈讨论之后,因大脑被风暴席卷,会有茅塞顿开之感。共享能使师生认识更广泛,思维更活跃。

共享学习的成功经验,会造就一批英才;共享解题的创意,会催生更多的奇思妙想;共享切合实际的志向,会产生巨大的学习动力;共享先进的思想,会提升伴随一生的智慧;共享处事交友的智慧,会使生命长出一双腾飞的翅膀;共享人生的高度,会使彼此豪情满怀;共享情感的厚度,会使友谊变得亲密无间；共享自信，会使彼此拥有海纳百川的气度……共享是一种互补和提高，共享是一种突破和更新，足以让人生完美丰富，足以让教育和谐共进。

现实生活中可以与人共享的东西有很多很多。共享思考的快乐，彼此就会收获加倍的快乐；共享发现的知识，彼此就会得到加倍的提升；共享学习的成功，彼此就会获得加倍的成功；即便是成长的挫折，也可与人共享，因为在心与心的交流中，彼此的痛苦会逐渐减少，烦恼会慢慢消失。与人共享，不仅是解放自己，也是在壮大自己。

知识的"雪球效应"表明，知识不会因为被过多应用而磨损减少，反而能在共享中不断增值。知识共享不是简单的知识扩散和交换，它的价值在于知识的运用和创新。

泰戈尔诗云："一份痛苦，与他人分享，痛苦便成了薄脆的甜冰；一份快乐，与他人分享，快乐便成了满怀的鲜花。"细细品读这首小诗，哲理深邃，启人心扉：学会共享，是一种智慧；学会共享，是一种美德；学会共享，是世间一道最美的风景。

**【案例在线】** 语文《秋天的怀念》的教学片段

**回顾导入**

师：通过之前的学习，我们了解了课文的内容。那么，课文中有哪些语句给你留下了深刻的印象呢？与大家分享一下吧。

生：令我印象深刻的语句是——"母亲扑过来抓住我的手，忍住哭声说，咱娘儿俩在一块儿，好好儿活，好好儿活……"

师：这是对母亲的什么描写呢？

生：这是对母亲的语言描写。后面还有对母亲的神态描写和动作描写。

师：说得真好。今天，就让我们再次走进这篇课文——《秋天的怀念》。

**合作品读**

师：谁来介绍一下作者史铁生的命运？

生：他命运坎坷。21岁时，他双腿瘫痪，他的人生坍塌了；23岁时，他母亲去世，他的世界坍塌了。但即便如此，他仍然坚强地活了下去，这离不开母亲对他的细心照料和对他潜移默化的影响。

师：很好。老师今天带来几个问题，与同学们共同品读。

（教师课件出示学习目标：1. 用心品读作者对母亲的描写，说说母亲是怎样关心照顾"我"的。2. 透过文字，你能感受到母亲怎样的心理活动？3. 作者怀念母亲，为什么要写赏菊花这部分内容？）

师：老师给同学们一些学习建议。先自主学习，认真阅读，在感受深的地方进行简单批注；再合作学习，把自己的感受和组内的同学交流；最后进行小组展示汇报，可以采用思维导图的方式进行展示。现在开始学习吧。

（学生自主学习，围绕问题展开小组讨论。教师参与其中，与学生一起交流、品读。）

师：老师看到各小组已经把要展示的内容呈现在黑板上了。刚才小组讨论的过程中，老师深入到各个小组中，发现了一个非常好的地方，就是各组的小组长能够起到组织、引领、分配的作用。组员呢，也能够积极配合，大胆地把自己的看法说出来。老师给每个组都打满分，大家继续努力。

**展示汇报**

第一组展示

生1：我们组抓住了3个关键词——"挡""躲""注意"。请我们组的组员为大家读一下，关于"挡"这个词的相关语句。

生2："那天我又独自坐在屋里，看着窗外的树叶'刷刷拉拉'地飘落。母亲进来了，挡在窗前……"

生3：联系上下文，我们知道当时已经是深秋了，外面都是一片凄凉的景象，所以母亲挡住的，就是外面的一片凄凉和伤感。

师：看到树叶飘落，大家都会有一份伤感。老师想说，一声呜咽一声秋、一点芭蕉一点愁。史铁生几次想到过自杀，母亲为他挡住的，仅仅是秋风后的萧瑟吗？她还可能挡住了什么？

生4：她想挡住儿子心中的那份阴影。

生5：我想母亲可能还想挡住儿子心中的那份痛苦。

生6：还有儿子心中的那份绝望。

师：同学们说得都很好。母亲不仅想挡住秋风后的萧瑟，更希望能挡住儿子心中的那份绝望，希望儿子对生活充满自信，对生活充满希望。

生1：看这两个关键词——"躲""注意"。

生2：我为大家读一下。"这时，母亲就悄悄地躲出去，在我看不见的地方偷偷地注意我的动静。"

生3：作者在自己最好的年华，不能像正常人一样，在阳光下奔跑，肯定是很痛苦的。所以，他心里那份痛苦得发泄出来。母亲体谅他内心的痛苦，没有阻止他，悄悄地躲了出去。

生4：母亲悄悄地躲出去，可是她又怕儿子在发泄的时候伤到自己。所以，母亲在儿子看不见的地方，偷偷注意着他的动静。

师："理解是爱的别名"是泰戈尔的名言。没有理解，就没有真正的爱。母亲给予作者的是真爱。

（"理解"这个词，老师写到黑板上。）

第二组展示

生1："挡"和"躲"已经品读完了，我们重点补充一下"翻来覆去"这个词。

生2："我却一直不知道……整宿整宿翻来覆去地睡不了觉。"

生3：从这里，可以看出母亲这时已经病入膏肓了。可是，她心里没有自己，只有自己的儿子。她只希望儿子对生活充满希望，却没有顾及到自己的病情。

生4：母亲不想让儿子担心，所以才隐瞒着自己这么重的病。这份疼痛一直没有被儿子看出来，可见，母亲对儿子的爱有多么深啊。

第三组展示

生1：我们组抓住"憔悴""央求"这两个词，重点体会母亲对儿子的照顾。

生2："她憔悴的脸现出央求般的神色。"母亲的憔悴，不仅因为自己的病痛，还因为她担忧儿子。

生3：在刚才提到的"翻来覆去"一词中，也让我们感受到这种情感。母亲自己宁可翻来覆去忍着病痛，也不想让儿子知道。

生4：母亲在自己病重的情况下，还苦苦央求儿子，可以看出，母亲是真的希望儿子可以走出阴霾，找回对生活的希望。

（其他展示内容略。）

**主题拓展**

师：《秋天的怀念》让我们感受到了母子情深。但对史铁生来说，一篇文章还不足以表达这份怀念，"母爱"一直都是他写作的主旋律。下面，让我们共同走进他写的另一篇文章——《合欢树》，进一步体会这份母子情。

（学生阅读课文，边读边批注。）

师：谁来给大家分享一下？

生1：十岁那年，作者的作文获奖了，母亲没有表扬他，而是激励他。母亲不希望作者因为获奖而骄傲，希望他能更加努力。

生2："母亲惊惶了几个月，昼夜守着我……"从这里，可以体会到母亲对儿子深深的爱，她把所有的注意力都放在儿子身上了。

师：文中有个情节提到，母亲亲手为儿子栽下一棵合欢树。你们觉得母亲有什么想法呢？

生3：我觉得，母亲栽下合欢树，是想告诉儿子，希望他能像合欢树一样，坚强、勇敢地活下去。

师：《合欢树》和《秋天的怀念》，仅仅是史铁生散文随笔中的两篇。老师推荐大家阅读史铁生的《我与地坛》《我二十一岁那年》等作品。读过之后，相信我们对人生也会有更多的领悟和思考。下课！

（课件出示："读懂母爱，读懂人生！"）

（姜楠，载《中国教师报》2014年3月8日）

**【教学感悟】** 共享的魅力

上述案例启发我们，在思想共享的课堂上，学生的思维始终处于积极的状态。他们的情绪是高涨的，思维是活跃的，课堂自然也就是高效的。学生真正享有了成长权、选择权、表达权、展示权，并在享有的过程中，不断发现知识的生长点和能力的提升点，从而在交流中提高，在讨论中升华。

教学中的思想共享不仅仅是语言的交流，而且是师生彼此敞开精神和彼此接纳。思想共享，人格平等是首要前提。唯有人格平等，才能实现真正意义上的师生、生生之间的精神相遇。

其一，思想共享使得教学的过程成为师生基于真诚和爱的合作过程。苏霍姆林斯基说，教育技巧的全部奥秘就在于如何爱护儿童。因为爱，所以教师不会压制学生，不会专横地对待学生；因为爱，教师总是蹲下身子，心怀怜爱，友善地看待学生。这里的"爱"包含师生之间真诚、积极的情感对流，意味着对对方的责任——师生都应成为责任承担的主体，进行真正意义上的心灵对话。由此，师生都能从全新的视角来面对教学中的师生关系，精神世界能够相互敞开、相互接纳，师生在思想共享过程中不断融合彼此的见解与感受。在思想共享的教学中，教师与学生的关系不存在教导与接受、先知者与后知者之间的鸿沟，而是表现为共同探究过程中相互对话和互动合作的融洽状态。

其二，思想共享使得教学的过程成为师生充满信任与希望的接纳过程。加拿大著名教育家马克斯·范梅南这样说："一个真正的发言者必须是一个真正的倾听者，能听懂我们日常听觉范围以外的深层含义，能倾听世间各物对我们说的话。"为了让思想共享作为一种精神进入课堂，实现思想共享在教学中的独特作用，教师要将自己的角色定位为"导游""主持人""导演"或"舵手"；要用和善欣赏的目光，倾听来自学生内心深处的声音，实现师生之间平等的心灵沟通；要走近学生，贴近学生，拥抱学生，蹲在学生旁边，侧耳倾听，为学生鼓掌，消除教学中教师的霸主地位；要用充满信任与希望的语言、眼光等，让学生感受主动思考的快乐和成功感悟的欣然。

实现了思想共享的教学，无论是老师，还是学生，都有浸润心田、凝视静听、欣然忘归的感觉，人们可以在看似平常的教育情境中，找到悠然心会的美妙。这也是教学中思想共享追求的最佳境界，只有做到人格平等，才能使师生、生生之间的精神相遇、心灵相拥成为可能。

## 二、情感共鸣

**【教学视点】** 教学要充分运用情感规律

一切教育活动无不伴随着情感，渗透着情感。情感共鸣是一剂良药，可以医治学生求学路上的种种伤痛；是一把雨伞，可以遮挡学生生活中的诸多风雨；是冬天的柴火，可以驱走学生学习中遭受挫折时的寒冷。只有花与春情感共鸣，才有迎风怒放的奇葩；只有树与风情感共鸣，才有美丽婀娜的舞姿；只有师与生情感共鸣，才能变成心心相印的知己。在教学中，教师要始终把教学方法与激发学生情感有机结合起来，把教师情感与学生情感联系起来，从而达到师生的情感交融，形成师生的情感合力。

1. 情感修养是前提

德国教育家第斯多惠说：“谁要是自己还没有发展培养自己的情感，他就不能发展和培养好别人的情感。”教师上课前一定要调节好情绪与情感，带着一份好心情走上讲台，讲授知识时，要善于表演，善于设置情境，把自己置身于当时当事中去，因势利导，言传身教，把学生引入意境，使之感受氛围，体验情趣，在情感的熏陶中不知不觉接受、理解、消化和吸收知识。

2. 情绪感染是动力

人的情绪是能够相感染和影响的，教师的情绪直接影响学生的情绪。对此，苏联教育家加里宁有个形象的比喻："教师每天都仿佛在一面镜子里，外面有几十双敏感的、善于观察教师情绪的孩子的眼睛。他们不断地盯视他，从而不断地感染着自己。"如果师生关系融洽，使积极情绪成为最强烈、最稳定的主导情绪，那么就可以克服消极情绪的干扰，使蕴藏在学生身上的上进心和积极性调动起来，并贯穿堂课教学始终。因此，教师在课堂上，要善于放大情绪的积极作用，转化情绪的负面影响，激励学生愉快地接受教师的引导，从而提高学生个体的学习效率。当学生情绪高昂时，心情愉悦，师生的情感就能真正交融在一起。

3. 情感激发是主线

教学中，教师要善于调动学生的情感，激发学生的情感，做到以师

"情"促学"情"。通过激发学生的情感，让学生的观点与老师的观点在情感交流中碰撞，在情感碰撞中升华，从而让课堂教与学的气氛达到高潮。如在物理课"汽车刹车"问题的教学中，一位教师设计了三个环节：第一步是创设情境。使用多媒体放映一个交通事故的片段，从中可以看到尽管司机采取了紧急刹车措施，但仍有一只穿过公路的野兔被撞死。第二步是实践探究。让学生明白从司机发现野兔到汽车停下来所经过的路程跟哪些因素有关，还有什么是反应时间，什么是刹车时间，要避免交通事故的发生司机应如何做。让学生初步运用物理知识去分析事故发生的原因，强化对匀变速运动规律的理解。第三步是客观评析。有的学生说："撞死一只兔子，何足挂齿！"有的学生说："兔子也有生命，我们也应该尊重它的生存权，所以不能滥杀。"还有的学生从责任的角度分析："兔子横穿马路，司机没有责任。"这一环节虽与知识技能关系不大，但突出了情感态度与价值观的培养，在交流中增进了学生的爱心、生命意识、责任意识等。

4. 心理换位是法宝

教学中的心理换位可分三个步骤进行。首先是"自我对象化"，即教师在分析教材、设计教学流程时，尝试把自己置身于学生的位置，体会学生的学习情绪，琢磨学生的学习心理，设想如果自己是学生，会遇到什么情感障碍或学习困难。第二步是"对象自我化"，即教师把学生置身于自己的位置上，设想，假如学生是教师，他（们）会怎样确定教学目标、设计教学流程，他们会思考哪些问题。第三步是"主宾一体化"，即教师在完成上述两个步骤的基础上，依据学情和教学目标，设计最易使师生情感共鸣的教学策略。

【案例在线】"老师，我也想用手语演唱这首歌"

在教音乐《感恩的心》一课时，我准备先把一个《感恩的心》的故事讲给学生听。"我们先不唱歌曲，老师给你们讲个故事吧！"学生一听有故事听，马上安静下来，充满期待、好奇地看着我。我开始饱含真情地讲述那个故事。

有一个天生失语的小女孩，和母亲相依为命，每天妈妈下班都会给她带一块年糕回来，那是她一天中最快乐的时刻。因为在他们贫穷的家里，一块小小的年糕就是最好的美味了。一天，外面下着大雨，小女孩望啊望啊，总也望不到妈妈回家，于是，她顺着妈妈回家的路去找，却发现妈妈倒在大树下。妈妈的手里还紧紧地攥着一块年糕……可妈妈的眼睛没有闭上，她明白了，知道妈妈是放心不下自己。小女孩擦干了眼泪，用手语唱起了《感恩的心》这首歌。泪水、雨水从她小小却又写满坚强的脸上滑过，她一遍一遍做着，终于，妈妈的眼睛闭上了……

故事的情节很简单，我不知道是我抑扬顿挫、饱含深情的语言深深打动了他们，还是故事的情节感染了他们每一颗纯真的心灵，教室里出奇地安静。所有的学生都在静静地听我讲述，脸上的表情随着故事内容的演变而变化。渐渐地，我感到自己的声音有点不对劲，眼睛里有一股热泪在涌动，再看看下面的眼睛，也都闪烁着泪光，还有些女生轻轻地抽泣起来。故事深深地感动了我，打动了孩子们，感染了每一颗纯真的心灵。当我讲到小女孩用手语唱歌的时候，我犹豫了一下：到底是读歌词，还是唱歌词呢？望着一双双忽闪的眼睛，我轻轻地说："让我们一起唱，好吗？""感恩的心，感谢有你……"教室里立刻响起了孩子们最纯真、最深情的歌声。没有伴奏，没有指挥，那歌声却是如此美妙，如此深情，如此扣人心弦！

我走到钢琴前，用我最饱满、最深情的声音，轻轻地唱起歌曲《感恩的心》。所有的学生都在用心演唱着这首歌，整个教室里涌动着感恩的情，歌声如春雨般滋润着每一个孩子、每一颗善良的心。

"老师，我也想用手语演唱这首歌，好吗？"一个学生举起手，擦干眼泪对我说。"我也要学……"所有的小手都举了起来。优美的音乐声又缓缓地响起，我和孩子们一起用手语演绎着歌曲，在音乐中，每个孩子都用自己的心演绎着，他们的脸上写满虔诚。我感动了，震撼了，泪水禁不住地直往下流。我情不自禁地说："同学们！你们太可爱了，让我们学会感恩，用感恩的心去感谢整个世界。老师感谢你们，因为你们都拥有一颗最美、最真、最善良的心，你们是老师的骄傲！"一个女生擦着眼泪说："老师，我们感谢你，是你让我们懂得了什么是感恩。"有的说："感谢我的同学，虽然有时候他调皮捣蛋，还和我吵架，但是我现在知道，能在一起朝夕相处是多么的珍贵。"有的说："我感谢清洁工人，有了他们的劳动，我们才能生活在干净整洁的环境里。"……

下课了，学生都哽咽地唱着歌曲走出教室，我的心情却怎么也平静不下来。我知道，感恩的种子已经在他们心中生根、发芽，相信在未来阳光雨露的滋润下，一定能够茁壮成长，感恩的心会伴随着每一颗善良的心灵走过长长的人生。

（摘自倪静的《用情感拨动孩子们情感的心弦》）

【教学感悟】共鸣是情感的汇合与振荡

　　上述案例启发我们，人与人之间最和谐的相处方式只有一种：用爱和真情做润滑剂，相互关心，实现心灵间的情感共鸣。情感共鸣的人生，才是美好的人生；情感共鸣的社会，才能激发人类绵绵不绝的正能量；情感共鸣的人间，才是世上最美的天堂。

　　教学中的情感共鸣，就是教师通过对学生个人情感的把握和尊重，实现与教师情感的高度一致，使之处于兴奋激动的状态，从而达到施教目的。共鸣是一个情感过程，在表现形态上是情感的汇合与振荡，但在本质上却是心与心的相互契合。苏霍姆林斯基曾说："教育过程表现在教育者与被教育者精神生活的一致性，即他们的理想、目标、兴趣、思想、体验的一致性之中。"优秀教师总是想方设法与学生在课堂教学交流中达到情感共鸣。

　　追求情感共鸣的教学，教师一定是"情动于中而溢于言表"，从而打动学生的心，使学生产生强烈的共鸣，受到强烈的感染。教师语言的感情色彩，来源于教师对所教知识的情真，来源于教师对教育事业的情深，来源于教师对学生的情长。据说鲁迅先生讲课的声音并不抑扬顿挫，也不慷慨激昂，从来都是娓娓道来，但他的每句话、每个字都充满着感情的魔力，使学生觉得耐人寻味，引人入胜，使每一个接近过他的学生都感到有一种信念的力量浸透在心里。因此，在教学活动中，只有相互尊重，教学过程才会"融情"。"登山则情满于山，观海则意溢于海"，教学当中的情感共鸣犹如教与学双边活动的催化剂，有了它，学生才会在教师的点拨下进入学习佳境。在情感共鸣的课堂上，学生和教师有心灵的感应，师生同喜同乐，共同被善良的人格熏陶着，共同激动着，共同陶醉着。情感共鸣的课堂，是学校中最美的风景。情感共鸣,是我们心中永远的太阳。

## 三、目标共求

【教学视点】教学是师生双方的相向互动过程

教学中的目标共求,是指师生在课堂教学过程中,双方围绕一个目标达到相向互动、默契协调,在共同合作下进行课堂教学艺术创造的过程。实践证明,教学相向互动,能使教学效率和效果达到最佳。苏联教育家巴班斯基认为:"只有在师生积极的相互作用中,才能产生作为一个完整现象的教学过程。"所以,优秀教师总是致力于营造目标共求的教学氛围,总是致力于师生积极性的调动与结合,使大家"心往一处想,劲往一处使",实现师生之间的心有灵犀、默契配合。

过去人们强调的是教师的教学目标,它虽与学生的学习目标相关,但侧重点不同。目标共求理念下的教学强调教学目标与学生的学习目标要高度一致,将教师的教学目标转化为学生的学习目标,将学生的学习目标提升为教师的教学目标,实现师生之间的相向而行。因此,教学应坚持把相向共求的课堂目标定在中心的位置上,在实践中,让教师为达标而教、学生为达标而学,使教学过程变为师生共同达标的过程。

相向共求的课堂目标,要以教学目标和学习目标的整合为重点。相向共求的课堂目标,在学习活动中起着方向性和决定性的作用,有了明确、具体、切实可行的相向共求的课堂目标,学生才能有序、有方向地进行学习。相向共求的课堂目标一般包括三个部分:一是老师应当教什么,二是学生应当学什么,三是老师的教和学生的学要实现什么共同目的。这里有对老师的要求,也有对学生的要求。

相向共求的课堂目标,要以师生相互期待为动力。教师教学要以学生的学习目标为参考,学生学习要以教学目标为向导,这样,既能满足学生的学习要求,又能实现教师的教学任务。师生有了共同的目标就容易形成相互期待,即教师期望学生获得精神的发展,而学生则期望得到教师的启迪和引导。此时,教师的职能不仅是传授知识,而更多的是创造师生交往,使学生在师生关系中体验到平等、自由、民主、尊重、信任、理解、宽宏，同时受到激励，接受来自教师的忠告和建议，形成积极的人生态度与情感体验。这样，学生的主体性就能得到发展，对话的平等性就能得到增强，学生不仅可以获得知识，而且可以获得人生经验，获得精神的生长。

【案例在线】语文《新型玻璃》的教学片段

**课前谈话**

师：同学们，短暂的相处，你们已经给我留下了深刻的印象，咱们班的同学个个善观察、会思考、乐表达，所以我特别期待与你们再次相见。今天我又见到了你们，心里感觉特别亲切、特别高兴。你们的心情怎么样？

生：很高兴！

师：那就让我们带着这份高兴的心情，一起开始我们今天的语文学习吧！

**出示目标**

师：这节课，我们共同学习课文《新型玻璃》。伸出手，请跟我一起板书课题。"型"字的第4笔要写得短一些，为下面的部分留位置，汉字各部件之间就是要相互礼让，这样整个字才美观。

（板书课题，齐读课题。）

师：昨天我们已经初读了课文，谁来说说，课文共介绍了几种新型玻璃？

生：（齐声）5种！

师：这节课我们就走近这些玻璃，完成以下两个学习目标。

（学习目标：1. 发现文中新型玻璃的特点、作用及运用的说明方法；2. 发挥想象，将自己想要发明的一种玻璃用一段话写下来。）

**实现目标1**

（学生齐读目标1。）

师：就这个目标我们要学什么？

生：我们要学习新型玻璃的特点、作用及运用的说明方法。

师：那应该怎么学呢？

生：我们应该先读课文，再标出这些句子，最后在句子旁边作批注。

师：真是会学习的孩子，清楚地说出了实现目标的方法。其实，简单说，就是先读、再标、后写。

（课件出示：读—标—写。）

师：知道学什么，也明白怎么学，那接下来就让我们围绕目标1，开始小组活动吧！

（学生自学、互学、群学。）

师：在刚才的学习过程中，各小组都做到了"不打扰""请倾听""请归位"。除此之外，我还发现在群学环节中，第一、三、六小组还做到了"请等待"。从大家的表现中，我看出来你们的规则意识都很强。接下来，就让我们进入最精彩的展示环节。

第一小组展示

生1：我们组展示的是夹丝网防盗玻璃和夹丝玻璃的特点及作用。

生2：请大家跟我们一起读第1自然段。（全班齐读第1自然段。）

生3：从这段话中可以看出夹丝网防盗玻璃的特点是自动报警，作用是防盗。

生4：从第2自然段中可以看出，夹丝玻璃的特点是坚硬不易破碎，适合高层建筑使用。

生1：我们组展示完毕，有请下一组继续展示。

第二小组展示

生1：我们组展示的是变色玻璃、吸热玻璃、吃音玻璃的特点和作用。

生2：请大家看第3自然段，变色玻璃的特点是能够对阳光起反射作用，还会随着阳光的强弱改变颜色的深浅。

生3：请大家看第4自然段，听我读——"在炎热的夏天，它能阻挡强烈的阳光，使室内比室外凉爽；在严寒的冬季，把冷空气挡在室外，使室内保持温暖。"这是吸热玻璃的特点，它的作用是使房间冬暖夏凉。

生4：吃音玻璃的特点是消除噪音。

生1：我们组展示完了，请下一组展示！

第五小组展示

生1：我们组展示的是课文运用的说明方法。

生2：请大家看第5自然段——"临街的窗子上如果装上这种玻璃，街上的噪音为40分贝时，传到房间里就只剩下12分贝了。"这句话运用的是列数字的说明方法。

生3："噪音像一个来无影去无踪的'隐身人'"，这里运用的是作比较的说明方法。

生1：我们组展示完毕。

生4：我有不同意见，"噪音像一个来无影去无踪的'隐身人'"，这里运用的应该是打比方的说明方法。

师：究竟是作比较还是打比方呢？作比较是将两种事物加以比较来说明事物的特点，而打比方则是通过把一种事物比作另一种事物来进行说明。根据这两个概念，大家再判断一下？

生1：应该是打比方。谢谢你的意见。

生5：这篇课文还运用了分类别的说明方法。

师：能举例说明吗？

生5：作者共介绍了5种新型玻璃，分别是夹丝网防盗玻璃、夹丝玻璃、变色玻璃、吸热玻璃和吃音玻璃。这就是分类别。

师：说得很好。像这样把一类事物分成几种，一种一种分别介绍的说明方法，就叫分类别。同学们，你们真了不起，通过小组学习，发现了5种玻璃的名称、特点和作用，以及列数字、打比方、分类别的说明方法。

（板书：列数字、打比方、分类别。）

师：正是因为作者运用了这些说明方法，文章才更加条理清晰、层次分明、生动形象。

**实现目标2**

师：在科学发展日新月异的今天，新型玻璃的种类还有很多，请大家猜想一下，生活中还会有哪些新型玻璃？

生：防尘玻璃、音乐玻璃、智能玻璃……

师：同学们的想象力可真丰富。那接下来就让我们一起来完成目标2，发挥想象，将自己最想发明的一种玻璃用一段话写下来。注意要将玻璃的名称、特点、作用写清楚，并试着运用一些说明方法。好，让我们开始动笔吧！

（学生练笔，教师巡视。）

师：大部分同学都已经写完了，接下来，让我们开始分享。

生1：优美的音乐可以使人身心愉悦，因此，我发明了一种新型玻璃——"音乐玻璃"。玻璃上有微型的播放器，收藏着各种各样的歌曲。这种玻璃上有一种很特殊的装置，它可以测出你喜欢听哪种类型的乐曲，再从播放器里放出音乐。当你睡不着时，它会播放轻松的催眠曲，让你很快睡着；当你生气时，它会播放很抒情的音乐，让你平静下来。我展示完了，请大家评价。

生2：你把音乐玻璃的特点和作用介绍得很清楚。

生3：你发明的这种玻璃很新颖。

师：你们听得很认真。下面谁来展示？

生4：同学们，我想你们一定都很讨厌灰尘吧？平时，我们刚把家中打扫干净，灰尘就来捣乱。现在不用害怕了，因为有了"吸尘玻璃"。有了这种玻璃，即使再多的灰尘也能处理干净。这种玻璃含有一种原料，可自动寻找灰尘，并将它们吸附在玻璃上，然后进行分解，把它们当作"营养"吸收掉。怎么样，这种"吸尘玻璃"很神奇吧？（掌声响起）

师：掌声是最好的评价。谁还想再具体说说？

生5：你运用了打比方的说明方法，很形象。

师：这位同学不仅发明的玻璃很新颖，写法也很巧妙。让我们继续展示。

生6：人类想要生存，最不能缺少的就是水和氧气。可现在，因为人类大量砍伐，为人们提供氧气的树木已经越来越少。不过大家不要担心，"供氧玻璃"可以为我们分忧解难。"供氧玻璃"会吸收二氧化碳，放出氧气，人们就有充足的氧气可以呼吸了，身体也会越来越健康。

师：可见新型玻璃与我们的生活真是紧密相关，谢谢你的分享。今后，我们都要像她一样，做生活的有心人，这样，就会有更多的发现。同学们，请你们运用文中的写法，发挥想象，将你想要发明的玻璃付诸笔端。我想，只要我们努力学习、用心探索，就一定能梦想成真！

（汪小敏，载《中国教师报》2013年12月2日）

【教学感悟】共同的目标是师生相互期待

生物学家在研究中发现，任何一个物种要生存和发展必须具备三个条件：第一，群居并形成团队。第二，团队中的部分成员富有创造力。第三，有良好的合作机制、沟通机制。在团队中经常有这么一个有趣的现象：成员之间如果因误解或摩擦产生内耗，团队整体智商就远远低于个人智商的总和，团队成员之间如果没有内耗，全体成员齐心协力去奋斗，这时的团队整体智商就会远远大于个人智商的总和，团队整体的目标也就更加容易实现。课堂教学应该是教师的教与学生的学有机结合的过程。教有教的目标，学有学的目标。现代教学观认为，教师教的目标与学生学的目标应是一致的。因为只有目标一致，才能使共同体成员产生"同舟共济"的共同体意识，形成"人人为我，我为人人"的相互依赖的关系。课堂学习共同体的显著特征就是每个成员都对自己、对其他成员和整个共同体的学习承担责任。

目标共求要求教师和学生集体、和学生个人，在心理上协调一致，并相互接纳。作为教师，要与学生顺畅地沟通，协调好师生关系，必须换位思考，站在学生的角度设计教学，揣摩学生的感受，想学生之所想，思学生之所思。教师在教学中，要把学生的需要放在第一位，从学生的个性心理特点和发展的角度谋划自己的教学，要仔细审视自己的言行，任何针对学生的表扬、批评、鼓励，都要始终为学生的发展着想，多一些鼓励，多一些理解，就能够做到师生之间目标趋于一致、认识趋于一致，从而达到教育效果最优化。

目标共求，是一座桥，不管知识之河水流多么湍急，总能送师生双方轻松到达神往的彼岸；目标共求，是一盏灯，不管求索真理的路途有多少艰难险阻，总能帮师生双方分辨沼泽和险滩；目标共求，是一面旗，迎风招展，促使师生双方生发无限的挑战高分极限的豪情与动力；目标共求，是一首歌，嘹亮而悠远，让师生双方探究宇宙奥妙的步伐轻盈潇洒，让师生双方的身影靓丽迷人。目标共求是一种师生互动的力量之源，施教者具有愉悦之心、仁爱之怀、成人之美之善念；受教者，必产生自尊之心、奋进之力、向上之志。

# 四、思维共振

**【教学视点】** 追求思维共振的教学

共振，是一个物理学概念，是指振动体在周期性变化的外力作用下，当外力的频率与振动体固有频率很接近或相等时,振幅急剧增大的现象。同理,所谓思维共振,就是指在思维互动中,当外界思维与个人固有思维相似或相同时,思维力急剧增强的现象。

1. 思维共振的特点

首先是它的交流性。交流是引起思维共振的一种方式。思维共振的教学,通常是师生围绕一个问题共同讨论。在整个讨论过程中,教师给予学生充分的自主发言权,同时做好学生的组织者、引导者、协助者,激发提问方的热情,启发被问方的思维。在课堂中,同学们常常为一个正确结论的得出争得面红耳赤、互不相让,当意见趋于一致时,大家又会握手言和。课堂上充满学生智慧的火花,充满思维碰撞的快乐。

其次是它的聚散性。从思维的指向性来看,思维有集中、发散两种。而思维共振正是同中求异,异中求同。在这一动态思维过程中,集中与发散并不是矛盾的,呈螺旋式上升,正是这种不断的聚合—发散—聚合的碰撞把思维共振推向了高潮。

2. 思维共振的类型

首先,同频互补是思维共振的润滑剂。

相似的(尤其是相同的)思维观点相互接触,相互交叉、诱发和启迪,就会引起思维共振,从而实现思维互补、融合,这是思维共振的一种基本方式,也是产生正确思维的一种有效途径。相似的思维互相接触会引起思维的连锁反应,学生既可以在教师思维的刺激和启发下充实与完善自己的思维,也可以结合其他同学的思维升华自己的思维,同时也可丰富和发展其他同学的思维。

其次,异频互动是思维共振的催化剂。

不同的(尤其是对立的)思维观点的争鸣是思维共振的一种基本方式。毛泽东同志指出,正确的东西总是在同错误的东西作斗争的过程中发展起来的。正像真理的发展是一个不断同谬误作斗争并战胜谬误的过程一样,正确的思维也是在与错误思维的尖锐对立、猛烈碰撞与激烈争鸣中形成和发展的。通过思维碰撞和争鸣,使学生受到外力的作用,从而克服思维的惯性,获得新的思维加速度,促进新思维的孕育、产生和发展。

总之,要想达到思维共振,教师一方面要充分鼓励学生大胆猜想、大胆质疑、大胆表述，另一方面要正确梳理学生提出的问题，捕捉焦点问题、难点问题，激发思维"矛盾"，引起思维"冲突"，营造一种充满思维争鸣的氛围，目的就是通过捕捉学生思想中产生的转瞬即逝的思维火花，使之得以燃烧与发展。这样，学生就会不知不觉地进入思维争鸣的佳境，时而争论，时而交锋，时而困惑，时而释然……在这跌宕多姿的思维律动中，思维最终会达到共振。

【案例在线一】数学《用字母表示数》的教学片段

**游戏导入**

师：同学们用扑克牌玩过24点游戏吗？谁能给没玩过的同学介绍一下游戏规则？

生：随机出示4张扑克牌，根据牌的点数，可以用加、减、乘、除等方法，只要能算出24就算赢。

师：我们现在一起玩这个游戏。仔细看大屏幕出示的扑克牌，最先将算式写到黑板上的同学胜出。

（教师课件出示4张扑克牌：5、8、J、A。）

（一名学生迅速到黑板上列式计算：5+8+11×1=24。）

师：这个算式里用了11和1，这4张扑克牌上有这两个数字吗？

生：字母J和A在扑克牌中分别表示11和1。

师：扑克牌可以用字母表示数字，数学中的字母也可以用来表示数字。今天，我们就来学习用字母表示数字。

（教师出示并解读学习目标，学生进行小组学习，过程略。）

**展示目标1**

师：下面我们就互相分享学习成果。

生1：我是《数学小报》的记者，请问这位同学，你是如何将本报"智慧岛"上的这道题做出来的？

生2：这道题应该是按规律填数。根据前两个三角形里数字的特点，上面的数字是下面两个数字的和。因此，我推出第3个三角形中的A表示的数字是32。

生1：请问第二题的B表示什么数字？

生3：根据规律，应该是15。

生1：本次采访到此为止，请大家为我们点评。

生4：你们虽然把题做出来了，但只是完成了目标1的前半部分，没有总结出字母能够表示怎样的数。

生1：接受。我们展示时忽略了学习目标。

师：我们已经把目标1完成了。用字母还可以表示其他的数字吗？请看目标2。

**展示目标2**

生1：我们组对第一题进行了变形。请看大屏幕，如果把这道题都变成小数，就成了现在这样。那么，A就表示3.2。

生2：我将第二题变成这样，B表示1.5。

生3：通过例题变形，我们知道了字母不仅可以表示整数，还可以表示小数和分数。我们组展示完了，请大家评价。

生4：你们能够围绕目标进行展示，很好。如果把总结的结论写到黑板上就更好了。

生1：你的建议我们接受，现在就写到黑板上。（板书：小数、分数。）

师：还有哪组要向大家展示？

生1：我们对$3×n=15$进行了变形。

生2：如果变形为$3×n<15$，n代表4以下；如果变形为$3×n>15$，n代表6以上。

生3：因此，我们得出，用字母还可以表示不确定的数。

生1：我们组展示完了，谁还有疑问？

生4：$3×n>15$，n代表5以上。刚才我们得到的结论，字母也可以表示小数，所以答案应该是n代表5以上更准确，因为n也可以是小数。

师：这位同学不仅倾听认真，还善于思考，谢谢你的提示。

生5：$3×n<15$，n代表4以下，答案应该是n代表5以下。

师：这位同学的学习能力真强，马上就发现了同样的问题。看来，只要我们学会倾听、积极思考，在展示交流时，就可以将知识学得更加深入，思维能力也能得到提高。由于时间关系，展示就到这里。

师：字母既可以表示整数，也可以表示小数、分数；既可以表示确定的数，也可以表示不确定的数。字母还可以帮助我们解决的许多数学问题，我们下节课继续探索。

（王文利，载《中国教师报》2014年1月20日）

【案例在线二】安静的大学校园，激烈的学术争论

如果你问一个英国教师："什么样的学生才是优秀的学生？"他们可能会这样回答："勤奋，有个性，敢于挑战老师，敢于批判名人名作，有思想，善于表达自己。"在英国留学期间，很多英国同学的确给我留下了这样的印象。这样的回答和印象其实暗示了西方教育理念上的一些重要概念。

为了在课堂上有效培养学生的批判性思维能力，英国的大学老师们通常将课堂组织得十分具有参与性。在英国的大学课堂上，学生是主体，而老师更多的是充当指导者和启发者的角色。这一特征在英国的研讨课中表现得最为明显。

在我就读的大学里，一堂研讨课通常持续两小时，内容分为三个阶段：老师介绍讨论内容，学生分组讨论，小组选派发言人总结讨论结果。研讨课开始时，老师会对要讨论的内容作个大致的介绍，或是让学生先阅读一些相关文章，使学生明确本堂课要讨论的问题背景。这个阶段通常不超过二十分钟，剩余的一个多小时都由学生来主导，而老师主要充当指导者的角色。

在学生分组讨论的阶段，学生一般都会结合自己的经历、体验以及在课前阅读中吸收的各种观点来发表自己的看法。老师在这一阶段的主要任务是到各个小组中去倾听，适当地向各个小组提问，启发他们的思维，或是回答学生提出的问题。例如，我们有一次研讨课讨论"高效的学校应该具有哪些要素"，我所在的小组共有四个同学，分别来自中国、日本、英国和尼日利亚。由于我们四个人经历各有不同，因而观点也颇不一样。尼日利亚的同学认为，高效的学校应该有先进的教学设备；日本的同学则认为，公平友好的教学环境很重要；英国同学比较强调学校的师生比例；而我则认为学校的运营机制对提高学校的效率有很大帮助。老师听完后，建议我

们首先把各国经济文化差异的因素考虑进去,然后在一定的经济文化背景下,把各个要素进行两两比较,让我们设想如果拿走其中一个要素的话,对学校的效率影响有多大。按照老师提供的建议,我们进行了很多对比分析,最后慢慢统一了意见,总结出了八个在各种经济文化背景下都很重要的因素。

在研讨课的最后阶段,老师会要求每个小组选派发言人来总结小组的讨论结果,并接受其他小组的提问。在这个阶段,老师会对学生们的发言给予适当的反馈与评价,并对特别有价值的讨论结果进行归纳和总结。下课前,老师总是会留出五分钟的时间让同学们反思一下整个讨论过程,总结讨论经验,调整讨论策略,以便下次讨论取得更好的效果。

思绪至此,我不禁想到一位著名的教育学家对西方大学的一句经典评论。他说,西方大学的"校园是安静的,但学术的争论是激烈的"。

(柳晔,载《新东方英语》2012年第1期)

【教学感悟】思维共振,产生智慧绚丽的火花

上述案例使我联想到,人类的智慧很多都是在一次次激烈的思想争论中迸发的,很多都是在思维共振的状态中形成的。思维共振是以石击石的火花迸射,是以情生情的心潮相逐,是以思引思的丝丝联结。

在思维共振的课堂上,活跃的气氛,智慧的碰撞,讨论时的自信、敏捷、犀利,能促使师生双方加快获取渊博的知识和形成灵活多变的思维方式。思维共振不只是思维和思维的沟通,也是内心的交流、心智的互融。通过思维共振,学生可以学到更多的东西,比如表述方式、逻辑习惯、情感态度,使自己的内心更加丰富,知识面更加开阔。

学生在课堂上的发言,是心声的流露、勇气的积累、成功的渴望、成长的延续。在思维共振的课堂上,我们要提倡"三允许、四不讲、五让、六度"的做法:三允许即允许学生出错,允许学生发言有纰漏,允许学生提不同意见;四不讲即学生能说出来的不讲,学生能做的不讲,学生会的不讲,学生能讨论出来的不讲;五让即教材让学生看,思路让学生讲,疑问让学生提,规律让学生发现,结论让学生总结;六度即时间上有宽度,空间上有广

度，气氛上有热度，内容上有深度，方法上有效度，结果上有信度。

思维共振的讨论可以点燃学生的热情，思维共振的交流可以提升学生的认知水平，思维共振的评价可以升华学生的思想，思维共振的历练可以使学生获得坚实的自信、成熟的心态、渊博的知识与优雅的辩才，可以使学生在学习和今后的工作中拥有更为卓越的素养。总之，思维共振的课堂让学生真正成为课堂的主人，使学生在交流和碰撞中，学会理解他人，尊重他人，共享他人的思维方法和思维成果。

## 五、体验共悟

【教学视点】每一堂课都是师生不可重复的生命体验

课堂是学生探索世界的窗口之一，每一堂课都是师生不可重复的生命体验；每一堂课，即使是知识、技能的传授，也融入了师生共同分享成功的喜悦，也充满了美丽的想象，有时还不乏人生智慧的火花。从教育学层面理解，体验包含生命个体过去的生活阅历、当下生活场景的生命感动和人生希冀的蓝图，是主体内在的知、情、意、行的亲历、体认与验证。只有经过体验而晓理，感受而动情，才能把一个陌生的、外在的、与己无关的对象变为熟悉的、可以交流的，甚至融于心智的存在。

首先，体验共悟式教学要以教师体验为先导。

只有学生的体验，没有教师的体验，教师的主导作用就体现不出来，学生自己的体验就得不到升华和鼓励，学生分析问题和解决问题的能力就得不到提高。在体验共悟式教学中，教师不能仅仅以知识传授者的身份出现，教师还应是学生体验活动的促进者。体验的生成不是一蹴而就的，需要教师或创设情境激发，或调动、补充相关的生活经验，使之与教材内容产生联系，促成体验生成。另外，由于学生缺乏社会和人生阅历，他们的体验难免肤浅、片面，教师要针对这些情况，结合自己的体验，深入地剖析教材，促进学生体验的深入。因此，在体验共悟式教学中，教师不能一味地让学生去体验，自己则处于"旁观者"的境地，教师要主动融进教学情境中，同时想方设法或促进学生体验的生成，或促进学生体验的升华。

其次，体验共悟式教学要以学生体验为基础。

在教学中关注学生的体验，意味着学生亲自参与知识的建构，亲历知识的形成过程，并在过程中体验知识和情感。"百闻不如一见，百见不如一做。"心理学研究表明，学生对学习内容的巩固程度与学生是否动手做实验有很大关系。一般来说，学生听老师讲能记住 10%～20% 的内容，如果既听又看老师演示便能记住 70%，而亲自动手做一做则能记住 90%。这说明学生动手做实验，对所学的知识能领会得更深、记得更牢。然而，许多教师在备课的过程中往往以"知识结构""知识线索"形成自己的教案。当教师掌握了"知识结构"和"知识线索"，就直截了当将这些"知识结构"和"知识线索"传授给学生。在教师群体中，容易流行一种"过来人"的导师心态，这种导师心态让教师不再浪费时间让学生去重复探索，而只需要记住教师提供的结论。

【案例在线一】语文《最后一头战象》的教学片段

**课前准备**

根据课堂设计，将学生分成四个学习共同体，组长组织组员商定组名和口号。上课前，每组派出代表，合理布置本组版面，包括组名、展示区、拓展区、评价区，等等。

**导入新课**

师：同学们，1943 年，日寇侵略我国云南边陲，抗日战士奋起反击。有一群特殊的士兵，它们勇猛无敌，被称为"战象"。战斗结束后，我方 80 头战象倒在了血泊中，人们在清理战象尸体时，发现一头公象还活着，它就是——"最后一头战象"（板书课题）。我们已经初读了课文，了解了文章的主要内容，这节课就让我们跟随作者，走进战象嘎羧，走进这位英雄的内心世界。有请我们的小导生！

导生：相信通过这节课的学习，我们对嘎羧会有更多的了解。下面进入自研自探环节，时间 5 分钟。

**自研自探**

独学：阅读课文—旁批体会—走近嘎羧。

对学：检查自研成果，解决对子间自学时遇到的问题。

群学：互助组有秩序地进行交流、讨论、组内预演。

**展示评价**

导生：同学们都发挥了集体的优势，进行了充分的预演，下面进入展示环节。展示单元一有请"炫彩腾飞"组，展示单元二有请"超越自我"组。现在开始展示。

展示单元一

生：请大家把目光投向课文第7自然段。（学生齐读课文。）

生：这是嘎羧再次见到象鞍时的情形。嘎羧见到自己的象鞍，仿佛看到了26年前激烈杀敌的场景，表现了它对辉煌过去的深深留恋与回味。

师：这一处是对嘎羧动作、神情的描写，作者通过细节描写，表达了一头英勇的战象积淀在心中的深深的感情。应该抓住"一下子安静下来""呼呼吹去""久久""摩挲""泪光闪闪""久别重逢"等地方，充满感情地朗读，从而体会嘎羧对象鞍的深情。（教师范读，学生跟读。）

导生：请大家把目光投向课文第14自然段——嘎羧"久久凝望着"江面，它一定在想些什么，请大家发挥想象，说说它当时在想些什么？哪位同学愿意和大家分享一下？

生1：嘎羧可能会想到昔日的战友们冒着枪林弹雨冲向侵略者，也可能会想到日寇鬼哭狼嚎、丢盔弃甲的情景。

生2：大家都知道，打洛江畔是嘎羧和它的战友们浴血奋战的地方。它"亲了又亲"的这块龟形礁石，可能是它奋力杀敌的一处战场。"震耳欲聋的吼叫"也许是嘎羧在呼唤着战友们的灵魂，诉说着它对战友们的深切怀念。

生：请大家继续看课文第20自然段。这一段中的动词有很多，大家一块来作标注——"来""选""挖""喘息""滑""卷""抛""沉"，等等。这些描写说明嘎羧已经衰老了，体力不济，也反映了嘎羧对同伴的深切缅怀。

生：我来总结一下——当嘎羧再次见到它的象鞍时，心情无比激动，仿佛又回到了26年前，看到了激烈杀敌的场景；当它站在江滩的卵石上时，心里不禁想起与它并肩作战的同伴们；当它为自己挖掘坟墓时，它深情无限。嘎羧有着善良、忠诚、重情义的高尚情怀。

生：大家请看我们组的"知识小天地"，这是我们组搜集到的有关战象的资料——印度人早在4000多年前就开始驯化大象，利用大象来冲锋杀敌。

导生：下面，请给"炫彩腾飞"组点评。

生1：你们组的板书很好，字迹清晰、颜色鲜艳。同时，你们组分工合理，能够以流利的语言为大家讲解。对了，你们组还有"知识小天地"，这个栏目很好，可以开拓大家的课外知识。

生2：我补充，从课文第22自然段中可以看出嘎羧对死非常坦然。

生3：我有质疑。文章中说，嘎羧"一只眼睛睁得老大"，我觉得它不是死得坦然，而是人们常说的"死不瞑目"。

生4：我不同意你的观点。它如果不坦然，就不会在预测到自己的死期时，平静地为自己挖一个坑，然后埋葬自己。它"凝望着天空"，或许是在告诉人们不能忘记历史，世界需要和平。

导生：有人及时补充、有人大胆质疑、有人合理解答，这些都值得我们学习。下面，有请"超越自我"组闪亮登场。

展示单元二

生：我们组要以情景剧的形式，走进嘎羧的内心世界，请大家一起听听嘎羧的内心独白吧！

生：也许，我的同伴和死神一起在召唤我了/回想我自己，只是一头平凡的战象，除了在疆场上浴血奋战的辉煌，其他什么都没有了/没有友谊，因为和我一路杀敌的战友都倒在了敌人的枪下/突然很安静，这是一种血腥的寂寞/战友们都已倒下，我仍然在冲锋杀敌/固然，我是侥幸的/可是我依然逃不出死神的手掌/再见了，村民们！再见了，波农丁（战象的饲养者）/我走了，不带走一片云霞，只留下了一丝遗憾。

生：我们组展示完毕，请给我们评价、补充。

生1：你们组分工合理、全员参与，想象力很丰富，能够带领全班同学走进嘎羧的内心世界。但是美中不足的是，有些同学展示时语言不太流利，希望下次预演的时候多多练习。

生2：我来补充，这是我们组搜集的有关作者的资料，供大家参考学习——沈石溪，原名沈一鸣，中国作家协会会员，云南省作家协会理事，其动物小说别具一格，在海内外拥有广泛声誉，被誉为"中国动物小说大王"。

导生：大家的评价很到位，也很完整，说出了展示组的优点和亮点，并进行了补充。

**课堂反馈**

导生：同学们，我们发挥了小组合作的力量，进行了充分的展示，知识也得到了进一步的巩固，下面就是检测我们的时候了，现在进入当堂反馈环节。此时此刻，你想用怎样的语言来赞颂嘎羧这位可歌可泣的英雄呢？我们把机会让给小组内的5号、6号同学。

（学生畅所欲言，表达对嘎羧的赞美。）

导生：看来大家对嘎羧这位英雄的形象又有了更深的了解，真正走进了嘎羧的内心世界。那么，我们今天的优胜小组是谁呢？请大家稍等片刻，答案马上揭晓。

（各组记分员迅速统计本节课的得分数，记录在评价区。）

导生：我们今天的优胜小组是"超越自我"组，让我们用热烈的掌声对他们表示祝贺。其实，在这节课中，我们每个人都表现得很棒，让我们也把掌声送给自己吧。最后，有请我们的老师对这节课进行总结。

师：本节课，同学们表现得非常优秀，大家积极发言、大胆质疑、精彩展示，让老师非常佩服。《最后一头战象》这篇小说写的是动物，折射的却是人类的情感，想引发人类更多的思考。这节课我们品味了课文中的细节描写，感受到嘎羧像人一样丰富的情感。课后，请同学们阅读沈石溪的其他动物小说，比如《斑羚飞渡》《再被狐狸骗一次》《红奶羊》等。我想，通过阅读，大家一定会有更多的震撼。

（武慧，载《中国教师报》2013年12月12日）

**【案例在线二】** 语文《〈宽容〉序言》的教学片段

师：《〈宽容〉序言》一文最后有这样一句话："这样的事情发生在过去，也发生在现在，不过将来（我们希望）这样的事不再发生了。"作者这句话到底有什么深刻含义呢？我想让大家谈谈自己的看法。这里我先作一个发言：无知山谷中所发生的事情，在人类历史上曾经不止一次地发生过，今天依然在发生，明天也许还会发生，历史最大的悲剧就在于悲剧的不断重演。同学们朗读课文后，对此有什么看法呢？

生1：我认为，先驱者走出山谷，这是一种勇敢的创举，为了发动更多的山民走出山谷，他又回来了。不幸的是他竟被守旧老人运用律法的权威煽动那些无知的山民给打死了。这是多么的可悲。但我们为这位先驱者的英勇壮举而敬佩他。

师：说得多好啊。

生2：先驱者为了真理，为了理想，勇敢地走了。但他发出的反叛声音、演绎的悲壮故事、开创的开拓精神，却永存于我们心中。而那僵死的律法、愚昧的山民、守旧的老人，将遗臭万年。

（小组讨论，班级交流。）

师：如果我们中的某一位是守旧老人，某一位是先驱者，某一位是无知山民，那现在会产生什么想法呢？现在我们分小组，以这些不同的身份来讨论，同时准备好如何回答另一方的问题，并针对另一方的观点提出自己的看法。

（学生小组讨论交流，然后小组代表分别发言。）

甲小组（守旧老人身份）代表1：山民们，我很后悔。我囿于自己的无知与偏见，也为了维护山谷的秩序与尊严，鼓动山民杀死了走出山谷又回来带领其他人一同离开山谷的人。这是我的罪过，我错了，在此我表示深深的歉意和深深的忏悔。

乙小组（先驱者身份）代表1：你们不要给予我这样高的荣誉，其实我是个悲剧人物。作为一个先驱者有这样的结局并不奇怪，人类的历史上就有许多这样的人。当时你们都不会理解，只有后来的人才能理解。人类历史的发展就是要我们这样的人做铺路石，只有以我的死才能唤醒人们，使人们能勇敢地抛弃陈旧的思想，这是社会前进所需付出的代价，我愿意做这样的人，并以此为荣。

甲小组代表2：先驱者的眼光敏锐，以至让人无法想象。他居然说，他看到了奇妙的景象，他居然怀疑圣书，怀疑祖先的智慧。你叫我怎能相信？根据我的知识、眼见，以及圣书的记载，这是无法想象的。

丙小组（无知山民身份）代表1：我们的老祖宗从很早很早的时候就一直在山这边过着平静的生活，在圣书的指引下，在智慧老人的管理下，我们生活得很满足也很幸福。我们从来没有听说山那边有盛开的鲜花，有茂盛的森林，有奔腾的江河，有智慧的大厦，有甜蜜的生活。难怪我们听说以后，我们以为他是在骗人，是在散布谣言，妖言惑众。他也太大胆了，居然怀疑圣书，对抗智慧老人，于是，我们拿起石头，砸死了他。

丙小组代表2：作为山民代表之一，我认为，这一悲剧的发生应该归咎于山谷的封闭与落后。山谷与外面的世界应该保持经常性的交流。封闭造成愚昧，愚昧形成偏见，偏见杀死先知。

师：（适时点评）对，人与人之间要交流，国家与国家之间要交流，地区与地区之间要交流，思想与思想之间要交流，文化与文化之间要交流。所以，我们国家提出的改革开放政策是深得人心的，也是符合历史潮流，遵循社会发展规律的。

（摘自王国林的《关注情感体验，优化学生人格》）

【教学感悟】体验是一种财富

《〈宽容〉序言》教学片段通过诱导学生深入文本，启发他们交流讨论，深入思考，独立解读，最终形成带有个性的阅读体验。在该教学片段中，教师成为学生独特体验的促进者，学生成为体验式教学的受益者。

体验，即以身"体"之，以心"验"之。按照心理学解释，体验通常表示人们在经验获得及行为变化过程中的心理感受、情感体验、认知顿悟、反省内化等心理活动。人自打生下来，就开始了体验的旅程。生命因体验而变得绚烂多姿，生活因体验而显得丰富多彩，梦想因体验而变得真实鲜活，舞台因体验而变得精彩缤纷。没有体验，成就不了完整的人生。没有黑暗之苦，海伦怎会写出《假如给我三天光明》，抒发一个盲人的心声？没有大自然的洗礼与尝百草的胆量，李时珍又如何成书《本草纲目》？……体验恰似和煦的春风，把花儿唤醒；恰似授粉的蜂蝶，把果实孕育。

体验性教学要求学生充分运用已有的知识与生活经验，在对新情境感知的基础上，通过感悟或体验，获取新的知识与技能。在实际的学习活动中，它表现为以下两点。

第一，强调亲身经历。学习不仅要用自己的脑子思考，而且要用自己的眼睛看，用自己的耳朵听，用自己的嘴说话，用自己的手操作，即用自己的身体去亲自经历，用自己的心灵去亲自感悟。

第二，重视直接经验。从课程角度讲，就是要把学生的个人知识、直接经验、生活世界看成重要的课程资源；尊重"儿童文化"，发掘"童心""童趣"的课程价值。从教学角度讲，就是要鼓励学生对教科书的自我解读、自我理解，尊重学生的个人感受和独特见解，使学习过程成为富有个性的过程。从学习角度来说，就是要把直接经验的改造、发展作为学习的重要目的，间接经验要整合、转化为学生的直接经验，成为学生素质的有机组成部分。这种理念，对于消除教学中长期存在的越俎代庖式的"教师分析"和"统一标准答案"，具有重要作用。

# 六、创意共生

【教学视点】课堂是学生创新精神成长的园地

课堂是学生创新精神成长的主要园地，学校教育的任务主要是通过课堂教学来完成的。创意共生的课堂要求教师在设计教学时，能给学生留下一个创新的空间、想象的空间，能和学生一起参与到创新活动中，即通过教师的创新，推动课堂教学的创新，进而带动学生的创新，从而达到师生创意共生的课堂境界。

首先，教师要发挥创新的引领作用。

教师要勇于创新，而且能够创新。事实上，教师在课堂上表现出怎样的创新状态，整个课堂教学以及学生就会处在怎样的创新水平。在照本宣科、循规蹈矩的教学活动中，学生不太可能表现出求新求异的精神面貌。教师要打破过于依赖书本、过于依赖教参的简单的机械照搬式的教学模式，要树立两种精神：一是要坚信一切知识都是可以怀疑的，就是要有一种怀疑精神。怀疑精神是科学精神的组成部分，只要不是经过自己验证、不是经过自己确认的，当然都是可以怀疑的。教材上的知识讲得对不对、原理讲得是否准确，教师完全有怀疑的权利。二是要坚信一切现存的事物都是有待完善的，因此都有改进的可能性。这就要求具备一种批判精神，对现存的事物进行合理批判。这是创新的一个必要前提。教师在教学中能经常从创新的角度去思考，就会有很多新的想法。教师的每一点变革，都会引起课堂上更大范围的变革。

其次，学生要发挥创新的主体作用。

创新的学生在学习上有许多不同于普通学生的表现。在学习目标上，创新的学生不仅能获得书本上或教师传授的知识，而且会对教师和书本上的知识进行批判性吸收，主动获取知识，注意思维过程；在学习内容上，创新的学生不满足于对教学内容的记忆，喜欢对未知世界进行探求；在学习动机上，创新的学生渴望自己找到问题的答案，喜欢自己发现知识的漏洞和进行批判，并对自己的直觉能力表示自信；在学习态度上，创新的学生对感兴趣的事物愿意锲而不舍地去探究，对所思考的问题不为教师所左右，有时对老师的观点表示异议；在时间安排上，创新的学生有时不按规定时间思考，除了完成课堂作业外，更多的时间花在阅读课外书籍或从事其他活动上。

总之，创意共生的课堂有助于培养师生的创新精神和实践能力，扩展教师和学生的学习、思维空间，赋予教师和学生"思想漫步"之自由，使教师和学生感受到创造性工作、创意性学习的乐趣，获得一种自我价值实现的体验，从而不断地实现自我超越，提升自己的生命价值和意义，焕发出生命的活力。

【案例在线一】 画太阳

一个美术老师在教学生画画，原来的题目是"画太阳"，就是要求学生按照课本的要求照着画就行。可是这个老师在设计和准备这节课的时候把题目变成了"我心中的太阳"。这样一调整，整节课的思路就不一样了，因为学生想象的空间被打开了：首先，我心中的太阳是什么样的？不同的学生对太阳的感受与体验肯定是不一样的。如有的学生把对不同季节的太阳的感受画下来，表现出了独特的想象。他把夏天的太阳画成一个面目狰狞的恶魔，因为他认为夏天的太阳烤得大家无处可躲，汗流浃背；把秋天的太阳画成一个慈祥的母亲，因为它像母亲一样在呵护着我们，把我们照得暖洋洋的；把春天的太阳画成一个公主，因为春天的太阳像一个美丽的公主，唤醒了大地，使大地复苏，使大地变绿。

（康香华，载"普通教师岗位提高培训网"）

【案例在线二】语文《称象》的教学设计

**教学背景**

就教学价值而言，本文按事情发展的顺序，从"看象—议象—称象"展开叙述，很适合儿童的年龄特点，有利于孩子在故事中把握事件发展的顺序，并初步养成把握文章脉络的习惯。教学时，我抓住"曹冲是怎么想出这个办法的"这个思维生发点，启发学生学会如何倾听，如何动脑思考。

**教学要点**

导入——连词成句，构成故事

1. 今天我们继续学习《称象》。师板书课题。

2. 复习词语：

又高又大　四根柱子

议论　反驳　摇头

画线　装石头　称重量

果然　微笑

设计意图：虽然已是第二课时，但仍然要注重低段的识字教学。此处把词语分成几类进行复习，当学生把这些词语串起来后，会发现这就是本文的主要内容。这不仅使学生从整体上把握了文本的中心，也为后文的复述和概括主要内容作了铺垫。

观象——以读代讲，读出象"大"

1. 默读第1、2自然段，画出描写大象的句子。

2. 出示句子：这头象又高又大，身子像堵墙（壮），腿像四根柱子（粗）。

同学们基本都见过大象，你能用朗读表现大象的高、大、壮、粗吗？

3. 这可是曹操收到的礼物啊，他心情如何？你是从哪里看出来的？

议象——表演体会，理解"议论"

1. 官员们是怎么议论的呢？读第3自然段，画出官员们"议论"的话语，然后读一读。

（1）课件出示："得造一杆大秤，砍一棵大树做秤杆。""把大象宰了，割成一块一块的再称。"

（2）官员的反驳。

2. 表演读：教师扮曹操，学生扮大臣，再现议论的场面。

3. 想想曹操为什么"直摇头"。

设计意图：新课标第一学段的目标指出，要结合上下文了解词句意思，在阅读中积累词语。此环节结合上下文，通过表演读、再现、体验的方式，让学生在情境中体会到"议论"的意思。

称象——理解过程，"解说"过程

1. 默读第4、5自然段，想想曹冲想了个什么办法。

2. 请学生上台扮演曹冲，运用道具进行解说。其他学生可以发表意见，教师相机点拨。

3. 试着用"先……再……然后……最后……"复述称象过程。

设计意图：事先的建议得到验证，就是果然。此处让学生复述一遍，说明曹冲的建议是正确的。让学生用自己的话说，不是放弃引导者的责任，而是指导学生有条理地陈述过程。

评议——引发赞叹，激发思考

1. 观察插图：曹操是什么表现？官员们又会说些什么呢？

2. 读第3自然段，想想在别人议论怎么称象的时候，曹冲在想什么。

3. 小结：曹冲多么善于倾听和思考。

4. 曹冲的办法真好。那么，你还有什么称象的好办法？

设计意图：此环节充分发挥了学生的创造性，激发学生的创新意识，让他们展开了想象的翅膀，同时他们对课文也有了更进一步的理解。

（张文静，载《语文报·教师版》2013年1月22日）

**【教学感悟】** 智慧在创新中增长

上述教学案例启发我们，现代教育的关键，就是要充分开发每一个人的聪明才智，注意激活每一个人的创造性思维。

正是由于人们有着创新精神，人类社会才一步一步地向前发展。在人生中，创新是指引方向的明灯，照亮前行的道路；创新是远处的山巅，激励我们登上高峰；创新是眼前的大海，任随我们畅游其间。鲁班因为勇于创新，因而在被野草划伤时不是将它拦腰折断，而是弯下腰仔细观察它，于是发现野草上有许多细小的齿，因而顿生灵感，经过一次次的实验，终于发明了锯。齐白石因为善于创新，对自己早年的成功"不屑一顾"，60岁、70岁、80岁，齐白石的画风在不断地改变，水平也在一次次改变中突飞猛进，因而他一生五易画风，一次一次成功，一次一次突破，终于成为中国画坛的巨匠。

教育家陶行知说过："处处是创造之地，天天是创造之时，人人是创造之人。"我们提倡的创意共生的教学是指教师依据一定的原理，通过有创意的设计，采取各种有效的方法或策略，以培养学生的创造力、思维能力为目标的课程实施过程。在创意共生的课堂上，主要强调的是两点：一是教师首先要有创新的理念，要有新颖独特的实际操作；二是要通过各种途径激活学生的创意。

创意共生的教学，一方面鼓励学生提出新问题、新想法、新结论和创造新事物，其特点是推陈出新，而非墨守成规；另一方面鼓励学生以创新的态度来对待学习内容，促使学生在学习过程中想得多、想得新、想得巧，从而培养其创新精神和创新能力。

## 七、评价共通

**【教学视点】** 让评价和着学生心灵的节拍

陶行知先生说："教育是心心相印的活动，惟独从心里发出来的，才能打动心的深处。"教师充满魅力的心灵共通的评价,虽不是蜂蜜,但能够黏住学生;虽不是磁铁,但能够吸引学生;虽不是号角,但能够鼓舞学生。

1. 认知评价和情感评价相结合

教师对学生学习的评价,既要关注学生对知识与技能的理解和掌握,又要关注他们情感态度与价值观的形成和发展;既要关注学生学习的结果,又要关注他们在学习过程中的变化和发展。课堂学习中不管哪方面的提高都离不开知识体系,缺少"知识"这个载体,其他方面的能力也就无从谈起。因此,我们在课堂评价中,要做到"知识评价不放松"。然而,课堂除了是学生获取知识的场所外,也应是学生体验情感、陶冶情操的精神乐园。新理念下评价的目的是促进人的发展,而人的发展中最核心的东西就是情感态度与价值观。因此,对学生的评价首先是对学生学习的情感态度进行评价,这样,学生在课堂上得到的就不仅仅是知识,还有人际交往、协调合作的个性品质的发展。

2. 教师单向评价和生生互动评价相结合

教师评价是一种最经常、最普遍的评价方式,即在学生发表见解之后,教师对他们的观点给予直接评价,以促进他们进一步思考。这种评价过程体现了教师的主导作用,能够帮助学生很快领悟问题的实质,抓住问题的关键。但是,如果评价作为教师的"专利",学生就处在被动甚至被忽略的地位,学生的主观能动性就得不到很好的发挥。新的教育理念下的评价,应十分重视学生在评价过程中的主体地位,教师在评价中要适当地"放权"给学生,变教师单向评价为师生、生生评价,比如提问时,教师要经常启发学生:还有想发表意见的吗?对刚才同学们的各种解法你有什么想法?对于×××同学的思路,你还有什么要问的吗?大家同意他的看法吗?谁对×××的回答作补充?让学生参与评价,使教师与学生在课堂上形成一种互评互析的评价伙伴关系,使评价成为学生对自己的学习行为自我调控的过程。

3. 激励性评价和反思性评价相结合

在"一切为了学生的发展"的新理念的倡导下,教师们纷纷采取肯定、积极、富有激励性的评价。的确,激励性评价可以激活课堂气氛,激发学生参与课堂的积极性。但是,在教学中,如果过于重视发挥评价的激励作用,过度使用激励性评价,对学生的发言总是想方设法夸奖、绕着圈子表扬,甚至连学生的错误都不明确指出,那么这样的评价是片面的、不完整的,因为评价的目的在于了解、激励、促进、反思、完善,仅靠激励是远远不够的,还要使评价致力于促进学生反思、帮助学生完善自己。因此,课堂评价在恰当运用激励性评价的同时,还要将反思性评价贯穿其中。让学生进行自我反思是促使学生自我提升、自主解决问题的有效做法,也是促使学生主动学习、自我监督、自我调节的有效途径。

【案例在线】评价的智慧:如芬芳的野花一路绽放

"听张齐华的课很舒服,很轻松,很悦耳,很自在……"这是老师们的共识,而这又或许与张老师丰厚的人文底蕴、扎实的语言功底,尤其是他那清新自然、精练洒脱的评价语有关。细数他的数学课堂,我们能看到这样一些场景。

当有学生提出不同意见时,张老师没有忽略前一位学生的心理感受,微笑着地对他说:"有人挑战你了,高兴吗?""高兴!"学生自信地回答。

在出示了练习题后,张老师会伴着温暖的眼光问:"同学们,有困难吗?那么,谁先来说?"

在展示学生的作品时,张老师会用关注的目光问:"你想给这份作业提点什么?""还有什么需要补充吗?对于他的方法想不想说点什么?"然后转身告诉其他学生,没有必要迷信别人。

当学生觉得没有其他答案时,张老师会提醒大家:"没有不同想法也可以大声说出来。"

他的话语不由得让人感到温馨。

我还欣赏到这样一组镜头:

师:瞧!刚才的一折、一撕,还真创造出了数学中的轴对称图形。说实话,数学呀,有时就这么简单。如果没有记错的话,大家对轴对称图形并不陌生,在我们认识的平面图形中,应该也有一些轴对称图形。

(出示轴对称图形的习题,让学生判断是否为轴对称图形。)

师:练习之前,我要给你们一些忠告:有时候,不要过分相信自己的眼睛,看上去像轴对称图形的也许不是,看上去不像的也许偏偏却是。

（教师让学生根据经验大胆猜想，选择自己最有把握的说一说，也可以结合手中的学具，6人小组合作，一起折折，验证自己的猜想。学生在小组内进行交流，关于平行四边形是不是轴对称图形引起了争论。）

生1：我认为平行四边形是轴对称图形，沿着高把它剪下来，可以拼成一个长方形，对折后，左右两边能完全重合。

生2：我认为平行四边形不是轴对称图形，把平行四边形对折后，两边的图形不能完全重合，所以我认为它不是。

师：（特意走过去，跟生2握手）我跟你握手不是我赞成你的说法，而是感谢你为课堂创造出了两种不同的声音。想想，要是我们的课堂只有一种声音，那该多单调啊！

（在学生再次进行操作实践后，第一个学生改变了自己的看法，知道了平行四边形不是轴对称图形。）

师：你的退让让我们更接近真理！

（在接下去的环节中，教师引导学生找出对称图形的对称轴。）

师：都说实践出真知，数学讲究的是深究，就这5个图形，难道你们就不想深入研究点什么？这个梯形是轴对称图形，但是……

此时无声胜有声。充满智慧的评价一下子扣紧了学生的心弦，激活了学生的思维。学生盯着那5个图形，继续找啊，辨啊，老师精彩的旁白无疑成了学生思维的推进器。

他的评价语极富哲理。学生在探讨9个珠子组成的两位数能被9整除时，马上误以为8也有这样的规律。"真是这样的吗？"张老师诱发学生进一步思考。当学生发现8个珠子不行，7个珠子也不行的时候，又产生了"其他都不行"的错误想法。张老师接口说道："可别盲目地否定一切。"寥寥数语，张弛有度。

在"圆的认识"一课中，有学生交流画圆经验时说："我们组在绳子的一端系上一块橡皮，抓住绳子的另一端一甩，也同样出现了一个圆。"对于这样的意外生成，张老师评价说："尽管这一方法没能在白纸上最终'画'出一个圆，但他们的创造仍然十分美妙，不是吗？"课堂里响起了热烈的掌声。这掌声，源于学生内心的一种欣赏与激励、一种接纳与认可，是一种真情的流淌。

张老师的语言富有磁力，常常是"未成曲调先有情"，蕴含着无限的意趣，如"省略号来得太迟""边做作业边思考，再作出决策""不要忙于下结论"，他时刻召唤学生积极地思考。

一位学生在写36的因数时，漏掉了2。面对学生的错误，张老师说道："看了以后，你想说点什么吗？""听听他是怎么找的。""有很多人一个也没漏掉，相信他们一定有窍门，一起看看吧！"……一句句简短的心灵对话，一个个与学生心灵交汇的眼神动作，无不渗透着关爱。

（陈惠芳，载《中国教育报》2007年6月29日）

【教学感悟】心灵共通的评价扣紧学生的心弦

教师的评价是施教者对教学过程的一种调控，是对学生学习态度、学习信心、学习效果等信息所作的反馈、评判，是整个教学活动的一种润滑剂。上述案例表明，好的课堂评价，一定要达到心灵共通的境界，只有这样的评价才能对教学活动起到重要的导向和激励作用，使教学过程更趋完善，有效地促进学生的发展。

夸美纽斯曾说过："教师的嘴，就是一个源泉，从那里可以发出知识的溪流。"这句话，精辟地道出了教师评价的重要性。课堂教学活动对学生而言，是他们生命历程中的一段重要经历，是其人生的重要构成部分。学生在课堂教学中，在好奇心的驱使下，满怀乐趣和兴趣地去参与挑战活动，亲自体验这种充满思想、情感、智慧的"生活"。学生在课堂教学过程中，会根据自己的兴趣、体验及理解，能动地认识和改造知识，赋予知识以个性化的意义，学生的生命活力在这种积极主动的参与过程中充分表现出来。在这样的课堂生活中，知识的学习已不再局限于认知范畴，它已扩展到情感、人格等领域，体现了学习者在课堂教学活动中的生命价值。关爱学生的生命发展，是学生课堂学习评价的灵魂。因此，教师们要从一个权威的评判者变为平等的鼓励者，从单纯的打分者变为热情的劝学者，从"大权独揽"的独唱者变为参与其中的"合唱者"，从评价的"一锤定音者"变为学生发展的引领者。

心灵共通的评价如花，使课堂姹紫嫣红；心灵共通的评价如歌，使课堂的声音美妙动听；心灵共通的评价如酒，使课堂的智慧芳香清醇；心灵共通的评价如诗，使课堂的意境深远；心灵共通的评价如虹，使课堂的景象绚丽多彩。

## 八、考试共赢

【教育视点】在考试共赢中成长

师生共赢的考试观既是素质教育的突破口，亦是素质教育的驱动力。共赢的考试既能充分发挥考试促进学生发展的功能，帮助学生在考试中胜出，获取成功的学习体验，又能促进教师对前一阶段的教学情况进行反思。每一次考试，在一定程度上既可以检验教师前一段时期教学效果的好坏，又可以促使教师不断反思，总结施教的成功经验和教训，对今后的教学起着调节作用。那么，怎样才能实现考试共赢呢？

1. 在督导中共赢

考试与教学在职能上相互独立，但在目标上具有一致性，考试既反映教学的基本任务，又督促教学双方完成教学任务，并检验教学目标的实现程度，不仅可以促进学生的学，更可以导引教师的教。缺少考试这一环节，学生的一些素质、教师的教学成效，就无法得到系统的检查和鉴定。

从教师的角度看，教学过程中考试的目的，一方面是检验教学是否实现了预定的目标，即考查学生掌握知识的数量与质量、技能的准确与熟练程度，以及能力的发展水平；另一方面是在检验教师教学的实际成效，即所授内容是否为学生所掌握或掌握的程度如何。因此，通过考试结果，教师可以检验自己的教学是否达到了教学目标的要求，也可以通过课程考试的命题，深化对教学目标的理解和把握。

从学生的角度看，考试既是压力，也是动力。考试可以促进学生及时复习功课，巩固和加深知识，培养精确细致、刻苦认真的学习态度，良好的学习习惯和坚强的意志品质。

2. 在诊断中共进

共赢的考试应具有发展的功能，使考试与素质教育融为一体，考试过程也是素质教育的过程。通过考试，可以增强学生的自尊和自信，强化他们渴求知识、奋发学习的欲望，完善他们的人格。考试可以激励学生提高素质，激发他们的创新精神，提高他们的实践能力，增强实现素质教育目标的积极性。考试可以检查学生的学习现状，诊断学生的起点能力，发现学生学习中的缺陷和障碍，同时可以反映教师的教学目标是否达成、教学策略是否科学、教学设计是否得当等，从而促进教师专业化水平的提高。师生都可以利用考试诊断改进教与学的方法，使教与学都得到发展。

【案例在线】新旧考试的对比

**考试前**

旧形式：考试铃声响了，监考老师早已等候在教室前，王老师匆匆忙忙拿起粉笔在黑板上写下了"仔细答题、沉着冷静、反复检查"等考试宝典，紧接着学生们耳畔传来了他临行前的一连串叮嘱："考语文时要看清题目，要找准题目中出现的关键字眼，看清要求后再答题；考作文时审题要清，重点要突出，叙述要完整，详略要得当，切不可偏题、离题……"学生们在教师"善意"的提醒下紧张感悄然而生，个个呼吸急促，额头上渗出了冷汗。在监考老师的严格审查及"教育"后，试卷发下来了，卷面上除了干巴巴的考试题外，几乎没有一句"多余"的话。

新形式：李老师笑嘻嘻地走出教室，黑板上留下了一些五彩斑斓的艺术字："嘿，考试小意思。""考试是主动求知的过程，考场是展示自我的舞台，成绩是创造希望的星光。"试卷最始位置送上一段老师热情洋溢的话（卷首语）："亲爱的同学们，一个学期马上就要结束了，你一定非常想了解一下自己的学习情况，下面老师就出几个小题目考考你。不过请相信，老师既关注你语文学习的水平，更关注你在语文活动中所表现出来的情感与态度。只要你做这份卷时，能像平时那样开动脑筋，认真思考，那你就是好样的。如果做题前你能轻轻对自己说上一声'我能行'，那你就更棒了！充满自信，轻轻松松做题吧！"孩子们看着这样的"卷首语"都笑了，那笑，犹如一朵朵灿烂的鲜花，开在每个人的脸上，开到每个人的心里。

**考试中**

旧形式：教室里寂然无声，监考老师蹑手蹑脚地走来走去。学生们托着腮、皱着眉苦思冥想着，稍稍抬起的几个小脑袋在冷不丁转过身来的监考老师严厉的目光中低垂下去。考场周围，不时可看到老师们"忙碌"和不安的身影："哎，不知道这帮家伙会怎样呢？"他们有时甚至会越过界线，跑到窗前大声疾呼："字写认真点……"

新形式：监考老师眼含情，嘴含笑，轻抚学生们的脸颊，不时提醒着："再想想！""你真棒！"试卷中每道题的题首都安排了一句或几句提示的话（题首语）。如"判断题"："本题题目都很简单，但其中有三道小题容易发生错误，请你仔细分辨，对的打'√'，错的打'×'。老师相信你一定能正确使用好手中的大权！"如"选择题"："本题中，最容易出错的是第三小题，请你用所学过的知识去解决它，老师相信你一定能解答得非常好。"如"默写古诗词"："请你在本册中任选一首喜欢的诗词写下来，老师相信你一定能写得既准确又工整。"……老师再也不用为"粗心""字不整""卷不洁"等担心，更不用四处转圈，坐立不安。

**考试终**

旧形式：广播里传来播音员柔和、甜美的声音："离考试终了时间还有15分钟。"教室里顿时骚动起来，学生们有的东张西望，有的坐立不安。交完卷后，他们三五成群地聚在一起，相互对答案，优者喜形于色，劣者愁眉苦脸。

新形式：离交卷时间越来越近了，学生们仍一丝不苟地埋头检查。是什么力量使得学生们如此专注？原来，每份试卷的卷尾部分都设计了一段文字（结束语）。如，语文卷的卷尾写道："考试即将结束，你觉得有必要复查吗？亲爱的同学们，我们切不可带着遗憾走出考场。"作文卷卷尾写道："考试即将结束，亲爱的同学们，再回答一下下面的问题好吗？1. 你对这份试卷感到满意吗？如有不满意的地方，请告诉老师。2. 你对自己的答题情况感到满意吗？请用'非常满意''基本满意''不满意'来问答。3. 请对老师说句心里话，你喜欢作文吗？"

这样的结束语，老师采用商量的口吻与学生面对面"谈心"，营造了一种和谐、宽松的考试氛围。同学们都说："做完试卷后，自己还可以评价自己的答题情况，对试卷有什么意见也可以一一写出来，真棒！我们受到重视了。"

（张爱民，载《小学教学研究》2003年第12期）

【教学感悟】让考试成为一个有效的教育过程

通过新旧考试的对比，我们认识到，新课程背景下的考试，不是简单地靠一纸试卷来考学生，而是激励学生健康成长、智慧成才，让学生轻松考试、快乐考试、自信考试、智慧考试，让每一个学生都能够绽放属于自己的精彩。考试是为了激励学生快速成长，让强者更强，让弱者找到自信。

考试，不仅是对学生学习状况的考核，同时也是对教师教学效果的考核。通过考试结果的正确评定与反馈，帮助教师系统准确地了解学习状况和教育的进展，及时诊断、矫正教学和学习的不合适的做法，调整教与学的方法，促进教与学质量的提高。

要让考试成为一个有效的教育过程，首先要明白，常规考试不是为了选拔、评价学生，把学生分成三六九等，只是为了了解以前的教育教学效果——学生掌握得好的部分和还没完全掌握的部分，吃透学情，以便调整下一步的教育教学计划，使之更有针对性，效果更好。

其次，考试命题要科学，有层次，具有引领性，适合诊断每个学生的学习情况。命题要以激发学生的学习兴趣，鼓励学生探究实际问题，开发学生的智慧潜能为宗旨。内容要多样化、多元化，既要有基本知识技能题，又要有适量的能力提高题，还要有动手实践题——解决实际问题的题。大部分题目要适合大多数学生做，难易比例适当，要让每个孩子都能展示自己，找到自信，而不能出些偏题怪题难为学生，甚至作文题目都可以有所选择，各科都可以有开放性和实践性试题。试卷命题可由老师命题，也可以由学生自己命题，可以用统一试题，也可以用多份试卷，让学生自己选择。

第三，考试形式要多样化。可以闭卷考试，也可以开卷考试，还可以分项目、分层次、分批次进行。一切根据学情和学生成长的需要确定。学生的学期、学年学业成绩评价可以运用平时评价与期末考试评价相结合的办法，以期末考试成绩为主，参照平时的测试成绩，累积计算。至于平时测查中表现优秀、突出的学生，还可以申请免考；如果学生对自己的成绩不满意，可以申请补考，给予多次评价的机会。

  第四，要科学利用考试结果。要给学生综合评价，根据平时表现、学科特长、考试成绩合理客观地打个等级。教师要针对每个学生作出具体的分析指导，给学生指明需要努力的地方和方向，激发学生的自信心和上进心。教师还要对全班的成绩作客观分析，以便吃透学情，并评讲试卷，改进教学，提高教育教学质量。学生要根据考试考核情况分析得失，修正目标，不断提高。

  总之，我们要把考试作为对学生进行教育的一个过程，重视并利用考试的整个过程及每一个环节进行育人。这样操作，学生就不会恐惧考试，教师就会科学运用考试，还可以让学生和教师感受考试的快乐与幸福。

# 第三编　协调育人"心"选择

## 一、科学精神与人文精神的全面性协调

**【教学视点】** 加强人文素质教育的必要性和紧迫性

法国著名作家福楼拜说过，科学与艺术，在山脚下分手，在山顶上会合。科学精神与人文精神，正如鸟之两翼、车之两轮，相辅相成。虽说人文精神和科学精神是一对孪生兄弟，彼此之间密不可分，然而，在之前的一段漫长时期，人文精神和科学精神是"两张皮"。从未来的趋势看，科学与人文必然走向整合。没有科学的发展，人文精神在很大程度上就成了一种没有多大意义的精神会餐，很难为大多数人特别是那些还处在贫困和愚昧状态中的人所欣赏和接受。但没有人文精神的价值引导，科学的发展及其运用容易走到邪路上去。

1. 从教育发展的历史来看

从教育发展的历史来看，古代教育以人文教育为主体，注重培养人的人格品行与人文素养。随着近代工业革命的开展，科学作为人类认识自然、改造自然的工具而成为文明的中心，相应地，科学精神的地位也在不断提升，加强科学精神教育已成为世界各国发展教育的重要取向。表现在教学中，教师注重科学知识的传授，轻视人文素质的培养；注重"智力"的开发，轻视道德价值的教育；注重解题技能的训练，轻视对生活与社会的体验性学习；注重学科知识自身的逻辑，轻视知识发生的人文背景，轻视知识对人生的价值与意义的启示。对教育理解的偏颇和教育行为功利化的倾

向，导致了目前我国中小学教育的畸形发展：一方面是理科知识严重过剩——我们的中小学生在学校里学了一大堆今天没有用、明天不会用、将来也注定不可能用的知识，他们的生命就在记诵、考试中被耗尽了；另一方面是人文素养严重不足——缺乏正确的社会理想和积极健康的审美情趣，缺乏社会公德和对人的理解与宽容。只有科学与人文并重，才能解决社会发展带来的问题；只有育才与育人相结合，才能扭转教育的偏差。

2. 从教育的功能来看

康德说过："人只有靠教育才能成为人，人完全是教育的结果。"教育的功能，一是教人懂事（知识），二是教人做事（能力、知识的应用），三是教人做人（如何做人）。最重要的也最艰难的是第三个功能。学校的任务既要教学生懂事、做事，更要教学生做人。爱因斯坦说过，学校的目的始终应该是：青年人在离开学校时，是作为一个和谐的人，而不是作为一个专家。仅仅用专业知识育人是不够的，通过专业教育，他可以成为一种有用的"机器"，但不能成为一个和谐发展的人，要使学生对价值有所理解并产生热诚的感情，这是最根本的，他必须获得对美和道德上的鲜明的辨别力。

培根有一句名言，即"读史使人明智，读诗使人灵秀，数学使人周密，科学使人深刻，伦理学使人庄重，逻辑修辞之学使人善辩"。只有在课堂上将科学精神教育和人文精神教育内在统一起来，才能实现成功的教育，才能把学生培养成全面发展的通才。

【案例在线一】作家的尴尬

那天中午，我正午睡，电话铃突然响了，是女儿。

"妈妈，《人生如下棋》是你写的吧？"

"是啊，怎么了？"

"太好了！我们上午语文考试，阅读分析题就是你这篇文章，让分析作者的创作手法，写出中心思想。我刚才和同学说起这事，他们让我问你标准答案，你肯定知道。"

"嗯——"我沉思着道,"这篇文章是好多年前写的,什么意思我都有点忘了。再说,作家写文章,是有感而发,并不是想好一个中心思想再写。"

女儿不甘心,又道:"妈妈,我这样答的,你看对不对?这篇文章的中心思想是告诉我们,做人一定要有远见,不能只看眼前的利益。"

我一听笑了:"你回答得挺好,把我当时没想到的都说出来了。"

几天后,女儿放学回家,一进门就冷着个脸,我问她怎么了,她说那道阅读分析题她没得分,因为和标准答案不一样。她埋怨我说:"都怪你,我和同学打赌,说我的答案对,结果输了。"

我哭笑不得,安慰她说:"好文章是让人欣赏,给人启示的,根本不应该有标准答案。你能独立思考,回答问题有高度,有意境,我给你满分好了!"

女儿半是沮丧半是疑惑地问:"妈妈,这些题的答案是谁定的?连你这个作者都答不上来?"

我想了想:"肯定是那些出题的语文专家定的。真搞不懂他们,把语文当数学考!其实语文教学和数学教学不一样,不一定非要一个标准答案。我是作者,我最清楚,很多文章都是有感而发,是一个非理性的过程,不能要求学生用绝对理性的心态去分析、寻找答案,那些答案也并不是唯一的、不可替代的。一位名人曾说过:一千个读者心中,就有一千个哈姆雷特。只要意思相近、与题相符就可以。"

女儿赞同地点点头:"妈妈,你这些话应该跟我们语文老师说,我本来很喜欢阅读和写作,可现在一上语文课就烦,什么中心思想、段落大纲、写作背景,好好的一篇文章,弄得支离破碎,一点美感都没有,还不如做数学题,可以不带感情,找到公式做就是了。"

女儿的话,一语中的。以语文为基础的人文教育,旨在培养人的感性素质,而非理性素质,理性素质是由以数学为基础的科学教育来完成的。人的感性素质和理性素质一样,需要经过培养、训练,有一定的发展过程。但是,受应试教育的影响,学校只注重知识、智能——理性能力的开发,而忽视人文、艺术——感性能力的培养。语文教学越来越像数学,僵化，教条，长此以往，学生的分数提高了，学校的升学率也提高了，但是我们的孩子却失去了感受世界、感受美的人文情怀，这样的代价未免太大了。

（林夕，载《现代青年》2009年第5期）

**【案例在线二】** 生物课中实现科学与人文的融合

新课程倡导将自然科学与人文社会科学结合起来，以有利于学生建立科学的自然观，逐步形成正确的世界观。这在生物教科书的编写过程中已经有所体现，但是如何让学生更好地拉近科学与人文的距离，将二者有机结合起来，并不是一件容易的事情。

"新叶伸向和煦的阳光，蚱蜢觊觎绿叶的芬芳。它们为生存而获取能量，能量在细胞里流转激荡。"（选自人教版高中生物《分子与细胞》第5章"引言"）

"生命的图案，扑朔迷离：从信息到物质，从蓝图到现实，繁复、简约、粗放、精细，是谁创造出，如此的和谐与统一？"（选自人教版高中生物《遗传与进化》第4章"引言"）

可见，教科书的作者从科学与人文融合的角度，费了一番心思。可仅仅这些，只能从一个侧面对学生进行引导，而且在每章的引言部分，并不能引起大多数学生的注意。怎样增强引导的有效性，值得我们思考。

本学期期中考试前，我去上课时语文老师还没有下课，我便在门外停了一会儿，任课老师在讲解诗歌的表现手法，我突然想到，能否让学生用诗歌将科学过程表现出来？这样不就能更好地引导学生将人文与科学结合在一起了吗？一个比较另类的作业设计诞生了。或许，同学们会喜欢这样的作业！

于是，在学习完《分子与细胞》的第2章时，我布置了这样一个作业：请结合第1、2章的内容，用文学的语言把科学的过程（内容）表现出来，可以是诗歌、散文诗、童话等体裁，内容自选。

同学们都感到很新奇，他们从没做过这样的作业，所以感觉很兴奋，当然也很愿意做。我把时间尽量延长，告诉他们两周后交作业。

当作业收齐后，说实话，我真的是大吃一惊，惊讶于他们如此优美的文笔，惊讶于他们竟然能把科学知识如此诗意化地呈现出来，既有科学过程的严谨，又有文学的柔美。有些同学的水平，我这个当老师的真的是自愧不如。

比如，高一（14）班的周艺同学写了《我看见》——

沐浴在千万个水分子同胞里，我看见：
线粒体平静地呼吸，叶绿体为光合作用而努力。
高尔基体忙着加工、分类、包装，所有的活动有条不紊，始终如一。
规律的生活滋生厌倦，我百无聊赖地游动，漫无目的。
直到有一天，我看见了你，我看见：
你拖着美人鱼般窈窕的鱼尾，戴着宝石王冠，
冰冷沉没的海洋之心，
扇着风格迥异、五彩斑斓的双翅，欣欣然走进了核糖体。
……

他将自己化为一个小小的水分子，畅游在生物体内，把自己所看见的各种生命活动过程以诗歌的形式展现出来——线粒体是细胞有氧呼吸的主要场所，叶绿体是植物光合作用的主要场所，高尔基体是加工、分类和包装蛋白质的细胞器。

而在描写氨基酸分子时，把各种氨基酸不一样的R基比喻为美人鱼窈窕的鱼尾，把核心碳原子上的氢原子比喻为宝石王冠——海洋之心，把连在同一个碳原子上的氨基与羧基比喻为五彩斑斓的双翅。

这首诗写得很长，语言优美，把两章的知识重难点都囊括了进去，我相信，他在完成这首诗时，一定是一遍又一遍地咀嚼相关生物知识，将这些知识经过自己大脑的再加工，锤炼语言，字斟句酌，才创造出这种非同一般的"生物学诗"。

这次作业过程让我感慨，原来，科学知识也可以很诗意地学习，只要我们这些理科教师有科学、人文素养同进的意识，有充分信任学生的勇气，给学生大胆创造的时间、机会，那么我们就会收获惊喜——不仅可以让学

生将科学过程系统化、整体化，深化理解科学知识，达成知识的迁移运用，还会让他们感知世界的心"柔软"起来、通透起来。

（刘本举，载《教育时报》2012年2月8日）

【教学感悟】 让课堂闪动一些人文气息

  上述案例，使我想起了英国博物学家赫胥黎的大困惑和他对世界所发出的提问：为什么人类的年龄在延长，而少男少女们的心灵却在提前硬化？为什么那么多少男少女刚走出校门心就已僵冷？为什么那么多年轻的孩子在动脉硬化前40年就心已麻木？为什么人类尚未苍老就失落了那一颗最可爱的童心？赫胥黎面对着的是人类生命史上最大的困惑。赫胥黎写出了为他赢得巨大声誉的科幻小说《美丽新世界》。什么是美丽新世界？赫胥黎认为，那是少男少女以及整个人类的童心不再硬化的世界，那是童心穿过童年、少年、青年一直跳动到老年的世界。人们只想到动脉硬化、血管硬化，有多少人想到过童心硬化、青春硬化、灵魂硬化呢？"童心不再硬化"，变成了赫胥黎的梦和呼号。

  赫胥黎的深深呼唤充分说明人文精神在一个人的成长中起着非常重要的作用。人文精神，如同丰盈甘美的母乳，滋润着每一个人成长，使人健康，让人强壮。人文精神，是心灵的发现，是精神的超越，是人间真情奏出的美妙的觉醒，是美德和力量，是情感的燃烧，是思想的发光，是真善美的自然流露。人文精神是一种养分，一种不可或缺的精神营养。它是对人生的领悟、对生命的关爱。因为有了人文精神，我们备感生命的热忱；因为有了人文精神，我们备感友谊的温暖；因为有了人文精神，我们备感笑容的灿烂；因为有了人文精神，我们备感生命的意义。

  由于受传统观念的影响，有些人认为人文精神教育只适用于文科教学，理科教学仅仅是一些机械的数字运算和一成不变的概念、原理、公式，对如何在理科教学中进行人文精神教育则束手无策。人文素质教育，是培养人文精神的教育，是关于人生存目的的教育。培养人文素质就是要教会学生"如何做人"，如何很好地处理人与人、人与社会、人与自然之间的关系，并较好地解决人自身的理性、意志和情感等方面的问题，使人的智力、道德、情感、体格等各个组成部分达到和谐状态，从而提高人的整体素质。根据素质教育的要求和人文精神的内涵，作为老师应该改变教学观、质量观、人才观和价值观。教师不仅要教书，更主要的是育人，要帮助学生成长，创造完美人生。因此，各学科教学都应加强人文教育，培养学生的人文素质，实现人文追求。

## 二、学习预设与课堂生成的联动性协调

【教学视点】预设与生成是联动的

教学预设，笼统地说，是指教师课前的教学设计，是教学的起点。生成是指实际教学过程的发生、发展与变化，是在教学的展开过程中由教师和学生根据不同的教学情境，自主构建教学活动的过程。在整个学习过程中，如果只有预设而没有生成，学生的主体性就没有得到重视，实质上就是一种"灌输"式的教学。如果有预设，并在预设中不断生成，则说明师生间有较好的互动，学生的主体性被重视。因此，灵活地处理教学预设与教学生成的关系，是实现有效教学亟须思考和解决的问题。

首先，充分预设是课堂有效的基础。

教师要想达到预期的教学效果，必须充分进行科学的预设。预设一个高质量的教案，既是教师经验的积累，也是教师学识的展现。愈是优秀的教师，设计教案的水平与质量愈高。这种预设不是为了限制生成，而是为了使课堂生成更富有实效性，更有可控性和扩展性。这样，在不同的环境中，面对不同的学生，以及各种各样的问题，教师就不会一片茫然，手足无措。

我们面对的学生是一个个鲜活的生命个体，他们的思维各不相同，课堂上经常会出现许多不确定因素，不确定性是学生生命活力的真实表现，这是非常正常的现象。作为教师，我们备课时要将不确定性作为提升自己课堂教学能力的着力点，更多地对学生的"学"进行预设：学生可能提出

什么问题、喜欢什么样的学习方式、生活中有怎样的体验、解读时可能有哪些感悟、探究时可能有哪些答案、练习时可能出现什么错误……在此基础上教师怎样肯定、鼓励、引导、矫正，等等。只有这样，才真正做到了"以学生为本"。

其次，动态生成是课堂有效的升华。

教学不是简单的知识学习的过程，它是师生共同成长的生命历程，再现的是师生原汁原味的生活情景。因此，经常会有与课前预设不一致甚至相矛盾的意外情况发生。教师要想科学地驾驭动态生成，必须注意以下三点。

1. 教学流程即时"变频"

随着课堂开放性、主体性、创造性的增强，学生质疑、反驳、争论的机会大大增多，这一切都需要教师独具慧眼，及时捕捉动态生成的资源，科学驾驭并巧妙处理他们困惑的焦点、理解的偏差、观点的创意、批评的价值，这些"意外"或许会打乱教学的节奏，但许多不曾预设的精彩也会悄然而至。

2. 教学目标随机"变通"

预设的目标并不是不可调整的唯一施教方向，经常会碰到许多"节外生枝"的现象。课堂教学具有较强的敏锐性和现场性，学生学习的状态、条件随时会发生变化。当课堂中出现"非预设性信息"的时候，预设的目标会显出它的不适应、不完善的地方，教学中要合理地删补、变通预设目标，从而即时生成新的目标。

3. 教学环节相机"变化"

教学流程由许多环节组成，各环节环环相扣，是紧密联系的有机整体，有着一定的先后次序。环节可以预设，但课堂教学如果一味按照固定环节前进，不考虑学情，不考虑课堂环境的变化，那么原本应该充满人性的教学活动将变得沉闷、机械甚至僵化。当我们事先预想的环节与学生的意愿、当时的环境相悖时，教师不必按部就班，完全可以"另起炉灶"。因为学生在课堂活动中的兴趣、情绪、意见、观点，乃至错误的回答，都是完善教学过程的动态生成性资源，教学环节的推进必须考虑这些变化的学情，这样课堂才会焕发出鲜活的生命气息。

俄国教育家乌申斯基曾说:"不论教育者怎样地研究了教育学理论,如果他缺乏教育机智,他就不可能成为一个优秀的教育实践者。"这是因为课堂教学是一个复杂的人与人的交互系统,它时刻充满着不确定性和复杂性。任凭事先的设计如何周密,教师总会碰到许多新的"非预期性"教学事件或问题,若是教师对这些问题不知所措或手忙脚乱,课堂教学就会陷入困境或僵局,甚至还会导致师生对抗的产生。而富有教育智慧的教师面对偶然性问题和意外的情况,总能情急生智,在瞬间激活奇思妙想,机动灵活地进行随机应变。

【案例在线】一堂作文课的教学片段

在作文课中,我发现相当多的学生所定的作文题目大同小异,格式千篇一律——"发生在……的一件事"或"……里的事",内容含糊,界定不清。这样的题目大而笼统、空洞,很难把握,还不具吸引力,与其说是一个题目,倒不如说是某一类事的统称。这是学生在课堂中表现出来的真实问题,是我课前所没有估计到的。面对这样真实的问题,我们就得重新考虑选择什么样的方式、方法和手段来解决,而组织"现场直播"式课堂教学就很具有吸引力。

师:(见学生已完成作文,根据巡视过程中发现的问题,在黑板上写下了三组来自学生的习作题目。第一组:"记寒假里发生的事""记寒假里的一件事""寒假趣事";第二组:"去公园溜冰""去书店买书""我来爬山";第三组:"观花灯,赏烟花""逛公园""猜灯谜")同学们,我们来看这三组题目,然后思考一下,看你能有什么发现。

生1:这三组题目都是记事的。

师:很好,你能发现它们的共性。这是其一。谁还有不同的发现?

生2:我觉得"去书店买书"这个题目有问题,买书不到书店还能去哪里?去书店不买书还能买别的东西吗?所以它啰唆。

师:很好,你一语中的。那你能给改一下吗?

生2：改成"买书"，我觉得更恰当些。

师：为什么？说说你的想法。

生2：这样直接点明了作文的主要内容，还简单。

师：嗯，你说得头头是道，很有见地。谁还有不同的发现？

生3：第二组题目都有像刚才所说的那种毛病。第一个可以改成"溜冰"，最后一个可以改成"爬山"。这样直接以所做的事情当题目，让人一看就明白你作文的主要内容。

师：你真会发现，句子改得也挺好。谁再来说说？

生4：我觉得第一组题目让人看了之后，有一种那样的感觉……

师：什么样的感觉？

生4：很模糊，只知道是寒假里发生的事，到底是什么，不清楚。应该像第三组那样，让人一看就明白你作文的主要内容，有种想看下去的愿望。

师：那你就是说，第三组题目定得好了？那么，究竟怎样给自己的作文取个好名字呢？

生4：要简洁。

生5：要用最少的字表达最准确的意思。

生6：要能突出作文的中心。

生7：题目还要能吸引人。

（刘亚杰，载《教育时报》2012年4月23日）

【教学感悟】预设与生成漫谈

在传统的教学中，上课就是执行教案的过程，"死"教案成了"看不见的手"，支配、导引着活的教师与学生，让教师与学生围着它团团转，课堂成了"教案剧"演出的舞台，它制约着师生在实际教学中的思维创新。事实上，我们身边的教育情境就像流淌不息的小河，处于不断的发展变化中，学生的每一天都是不同的，我们不应视而无睹，更不应任凭那在课堂上闪现的智慧火花自生自灭。

课前预设是传统教学中的一个典型特征，课堂生成是现代新课改中的一个重要形式。在上述教学案例中，教师通过巧妙处理教学生成，取得了良好的教学效果。现代教育理念主张教师与学生平等对话，尊重学生的主体性、个性化，促进学生积极参与、合作互动，变传统教学中的接受式学习为探究式学习，这就决定了课堂教学既有教师的预设，更有师生即时的生成。

　　预设总是静态的，哪怕教师把预设的东西想象得再活灵活现，也不是现实。单调地操作预设，一味地循规蹈矩，学生总被牵着鼻子在"圈套"里钻来钻去，不敢越雷池半步，课堂必然会缺乏生机，处于一种封闭的沉闷状态。生成总是动态的，往往出乎意料，一旦有了生成，课堂就会动起来，活起来，丰富而精彩起来。但一味地生成，也有可能游离教学主旨——要么问题不着边际，要么讨论脱离主题，这必然会使教学效果难以真正实现。可以说，预设与生成是课堂教学的双翼，将二者和谐统一于课堂中，才能把课上得充实、灵动、精彩。

　　如果说预设是一首优美的乐曲，那么生成则是一个不可缺少的音符；如果说预设是一望无际的大海，那么生成则是其中一朵骤然翻起的浪花；如果说预设是湛蓝如洗的天空，那么生成则是天空中一朵飘浮的白云。

　　有了预设的目标，便有了追求的动力，便有了攀登的勇气，便有了跋涉的执著；有了生成的想法，广阔的天空会任人自由驰骋，浩瀚的大海会任人破浪扬帆，巍峨的高山会任人征服攀登。

## 三、接受式学习与探究式学习的互补性协调

【教学视点】接受式学习与探究式学习的有机结合

　　从教育心理学的角度讲，学生的学习方式有接受式学习和探究式学习两种。这也是人类社会迄今为止最基本的两种学习方式。

　　在接受式学习中，总是将现成的、定论式的教学内容提供给学生，并不依靠也不要求学生通过独立的探索去发现知识，学生只需要通过理解、

记忆、整合、建构的过程，将所学知识构建于已有的认知结构中，将外在的显性知识内化为自身结构化的知识，就达到了学习的目的。其教学过程可以概括为这样的流程：教师通过讲解、演示呈现课程内容—学生通过听讲、理解、练习、复习、记忆等一系列过程学习课程内容—通过提问、讨论、讲评等一系列师生互动、生生互动过程，使学生在原有知识和生活经验的基础上，把新知识作为有意义的知识添加到自身的知识结构中。

探究式学习是学生在教师指导下自己研究现象、探索与发现规律、生成知识与创新知识的过程。尽管某些知识早已成为科学知识体系中的定论，但对学生来说却是第一次接触，鼓励学生经过探索而发现知识，是生成知识和创新知识的过程。其过程可以概括为这样的流程：教师引导学生通过设计课题的方式来呈现课程要求—学生通过探究与实践发现事物之间的各种关系—通过讨论、分析、总结、概括等一系列活动，揭示规律，生成新知识，实现课程的教学目标。探究式学习以解决问题为主题，以激发学生的创新精神和创造才能为主要任务，以学生的自主选择、自主探究为核心，以研究性学习、体验性学习、创新性学习为主要形式，强调对探究性认识过程的关注。

接受式学习和探究式学习这两种学习方式各有优势，各有利弊。在运用接受式学习时，要注意避免死板地列举一些事实（或现象），以及生搬硬套等情况，不能机械、教条，不要作过量的机械训练，尽量减少它的负面影响，避免挫伤学生的好奇心和探究欲望。在运用探究式学习时，教师应努力创设一个充满情趣，并具有一定挑战性的学习环境，以引导学生积极参与，更多地为学生提供动手实践的学习活动。但在推行探究式学习中要防止两种倾向：一是简单化倾向，教师不去精心设计，自由放任，仅仅把探究式学习当作一种学习形式，追求表面化和形式化；二是不讲条件和方式地滥用探究式学习，结果费时费力，造成事倍功半。

善于接受知识是一种获得、一种提升。我们若永葆充盈智慧的心，我们生命的原野就会无比空旷幽静，我们人生的天空就会无比蔚蓝高远，我们成长的生命就会永远飘荡着最悠扬的乐曲。勇于探究知识是一眼永不干涸的源泉，会有汩汩的对于生活的发现，奔腾不已，滋润着我们的心灵；

探究，是不知疲倦的小溪，使我们的思想流动着，散发着清香。

总之，要灵活地将有意义的接受式学习与探究式学习结合起来，这样一来，我们的教学才能在"接受"中勤于发现问题，在"探究"中勇于解决问题。只有这样，才能使教学形式呈现出新的局面，才能取得良好的教学效果，才能开创教学的新天地。

【案例在线一】计算机键盘练习的教学片段

在计算机课上，键盘练习是一项枯燥的练习，采用传统的讲练结合法，学生会感觉乏味。但指法练习又是必需的，如果不能很好地掌握，就会影响后续教学。于是，某计算机老师按照过去的教学，设计了一节练习课。

上课了，老师布置的练习内容是进入金山打字通，并且设置打字的时间为40分钟。老师讲完练习要求后，有的同学提出不愿打字，觉得没意思；有的同学干脆我行我素，做自己的事；有的无精打采地按照老师的吩咐练习着打字；甚至一些同学开始窃窃私语。

老师突然灵机一动："同学们，我们来一次打字比赛如何？老师用的输入法一直是五笔，今天老师改用拼音，和大家赛一赛，看看我在你们班打字能排第几名。前五名同学将获得'打字小能手''弹指神功手'等荣誉称号。"

"好！老师用拼音不一定打得过我，我打字很快，肯定能进前五名。"一名学生自信地说。

"老师不用五笔，我一定会超过老师的。"另一名学生也不甘示弱。

"那我们就准备开始吧！"老师趁热打铁地说。

学生骤然表现出了极大的热情，教室里瞬间出奇地安静，只剩下击打键盘的"啪啪"声。

一节课下来，学生的指法有了很大的提升。

（摘自田桂荣的《我的教学故事》）

**【案例在线二】** 语文《寻找幸运花瓣儿》的教学片段

师：通过前边的学习，我们知道了作者心理变化的过程就是作者寻找幸运花瓣儿的过程。那么，你认为作者找到的幸运花瓣儿究竟指的是什么？

生1：我认为作者找到的幸运花瓣儿是朝着希望坚持不懈、不怕困难地前进。

师：为什么这么说？

生1：因为课文中说："当你心中萌发了一个希望的时候，与此同时，你又有了一种实现这一希望的力量，继而你终于把希望变成了现实。"这是说经过自己坚持不懈的努力实现了自己的希望，中间有"兴致勃勃"，有"悻悻然"，有"兴奋"，有"茫然"，最终就会有"为之一动"的激动。这个激动就是最后的快乐，惊喜是快乐。这个过程有困难，还有解决掉困难的惊喜和快乐。这就是我理解的作者找到的幸运花瓣儿。

师：他认为寻找的过程就是幸运的花瓣儿，说得多好。把掌声送给他。谁继续来谈自己的看法呢？

生2：我认为作者找到的幸运花瓣儿指的是"心灵的感受"。（下课铃声响起，师示意继续）因为作者一连串的心理变化的词语其实就是说在寻找的过程中的心灵感受，即作者找到的幸运花瓣儿。

师：哦，幸运就是你心灵的感受，你知道什么是心灵感受吗？

生2：（笑，摇头）说不清楚。

师：正像现在已经下课了你还被我留在教室里一样，你现在是感到幸运，还是感到烦恼呢？假如你认为耽误了你玩耍的时间的话，你就会觉得这是一种苦恼；假如你觉得你在这短短一两分钟内得到了收益，那么你就会感到这是一种快乐。有句话说："假如你的心里有魔鬼，你看到的世界到处都是魔鬼；假如你的心里有尊佛，你看到的每个人将都是佛。"作者从寻找的"兴致勃勃""兴奋"里感受到了幸运，作者也从寻找的"悻悻然""茫然"里感受到了幸运。幸运就是一种心灵的感受。你究竟从我占用了你两分钟的休息时间里感受到了什么呢？（众生笑）

生活是课堂的注脚，稍纵即逝的生活瞬间也是对课堂的完美诠释。下课了，孩子们最烦占用他们玩耍时间的老师了，也最烦老师拖堂了。可是，为完成教学任务，更是为抓住现有的生活瞬间，给孩子们讲解他们最为困惑的盲点，让即时的生活感受变成理解知识的桥梁，从而达到用生活解释知识、用生活解释课堂难点的效果。这样的生活瞬间把"心灵感受"这一抽象的难以言传的东西变得直观，并且可以感知、可以触摸。也许有人会说，你可以换个时间再讲解，可是我想说换个时间，这种即时感受的际遇将再难寻求。

（刘亚杰，载《教育时报》2012 年 7 月 12 日）

【教学感悟】接受式学习与探究式学习需要互补

　　新课程背景下的课堂需要接受式学习吗？新课程背景下的学习一定要采用自主探究的学习方式吗？键盘练习的教学片段给了我们一个清晰的回答，那就是要做到接受式学习与探究式学习的优势互补，才能实现高效教学。

　　很显然，受新课改潮流的影响，很多人想当然地认为探究式学习好，有利于培养学生的探究精神和解决问题的能力，认为接受式学习不好，会助长学生的"填鸭式"学习和被动接受知识的坏习惯，所以教师讲得越少越好，对学生越放手越好。

　　事实上，简单地划分上述两种学习方式是不对的。因为接受式学习又可以分为被动的接受式学习和有意义的接受式学习两种形式。前者表现为学习者被动接受、死记硬背、机械练习，这是我们应当否定和反对的。而后者表现为学习者有学习的意愿，并且学习内容是有意义的，因而主动地接受，这是我们应该提倡和支持的。而探究式学习也有两种形式，即独立性探究式学习和指导性探究式学习。前者是指学生自己去发现，没有教师的参与，学生容易因缺乏兴趣而积极性降低，因能力不足而放弃，因效率不高而备受打击；而后者是指学生在教师的引导和指导下学习，教师在其中发挥着参与者和引领者的作用。

由此可见，在教学中，有意义的接受式学习和指导性探究式学习都是应该大力提倡的。而这两种学习方式，都离不开教师的启发，没有教师必要的讲授和指导，就很难完成既定的学习任务。尤其是在学生知识储备较少、信息量不足、抽象思维程度不高的时候，通过教师的启发诱导来获取知识，对学生是十分有效和必要的。

过去，我们过分强调教师讲得越精彩越是好老师，要把知识条分缕析、掰开揉碎地教给学生，忽略了学生的主体性，忽略了有意义的接受式学习和探究式学习的作用，犯的是越俎代庖的过于重视被动的接受式学习的错误；今天，我们又一味地强调学生的探究，在否定被动的接受式学习的同时，连有意义的接受式学习也一概加以否定，显然有些矫枉过正，从一个极端走向另一个极端，这无疑像鲁迅先生说的那样，在倒掉洗澡水的同时，连孩子也一起泼掉了。

## 四、独立学习与合作学习的辩证性协调

【教学视点】独立学习和合作学习的区别与联系

独立学习、合作学习作为两种学习形式，强调的侧重点不同。独立学习强调个体独立、主动、自觉、自我负责地学习，强调学生个体对学习的自我定向、自我监控、自我调节和自我评价，与被动学习是相对的。合作学习强调以学习小组为依托，以群体的分工、协作为特征来进行学习，它与独立学习相对。两种学习形式有不同的侧重点，反映了两种不同的学习价值取向。独立学习强调的是培养学生独立学习的能力，为其自主发展和适应社会奠定基础；合作学习强调的是协作、分享精神，为其在社会性群体中的适应和发展作准备。

两种学习方式之间存在内在的联系。首先，合作学习应以个体探究为前提。知识的掌握和内化，终究需通过个体的头脑才能完成，合作学习必须以个体的学习和思维为基础，而且合作学习的影响最终通过个体的学习和思维而起作用。从这一点来讲，注重个体的独立探索显得尤为重要。在

合作学习前，教师应让学生尝试自学或独立思索某一问题，放手让学生自己决定探索方向，鼓励学生选择自己的语言来表达，用自己的思路来阐释，形成初步的个体化意见。所以在合作学习前应给足学生独立思考的时间和空间，在此基础上再组织合作探索，引导学生开展讨论、交流、操作等活动，这样才能让学生各抒己见、取长补短，形成你来我往、唇枪舌剑的热闹场面。其次，独立学习需要探究与合作。每个学生个体的能力和思维往往都是有限的，因此个体在独立学习的过程中，当经过探究尚不能够解决问题时，就需要寻求他人的帮助；当被求助者也不能解答问题时，可能就需要分工协作、共同探究。

概言之，上述两种学习方式既有区别，又有联系。在实际的学习情境中，这两种学习方式是一种相互支持、互为补充的关系。因此，在教学中应首先鼓励学生对学习内容独立进行学习；如果个体研究还不能够解决问题，就开展小组或集体合作的探究学习，直至把问题解决。

【案例在线一】 两堂数学课的教学片段

一、相似图形的应用

在"相似图形的应用新课引入"的教学片段中，我曾有过两种预设。

预设一：系统复习相似三角形的识别及性质，在此基础上出示课本例题，教师板演构造相似三角形的方法，让学生模仿构造平面图形求解。

预设二：出人意料地拿出一个不规则玻璃瓶（如图1所示），让学生利用刻度尺、1根橡皮筋和2根等长的木棒，比一比谁能用最快的速度测量出瓶的底面内径。

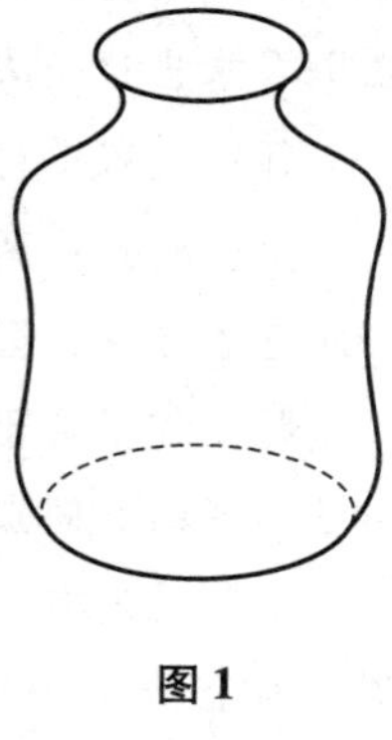

显而易见，预设一仍旧是传统套路，学生处于被动接受教师传授知识的状态，所得甚少。而预设二是掌握学生能力的基础上，找准了学生的兴奋点、教学的切入点与着力点，预设了一个学生可以直接感悟、形象生动的对象，从而吸引其注意力，激发了兴趣，有利于调动学生自主学习、勇于探究的积极性。

图1

二、测量影子的高度

课堂上,学生往往会不经意地出现一些生成,不可能完全按照教师的设计意图来进行,而教师若能及时捕捉学情,准确了解学生所思、所想、所为,灵活调整教学预设的动态发展,就能促使学生因自己在课堂上的灵感萌发和瞬间创造得到大家的认可而感到自豪,从而树立起学生学好数学的信心和培养学生学习数学的兴趣。

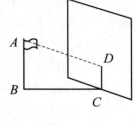

图 2

例如,在探究"当有一段影子刚好落在一堵墙上时,利用同时刻长 1 米、影长 1.5 米的竹竿,测量学校旗杆的高度(如图 2 所示)"的问题时出现了以下教学片段。

(学生通过和教师共同找出测量影子全在地上时学校旗杆的高度的方法之后,分组进行了思考和尝试……)

生:过点 $D$ 作 $BC$ 的平行线(如图 3 所示),将梯形 $ABCD$ 分割成 $\triangle ADE$ 和矩形 $BCDE$,从而找到与竹竿及其影长构成的相似三角形 $\triangle ADE$,求出边长 $AE$,继而求出旗杆 $AB$ 的长。

师:大家听清楚了吗?同意他们小组的方法吗?

生:同意。

师:有跟他们不一样的方法吗?

生:过点 $C$ 作 $AD$ 的平行线(如图 4 所示),将梯形 $ABCD$ 分割成 $\triangle BCF$ 和平行四边形 $AFCD$,从而找到与竹竿及其影长构成的相似三角形 $\triangle BCF$ 求出边长 $BF$,继而求出旗杆 $AB$ 的长。

师:大家觉得这组同学的想法如何?

生:我觉得两组的方法是一样的,都是利用了梯形添加辅助线的平移一腰基本方法,区别只在于平移了不同的腰。

师:你很善于思考,表面上看是两种不同的辅助线添加,但你却归纳出了两者的共同点,并且总结了添加辅助线的基本思想。非常好!

生:我还有一个更好的方法。我把墙想成没有,这样光线就可以直射到地面上了(如图 5 所示),这样我可以找到旗杆的影长是 (21+2) 米,然后再利用与竹竿那边相似的△ABM，就可以直接求出旗杆AB了。

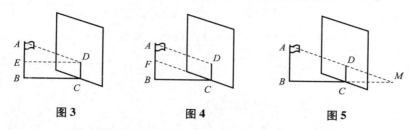

图3　　　　　图4　　　　　图5

师：这位同学的想法非常巧妙、很有创造力，而且看似相当简单，大家分组讨论看看他的方法对不对呢？

（学生兴致很高地动手操作着，争论着……）

生：不对，不对！如果$CM=DC=2$，那么△ABM就是等腰直角三角形，可是竹竿及其影长构成的又不是等腰直角三角形，两个三角形显然不相似啊。

师：大家说他讲的有没有道理啊？

生：有道理！

师：那么这个数学模型到底能不能测量出旗杆的高度呢？请仔细想一想，不妨看看图中的三角形共有几个，它们的关系是什么样的。动动手，试一试。

这样，老师的问题使学生的思维达到了高潮，不一会儿有的学生就找到了转化的方法。

（潘滢，载《现代教育报》2012年01月13日）

【案例在线二】数学《圆的认识》的教学片段

生活中处处有圆，圆在生活中有着广泛的应用。那么，怎样才能得到一个圆呢？你有几种方法？

首先组织学生各自研究探索，然后进行小组合作交流，研讨和整理方法。

生1：用圆规可以画出大大小小的圆；用两支铅笔绑在一起旋转，也可以画出圆。

生2：把一个圆或圆形物体的圆面放在纸上可以描出一个圆。

生3：在一个圆形物体的圆面上涂上颜色，然后盖在纸上，可以印出一个圆。

师：你在什么地方看见过？

生3：有的图章就是这样做出来的。

生4：用一根绳子，一头绑住一个东西，用手在空中甩，可以得到一个圆。

生5：我见过木匠用一根木条在两端钉上钉子，绕一端旋转，另一端的钉子就可以划出一个圆。

生6：我见过体育老师和我们活动时用一根竹竿，人站在中间旋转，竹竿的另一端在操场上可以划出一个圆。

生7：我见过体育老师用一根绳子，请一个同学捏住绳子的一头，另一头绑一只装石灰粉的勺，在操场上转一圈就得到了一个白色的圆。

师：你们的意见呢？

生8：老师必须把绳子拉紧，否则画出的不圆。

……

师：经过讨论与交流，同学们创造出了好多画圆的方法。那么，你认为什么方法最好呢？

生：（情不自禁地）用圆规画圆最好。

师：是这样的吗？小组同学相互研究一下。

在各组学生争论平息后，教师组织学生进行全班反馈，交流观点。

生1：我们认为还是用圆规画圆最好。

生2：我们反对，如果要画一个比较大的圆，圆规就不行了。

生3：我认为要看具体情况，如果画比较小的圆，用圆规比较方便；如果要画比较大的圆，用绳子等工具就比较好。

生4：我们认为没有最好的，应根据实际需要，每一种工具都有它的优点。

……

（摘自罗达云的《创设"合作"情境能力的训练过程及教学案例》）

**【教学感悟】** 独立与合作相互融合

　　上述案例启发我们，新课程所倡导的合作学习，必须是建立在自主探索的基础上才行之有效，缺乏自主探索的合作交流是无根之木、无源之水，学生的智慧不能发生碰撞，思想不会实现交融。

　　《圆的认识》的教学实录开展的小组合作学习活动，是在教师充分激活学生思维和情感的基础上开展的，是在学生有思、有想、有准备的基础上开展的，使学生学习的自主性、合作性得到了较好展现，数学的智慧在合作的过程中得到了进一步生成，教学的目标也在开放的教学活动过程中得到了有效落实。

　　合作学习非常重要，但只有建立在个人努力的基础上才能完成。在合作学习之前要先让学生独立思考，有了自己的想法后再和同伴探究、交流、解决问题，这样做可以避免只有好学生动口、动手，困难学生没有独立思考机会而直接从好学生那儿获得信息的现象。合作学习要给学习有困难的学生提供思考、进步的机会。

　　在学习过程中应该强调学生个体的作用，即自主选择、自主思考、自主提问、自主领悟。如果经过个体思考可以习得、领悟的知识、技能，根据学生个体经验可以体悟的情感、价值观，可以完全独立解决的问题，就应该依靠学生个人能力解决。这不仅是学习习惯的养成问题，也涉及一个人精神品质的培养问题。没有独立思考，没有形成自己的思想与认识，那么，在合作学习中就只能是观众和听众。合作的过程是个体对独立学习的再认识、再提高，是对独立学习成果的反思、融化和升华。因此，在合作学习之前，教师必须给予一定的独立学习时间，而且要求学生对自己的思考有一定的梳理，整合自己的思维，从心理上作好与人交流的准备。

　　一般情况下，合作学习旨在通过小组讨论，互相启发，达到优势互补，解决个体无法解决的疑难的目的。学生要参与讨论，参与探究，必须有自己的见解和认知能力作为基础，而个体的独立思考是无法由别人或小组来替代的。只有在学生的思考达到一定的程度后展开讨论，才有可能出现一点即通、恍然大悟的效果；也只有在此时展开讨论，才有可能出现观点的针锋相对和正面交锋。

因此，高质量的学习必须处理好独立学习与合作学习的对立统一关系。独立学习形成的独特个人见解能为合作交流奠定坚实的基础，而合作交流能使学生在生生互动中看到问题的不同侧面，促使学生反思自己和他人的认知策略与成果，从而建构起更深层次的理解。独立与合作只有相互融合、共同发展，才能达到求知的至高境界。

## 五、三维目标与多元教学要素的驱动性协调

【教学视点】三维目标教学"三部曲"

三维目标似一束鲜花，仔细观赏，才能看到它的美丽；三维目标似一杯清茶，细细品味，才能尝出真味道；三维目标似一座高山，奋力登攀，才能体会困苦艰险。"三维目标"是素质教育得以落实的操作基础，其主阵地是课堂教学。教师对"三维目标"的贯彻往往易顾此失彼，难以将三者有效地融合在一起；面面俱到是绝对不可能的，教学设计应有所侧重，重点突破方向又该如何选择？

1. 分解目标是三维目标顺利完成的基本前提

首先，知识与技能重在授人以鱼，这是课堂教学的基础系统，它使学生获得终身发展所需要的基础知识、基本技能，对学生的学习提出最基本的要求，其他课程目标的落实只有通过基础知识和基本技能这一重要载体，才能顺利、有效地展开。

其次，过程与方法重在授人以渔，这是课堂教学的操作系统，它注重学习过程中的体验和科学学习方法的掌握。不但涉及认知过程，而且还拓展到探究过程。只有这样，才能使学生不是把教材看作一堆知识和结论的堆积，而是把"探索"作为理解周围世界的方法，在亲自"做中学"的过程中不断掌握并学会运用科学的方法。把过程与方法目标的实现渗透在知识与能力的教学之中，使过程与方法目标的实现获得坚实的基础。

再次，情感、态度与价值观重在悟其渔识，这是课堂教学的动力系统，它伴随知识与能力、过程与方法目标的实现而实现。情感不仅指学习的兴趣，学习的热情、动机，更是指学生的内心体验和心灵世界；态度不仅指学习的态度、责任，更是指乐观向上的生活态度和求实创新的科学态度。价值观不仅强调个人的价值，更强调个人价值与社会价值的统一；不仅强调科学的价值，更强调科学价值与人文价值的统一。

2. 全面了解学生是三维目标顺利完成的重要基础

了解学生是教学成功的前提。教师要通过多种途径的调查，力求做到"十个心中有数"：一是学生的现有水平心中有数，二是学生的学习需要心中有数，三是学生的学习环境心中有数，四是学生的学习态度心中有数，五是学生的学习方式心中有数，六是学生的学习习惯心中有数，七是学生的思维特点心中有数，八是学生的生活经验心中有数，九是学生的个性差异心中有数，十是学生的认知规律心中有数。

3. 科学把握教学要素是三维目标顺利完成的根本保障

把课程标准的要求和教材信息转化为自己的信息，在此基础上，再进一步吃透三维目标中的"十个着眼点"：一是课标的着力点，二是内容的重难点，三是资源的结合点，四是知识的切入点，五是技能的提升点，六是情趣的激发点，七是思维的发散点，八是合作的着眼点，九是育人的落脚点，十是智慧的制高点。

总之，顺利完成三维目标，要求课堂教学操作采用多元化的学习方式，在课堂教学中要做到目标导向方位、情感激励定位、反馈矫正到位、主体参与本位、自主创新有位，从而把教学基础系统、动力系统、操作系统有机结合在一起，使课堂教学焕发出勃勃生机。

【案例在线一】数学《用字母表示数》的教学片段

课前我特意去刮了胡子、理了发。一走到教室，学生们不由自主地说："哇……"我说："怎么了？怎么了？你们为什么这样啊？"于是许多学生说老师变年轻了、变帅了。我便让他们猜猜老师的年龄。学生猜过一阵后，我又出示一条信息——"老师的年龄比方健（我班一位学生）大17岁"，问："根据这一信息你能知道什么？"学生马上根据这一信息和方健的年龄猜到了我的年龄是（12+17）岁，还说出了方健1、2、3……岁时，我的年龄分别是（1+17、2+17、3+17……）岁。我根据学生的回答故意不停地写下去，这时一位学生马上站起来说："老师，这样太麻烦了。我能用一道算式把上面的算式都表示出来。我用字母 $a$ 表示方健的年龄，那老师的年龄就是 $a+17$。"接下来，我又根据学生上一星期刚去秋游过的事实，出示了秋游路线图，让学生先根据已知的总路程和已走路程计算剩下的路程，再根据已知的总路程和未知的已走路程计算剩下的路程。然后，我又利用秋游中的一系列生活问题，让学生体验到"用字母表示数"这一数学知识产生的必要性。这样，学生将实际问题抽象成了数学模型，并体验了"用字母表示数"这一知识的形成过程，初步学会了"符号化"这一数学思想方法。

（摘自沈波的《数学生活化，实现三维目标》）

【案例在线二】物理《汽化》的教学片段

一、沸腾

1. 提问：你见过哪些汽化现象？

（学生：烧开水，水开了；煮饭的时候，水会沸腾；一杯水放在桌子上，慢慢会减少；水泼在地上会变干；夏天马路上有洒水车……）

引导学生对事例进行分类。

2. 根据学生的分类，教师讲授：这一类现象我们把它叫作沸腾现象，也就是生活中烧开水时水开了的现象。那么，哪位同学能说出水开的时候是什么样的？

（学生：大量气泡，白气，"咕嘟咕嘟"冒气泡的声音……）

教师肯定学生生活中的观察力，进一步提出问题：我们都知道水沸腾时温度很高，那么这个温度是否继续变化呢？现在就让我们一起看一下水沸腾的时候有什么特点。

3. 展示课件：通过刚才学习的内容，我们看一下这个表格应该怎填写。

| 汽化方式 | 发生位置 | 剧烈程度 | 温度条件 | 温度变化 | 吸(放)热 |
|---|---|---|---|---|---|
| 沸腾 | | | | | |

教师讲授：通过表格总结沸腾的条件。

补充：在不同的地理气候环境中水的沸点是不同的，今后我们会学习在一种标准情况下水的沸点是100℃。而且不同的液体沸点是不同的。

二、蒸发

沸腾是汽化的一种方式，汽化是不是只能以沸腾的方式进行呢？

教师：黑板上哪一类现象属于蒸发呢？这一类汽化现象我们把它叫作蒸发。那么我们不妨类比沸腾，看看蒸发有哪些特点。

1. 学生在表格中填写蒸发的相关信息，并举出例子支持自己的观点。

| 汽化方式 | 发生位置 | 剧烈程度 | 温度条件 | 温度变化 | 吸(放)热 |
|---|---|---|---|---|---|
| 沸腾 | 表面和内部 | 剧烈 | 达到沸点 | 不变 | 吸热 |
| 蒸发 | | | | | |

2. 关于液体蒸发吸热，温度是否变化以及如何变化，学生肯定会产生争议。

教师：下面我们就通过事实来看谁的观点正确。同学们桌子上有一支温度计、一把镊子、一瓶酒精棉，利用这些器材，你能否设计出实验支持你的观点？

（学生：用酒精棉包住温度计，看温度计示数是升高、降低还是不变。）

教师引导学生说出要注意的事项（先测室温，放好酒精棉后，手不要接触玻璃泡），并根据实验现象得出结论。

再次回顾课前实验，加深对蒸发吸热的理解。

3. 将蒸发、沸腾进行比较，找出二者的相同点和不同点。

4. 课件展示图片——保鲜膜给食物保鲜，以及电热干手机吹干手上水分，引出关于阻碍和加快蒸发的思考，引导学生举出相关事例。根据所举事例总结影响蒸发快慢的因素。

三、作业

1. 揭示"油锅捞钱"。

2. 课件展示"神九"发射图片，火箭腾空时，发射台下有个大水池，请同学们回去查阅资料，这个大水池有什么用。

（摘自秦学忠的《优质课教学设计》）

【教学感悟】三维目标的实现

  上述案例告诉我们，三维目标是复杂的，生活是丰富多彩的，生活不仅提供给学生无限的快乐，而且为学生的学习提供了丰富的感性认识。教师应提供有趣的生活事例、具有可操作性的生活材料等作为学生探索的对象和内容，让学生在特定的活动中充分感受体验，让教学生活化、情境化、趣味化，让他们更多地体会学习的快乐，从而使整个课堂教学达到知识与技能、过程与方法、情感态度与价值观相融合的三维目标。

  知识与技能既是教学目标，又是载体。让学生理解和掌握必要的知识与技能，是教学追求的目标之一，同时它又是培养和发展学生的思维能力、解决问题的能力，形成积极的情感体验，促进学生价值观变化的重要载体。

  知识形成过程的教学，是教学的核心环节。因此，过程与方法既是重要的教学目标，也是其他目标达成的主线。很明显，在学生的学习过程中，如果学生没有全面、主动参与知识的探究过程，就不能产生积极的情感体验；如果学生没有对问题的质疑、判断、比较、选择等学习活动，没有参与分析、综合、概括等认识活动，没有参与多种观点的碰撞、论争和比较，结论就难以获得，也难以真正理解和巩固。学生的学习过程是他们认知活动和情境学习活动相统一的过程。如果没有认知因素的参与，其学习知识的任务就不可能完成。因此，我们要注重过程与方法这一教学目标的达成，强调重视过程教学，强调学生探究知识的经历和获取知识的体验。

  情感态度与价值观是教学的根本。首先，实现这一目标，会使学生进入乐学之境，会促使学生情通理顺地进入到学习状态中来，学生会觉得学习不仅是乐事，而且会在学习中发现自己的价值，会把通过自觉学习、主动探索作为实现其价值的有效手段。其次,实现这一目标,还会为学生的终身发展奠定坚实的基础。情感态度与价值观这一目标是学生人生成长的方向盘、动力器,它能提高学生的精神境界,达到成人与成才的完美统一。

三维目标有机融合为一个整体,统一指向人的发展:知识与技能维度的目标立足于让学生学会,过程与方法维度的目标立足于让学生会学,情感态度与价值观维度的目标立足于让学生乐学。只有正确把握和实施三维目标,才能有效杜绝沉闷僵化的课堂氛围,促进学生的全面发展。

## 六、心理教育与学科教学的互助性协调

【教学视点】在学科教学中实现心理健康教育渗透

智力素质与心理素质相互依存,没有脱离智力素质的心理素质,更不存在没有心理素质支撑的智力素质。两者的关系如硬币的两面,相互依存,缺此无彼。具体来说,首先,智力素质是行为的"操作系统",而心理素质是行为的"动力系统"。其次,智力素质和心理素质在互相制约中得以形成与发展。一方面,智力因素制约着心理素质的发展,如一个人具有敏锐、精确的观察分析能力,也就能相应地形成其性格中的理智特性;另一方面,心理素质也制约着智力因素的发展,如一个人对学习的责任感、坚持性、自信心和自制力等性格属性,会支持他全身心地刻苦学习,智力素质也就在学习过程中获得应有的提高。因此,在课堂教学中科学、有效地开展心理健康教育,实现心理教育与学科教学的相互渗透显得尤为重要。

1. 在教学理念上体现心理健康教育的"渗透点"

教学过程与心理发展应该是相辅相成的两个方面。我们所从事的教育教学工作是培养适应未来社会发展和科技进步要求的一代新人的综合素质,其中不容忽视的就是心理素质。一个教师所担负的学科教学绝不仅仅是学科知识的传授与学科能力的培养的教育,而应该是全人教育、全"心"教育、全脑教育和全面发展教育。心理教育是学科教学的自然组成部分;同时,学科教学又是实施心理教育的最主要、最基本的途径。因此,通过钻研心育理论,在教学中自觉运用心理学原理、方法及心理辅导技术,有针

对性地帮助学生处理在学习过程中出现的各种心理问题，一方面可以促进教学活动的有效开展，另一方面可以促进学生健全人格的培养。

2. 在学科教学内容中贯穿心理健康教育的"渗透线"

挖掘教材中心理健康教育的内容要把握好三"点"，即善于把握教材内容中心理健康教育的涉及点、教学方法中心理健康教育的突破点、学生学习过程中心理健康教育的接触点。各科教材都具有较丰富的心理学内涵和寓意。教学中，教师要吃透教材，挖掘教材本身的心育内容，从课堂实际出发，积极渗透。例如，数学课可以进行发散思维、求异思维的训练，体育课可进行勇敢、顽强意志的训练，音乐课可进行陶冶情操、净化心灵的训练。只要具有心育意识，就能抓住机遇，发挥教材的心育功能，达到心育的目的。

3. 在学科教学过程中注重心理健康教育的"渗透面"

在学科教学中渗透心理健康教育要讲究两个"渗透"。第一，要讲究有机渗透。在课堂教学中融合心理健康教育，其核心问题是按教育学、心理学的客观规律观察学生、了解学生、教育学生，并实施课堂教学活动，而不是要我们在教育学生的过程中言必称"心理"，也不是要我们在学科教学中牵强附会地去"挖掘"教材中的"心理健康教育内容"，或者为学科教学贴上一些心理学名词的标签。学科教学中渗透心理健康教育要顺其自然，才能水到渠成。第二，要讲究适度渗透。叶一舵教授认为：学科教学中的心理健康教育目标是"副目标"，学科课程本身的内在规定性目标才是"主目标"。因此，在具体教学中，渗透心理健康教育应"适时有度"。所谓"适时"，就是在一节课的有限时间内，集中渗透心理健康教育的时间不宜过长（一般只能利用3~5分钟时间），如果一节45分钟的学科课有20分钟集中渗透心理健康教育，那就不叫学科渗透，该叫心理健康教育课了。所谓"有度"，一是要注意渗透程度，即渗透目标不宜过高也不宜过低；二是要注意渗透梯度，即在了解学生个性心理及个别差异的基础上，尽量考虑各层次学生的可接受性及渗透的循序渐进；三是要注意渗透效度，即教师要经常搜集学生的有关动态信息，适时调整渗透的策略，把握渗透的最佳时机。

心理因素是动力，有了动力，智力这枚炮弹才能有冲出胸膛、呼啸云天的神威。心理因素是一把锻锤，把智力因素的钢坯锻打得更加密实坚强；心理因素是一块砺石，把智力因素的剑砥砺得更加光亮锋利。心理因素与智力因素互相协调时，思想的野马在大脑里驰骋，智慧的蝴蝶在眉峰上舞蹈，感情的岩浆在心灵中奔涌。智力是一首诗，含蓄隽永，耐人寻味；心理因素是一幅画，色调和谐，风光旖旎。智力是含苞的蕾，能开出最美的花，能结出最甜的果；心理因素是和煦的风，能招来祥云喜雨，能吹出万紫千红。

【案例在线一】松松的一道数学题

这天下课铃响了，松松兴奋地推开办公室的门，来到我跟前："张老师，我在周六的数学兴趣班上学了一个公式，可以很快地算出这样的题。"说着他将一张数学兴趣班的试卷摊在我面前，指着一道数学题——请计算13、14、15、16、17的和，说"相邻的数之间都相差1，这样的一串儿数叫等差数列，可以根据等差数列的求和公式来算出它们的和。"松松用了求等差数列的公式很快做出了这道题。面对一个小学四年级学生运用高中的等差数列知识解答此题，我并不感到兴奋。

"你做得很对，这个公式确实能够快速地计算出这样的题目。"我先鼓励他一番，随后话锋一转，故意卖起关子："（13+17）×5÷2可以看成等差数列求和公式，其实这种方法我们本学期也学过。"松松有点不服地说："等差数列求和公式是中学才讲的，我们四年级哪儿学过？""你不信？如果我们把这些数字用点子图来表示，这道题就会变成我们本学期学过的一个数学知识，好好想想，你一定能够想出来！"松松带着问题疾步离开了办公室。

第二天一早，松松带着一脸的兴奋与快乐再次出现在办公室。"张老师，我知道了，等差数列求和公式就是我们四年级学过的梯形面积公式！"他一边向我展示用圆点列出的梯形图，一边讲："我把这一串数分别用小圆点表示，就形成一个上底为13、下底为17、高为5的梯形。求这串数字的和，就相当于求小圆点的个数，可以用梯形面积公式计算：（上底+下底）×高÷2。"

松松的领悟让我十分兴奋，我进一步启发他说："如果站在数的角度去思考，可以把这道求数字的题看成我们还未学过的等差数列求和知识；如果站在图形的角度去思考，还可以把它理解为灵活运用梯形面积公式来解答数字求和问题。数学知识的这种变化正是数学最有趣的地方。请你接着变戏法，把这道题用三年级的整数乘法来解答，你能行吗？""噢！我知道了！"松松思考片刻大声说了起来："让17减少2，让13增加2，让16减少1，让14增加1，它们的和不变，但原题就变成了5个15相加，可以表示为15×5＝75。""好，那么你能再用梯形点子图来说明吗？"我步步紧逼。松松全神贯注地看着图，不一会儿大喊起来："嗨！简单！把最后一行的小圆点移动两个到第一行，把倒数第二行的小圆点移动一个到第二行，不就变成了每行15、共5行的长方形了吗！"松松一脸的兴奋表明，他对于这道题的解答已不再是按照公式程序化地操作，而是能够将所学的数学知识创造性地进行运用了。

（张菁，载《中国教育报》2012年6月14日）

## 【案例在线二】小蒙的计算时间问题

小蒙是我教的三年级某班的学生，他是一个努力认真，但理解能力相对较差的学生。他在努力地奔跑，却总是被落到后面。渐渐地，我感到了他躲避的目光中充满了怯懦与忧郁。

一日在教"时、分、秒"时，我出了这样一道题：笑笑看一场电影时，电影开始时间是18：55分，电影结束时间是21：05分，请问这场电影放映的时间是多长？

题目一出，思维较为活跃的学生先后说出了许多种思考方法及结果。小蒙却茫然地坐在那里，显然这些解法小蒙理解起来较吃力。对于偏爱计算之类的程序化的题目，且计算准确率较高的小蒙来说，属于他的方法在哪里呢？"前面我们已经知道计算经历的时间，就是——"我故意拉着长声。"用后面的时间减去前面的时间。"学生们大声答着，这里面我能感受到小蒙的声音。"你能列出算式吗？"我将问题抛向小蒙。"21：05－18：55。"小蒙小心地答着。得到我的肯定后，他的神情放松了些。"计算减法题，我们可以做竖式，写竖式要注意什么？"我接着问。"数位对齐。"小蒙流利地答着。于是我让小蒙在黑板上写出竖式并计算。"不够减怎么办?""借位!"小蒙的声音洪亮了许多。要知道计算可是他的强项啊!"借一当几?前面可是小时啊!"我提示着。小蒙停顿了一下说:"借一当60。"在我随后的指导下,小蒙列出了正确的算式,得出了正确答案。

(张菁,载《中国教育报》2012年6月14日)

【案例在线三】语文《鲁滨孙漂流记》的教学实录

师:老师相信,课文中一定有一些故事情节是让你过目不忘。那请你说说文中哪一个经历给你留下了深刻的印象?

生:救星期五。

师:为什么这个经历给你留下了深刻的印象?你是从哪里看出来的?

生:遇到野人,并没有马上走,而是与他们周旋,并作了一些准备。

师:那能表现出鲁滨孙怎样的精神?

生:坚强。

(教师马上举例,讲解新的词语"坚忍不拔",同时让学生继续找能表现主人公"坚忍不拔"的例子。)

生:养羊种粮。

(教师同样问为什么,并让学生朗读。)

生:蓄养羊,没有马上吃掉;种麦子,反复种收。

师:主人公流落荒岛,凭借的是自己的智慧与勤劳定居下来,你不为他感到骄傲,不佩服他吗?那就把这种感情读出来吧!再来试着读一下。(教师范读)这个例子除了表现主人公具有坚忍不拔的意志外,还表现了什么吗?

生:具有丰富的生存知识。

师:请同学们再找一找具有丰富的生存知识的例子。

(其间讲了"简陋""救援""竟"的意思,并造句。)

……

(教师让学生再次观看图片,整体体会鲁滨孙的经历和伟大精神。)

师:还有哪些你知道的人物也具有此品质?

生：诺贝尔、霍金、爱迪生。

师：这样的精神品质是值得我们学习的。从鲁滨孙的经历中，你受到了哪些启发？

生：勇敢、善良、聪明智慧、坚强。

师：老师读了这篇课文也是深有感触的。（引申讲述印度洋海啸的故事）老师写了一段话，希望与同学们共勉：当我们遇到困难时，首先要克服自身对困难的恐惧。我们面对困难要勇敢，不放弃希望。用自己的善良、劳动、智慧和坚强取得胜利！现在的我们应该抓紧学习，强健我们的身体，锻炼我们的意志，丰富我们的知识，提高我们的技能，从而大大增强我们的生存能力！

（教师朗读、学生齐读。）

师：（总结）今天大家学习了《鲁滨孙漂流记》，老师相信，有了鲁滨孙精神的鼓舞，今后无论遇到什么困难，我们都能用强健的体魄、丰富的知识、高超的技能、坚韧不拔的毅力去解决。鲁滨孙的经历永远激励着我们！

（何峥，载"天津中学语文资源库"）

【教学感悟】教学呼唤心理因素和智力因素的牵手

上述案例启发我们，学习是学生的自主活动，学生大量的心理困扰都产生于学习过程中，理应在学习过程中得到解决。我们面对的是活生生的生命，因此课堂也应该是生机盎然、充满活力的，在授予学生一定的知识、技能，发展其智力和创造力的同时，维护和增进学生的心理健康，形成学生健全的人格十分重要。在实际教学中，教师要努力创设一个生动活泼、轻松平等的教学氛围，让学生在宽松、和谐、愉悦的环境中学习，维护和促进学生的心理健康地发展。

就课堂教学来说，教师要取得理想的教学效果，就必须在教学的过程中，高度重视学生学习的动力系统的启动和调节，因为学生的学习活动始终都是在非智力因素的推动下，在意志与情感的保障下进行的，如果学生动力不足，保障乏力，学习活动就会由主动变为被动，学习效果就不会好。

所以，优秀的教师不仅学科知识精湛，教学技能娴熟，而且是善于运用心理学因素调动学生积极性的高手。《鲁滨孙漂流记》的教学实录启发我们，在教学中自觉渗透心理因素，要注意把握以下六个高度关注。

1. 高度关注学习兴趣的激发

为了激发学生对所学内容的学习兴趣，教师要千方百计地把学生的兴趣激发出来，使其注意力指向或集中到新课学习上。在教学过程中，教师要根据学生情绪状态的变化适时采取调控措施，以保持和提高学生的学习兴趣，如创设一定的问题情境，组织学生讨论，或设计一些体验性活动，使学生的注意力能够持久，使之在充满情趣的活动中掌握知识，发展智力。

2. 高度关注学习动机的提高

学习动机不仅对学习行为起着激发、导向、维持的特有功能，而且还关系到学习的效果。优秀教师在课堂教学中总是想方设法渗透学习动机的培养和激发，从而使学生明白个人的成才和发展主要靠自己，自己是发展的主人，自己完全有能力做自己行为的主人。在当前知识经济时代和"主动认知时代"，自己应主动地钻研知识，做知识渊博的人，为终身发展奠定基础。

3. 高度关注热爱科学情感的培养

教师在教学中要尽力表现出对所教学科的热爱、精深的知识、熟练的技能，力求潜移默化地感染学生。热爱科学的情感是一种不可低估的动力，优秀教师善于以自己的智慧和激情使学生处于高昂饱满的情绪状态中从事学习活动，善于创造探究、思考和积极参与的学习气氛，使学生体验到学习的快乐和收获的愉悦。

4. 高度关注意志品质的锻造

顽强的意志品质需要长期培养。一个人从事任何活动，都有意志因素在发挥保持行为持久的作用。意志品质的训练与发展是更高层次的教育活动。学生在学习中总会因遇到困难、挫折、困惑或失败而使学习行为中止，教师要及时鼓励学生做生活的强者，做学习的强者，从而为今后的成长和发展打下坚实的根基。而顽强、持久、坚定、果断、勇敢等意志品质一经培养起来，成为个性的组成部分，则是让人终生受益的。

5. 高度关注思维能力的训练

不仅要重视逻辑思维能力的训练，更要注意创新思维能力的两翼——

聚合思维能力与发散思维能力的培养。优秀教师的高明之处在于既善于引导学生从大量事实中发现共同本质，又善于指导学生通过比较发现不同之处。前者是求同思维，有利于培养发现本质、发现规律的能力；后者是求异思维，有利于学生发现个性特征，发展观察、分析能力。优秀教师大多很注意鼓励学生大胆地思考，超越学科与课堂的局限，在交流中激活思维，深化对问题的认识，培养运用所学知识理解实际生活现象的能力，促进学生的思维品质不断提升。

6. 高度关注健全人格的塑造，也即做人的教育、人生观教育

如培养学生献身科学、追求真理的坚定信念，培养学生良好的行为习惯，注意矫正学生的不良品行，培养学生的道德情操。优秀教师自身就是学生学习做人的楷模，他们对事业的执著追求，达观的生活态度，关爱学生的品格，爱憎分明的情操，严谨负责的工作态度，宽容、悦纳别人的情怀等，这些优秀的人格特征经常体现在他们的教学中，体现在他们的言谈举止中，潜移默化地影响着学生。

# 七、学生主体与教师主导的一体化协调

【教学视点】学生自主学习与教师主导教学

教学活动中要把发挥教师的主导作用与发挥学生的主体作用统一起来，两者不可或缺。教师主导是针对学生而言的，教师发挥主导作用的目的正是为了促进学生的发展，教师的主导作用也只能体现和落实在学生身上，发挥得好与坏的唯一标准就是看是否把学生学习的主动性、积极性激发起来，促进学生生动活泼、主动地发展。同时，学生主体性的发挥也离不开教师的培养和指导。因此，在教学过程中必须使教师主导与学生主体有机结合、互相统一，才能和谐、顺利而有效地进行教学，实现教学目标。

1. 导是关键

教学中，教师是教育者。教师的任务是根据社会的需要和学生的实际，按照教学内容，有目的、有计划地向学生传授知识，并且在传授知识的同时，把社会的要求变成学生的需要，把社会意识和他人经验转化为学生的

知识、智慧和理想,培养学生的创造性才能。教师的主导作用在于通过教学,激发学生的学习兴趣、求知愿望和独立探索真理的精神,引导学生积极进行思考和认真完成学习任务。

(1) 做教材的"编导者"

一部好的电影,在于导演对原著的认真编导和艺术加工。教师对教材的编导,首先,是对教材本身的深钻细研和熟练地掌握教学内容。其次,是了解学生的实际,对他们原有的知识、技能、兴趣、思想状况、学习方法、习惯等作基本的调查、了解,并在此基础上作出比较科学的设计,考虑到他们接受新知识的困难和解决问题的态度。再次,对不同的教学内容,采用不同的教学方法,凡是能用之前学过的知识很容易得出结论的内容,采用"提出问题,启发引导"的方法,进行知识的迁移;若教材的编写顺序不完全符合学生思维发展的过程,做好调整教材内容的工作;若教材内容所反映的思维方法远超过学生的思维接受度,应做好牵线搭桥的工作。最后,按课时或学段组织结构,编写好教案学案,安排好学习过程,制订教学计划。

(2) 做激发动机的"劝导者"

劝导,就是不断地激发学生的学习动机,培养学生学习的兴趣,调动学生学习的积极性和主动性,引导学生生动、主动地学习。针对"枯燥无味"的知识,当学生毫无兴趣时,就要因势利导;认识知识对于现代科学的重要性,也需要因势利导;强化知识的内在价值,同样需要因势利导。以概念、公式、定理为主要内容的学科知识有它自己的丰富内涵和外延,都需要教师不断地对学生进行因势利导。

(3) 做优化学习方法的"指导者"

教师的任务不仅仅是单纯地传授知识,更重要的是教会学生怎样学以及如何才能学好。在教学中,当学生遇到难以理解的新知识而束手无策不得要领时,需要教师给予恰如其分的指导性说明。掌握好定理和概念,并不仅仅意味着对知识本身的理解,还意味着搞清它们的内在联系和外在条件,这需要教师指导。教学中往往会出现这样一种情况——看起来学生将某个定理背得滚瓜烂熟,但却不会应用,造成理论和实践脱节,这就说明,由于缺乏教师有力的指导,学生对定理只是限于表面的接受,而非更深的理解和灵活的应用。所以，教师在学习方法和对教材内容的理解上的指导，发挥着举足轻重的作用。

（4）做调动学习积极性的"督导者"

学生毕竟是受教育者，在学习上，他们既有积极主动的一面，也存在被动消极的一面。这就需要教师经常对学生进行督促检查。一般地说，教师总想尽善尽美地完成教学任务，但在教学过程中又总是遇到不尽如人意的地方，这就需要教师继续做好善后工作，用经常性的检查来了解学生的情况，用耐心有力的督促指导来弥补不足之处。

2. 学生是主体

在教学过程中，学生是教育的对象，又是学习的主体，无论是把人类积累的认识成果转化为学生的知识财富，还是把知识转化为学生的智力才能和思想观点，都要通过学生自己的积极思考和实际活动，都需要学生有学习主动性。因此，充分调动学生的学习积极性和主动性，发挥学生的主体作用，是教学过程中开展双边活动的另一个重要环节。

依照建构主义的理论，学习不是由教师把知识简单地传递给学生，而是由学生自己建构知识的过程。在教学实践中，要强调"八鼓励""十自主"的教学原则——给学生空间，鼓励他们自己去徜徉；给学生条件，鼓励他们自己去锻炼；给学生时间，鼓励他们自己去安排；给学生问题，鼓励他们自己去找答案；给学生机遇，鼓励他们自己去抓住；给学生冲突，鼓励他们自己去讨论；给学生权利，鼓励他们自己去选择；给学生题目，鼓励他们自己去创造——从而真正实现学生学习自主、解惑自动、心灵自在、智慧自得、思想自由、精神自乐、挫折自省、品德自察、情感自觉、理想自愿的个人建构的新境界。

总之，好的课堂教学，要处理好"主导"与"自主"的关系。"主导"是手段，"自主"是目的，这应是基本原则。通过"主导"养成"自主"，这应是基本的任务。

【案例在线一】数学《认识角》的教学片段

教学《认识角》一课时，我在课的结尾安排了一个"剪一剪"的活动：把一个正方形沿直线剪掉一个角，还剩几个角？

在（1）班的课堂上，实物投影仪出示了题目后，孩子们便急急地动手剪了。不一会儿，每个人都得出了自己动手操作后的答案，接着边演示边交流各自的答案："还剩3个角。""还剩4个角。""还剩5个角。"

第二节课在（3）班，没想到实物投影仪出了毛病。我只好把题目念了两遍，顺口说了一句话"先猜一猜，还剩几个角呢"。话音刚落，有孩子便迫不及待地喊出答案。

生1：还剩3个角。

生2：正方形原来4个角，剪掉一个角，当然是3个角了。

生3：（声音低低地）我想应该是5个吧。

生4：嗯？怎么可能呢，还会多一个吗？

师：没关系，大胆猜测也是解决问题很重要的一步。大部分同学认同还剩3个角，也有同学坚持自己不同的见解，这很重要。要不要自己亲手验证一下呢？（孩子们兴奋地喊"要"）记住自己刚才猜的答案和别人的答案，拿起剪刀和桌子上的正方形纸，动手试一试，看看你有什么发现？一定要注意安全。

（学生有的拿起剪刀和纸迅速剪起来，有的若有所思，还有的先用铅笔在纸上画上几笔。）

师：有的同学已经有了答案，不忙，等一等没有完成的同学，同时整理一下自己的思路。一会儿联系自己刚才猜想的结果和动手剪后得到的结果，说说自己的发现或感受。

生1：老师，我猜的是还剩3个角。您看我这样剪，真的还剩3个角。我猜对了！

生2：我想的是原来有4个角，剪掉1个角还剩3个角。可是我一剪，发现竟然还剩4个角。您看，我是这样剪的。

生3：我发现这样剪，还剩5个角，分别是2个钝角和3个直角。

（学生一一出示自己的作品。）

生4：答案有3种呢，我都试了试。

生5：剪掉一个角，剩下的角反而又多了，真有意思。

生6：我现在明白了，一道题可能有1个答案，也可能有多个答案。必须把题目看懂了,仔细想一想,才能找出全部答案。

(董文华,载《教育时报》2012年3月28日)

**【案例在线二】语文《江雪》的教学片段**

(教师在讲解《江雪》一课时,利用幻灯片播放了一张垂钓图。)

师:面对这样的画面,你有什么疑问?

生1:这么冷的天,那个老翁为什么还在江上钓鱼?

生2:难道他不怕冷吗?

师:真是一个好问题。请大家大胆地设想一下原因,也可以与同桌讨论一下。

生1:因为家里穷,以捕鱼为生。(板书:1. 捕鱼为生。)

生2:可能老翁想,鸟都飞走了,这下没人和自己抢了。

师:那就是说老翁在独自享受这一份清静呢!(板书:2. 独享清静。)

生3:老翁可能是遇到什么伤心事了。(板书:3. 排解忧伤。)

生4:我想是他喜欢钓鱼,所以也就顾不上天气寒冷了。

师:那他就是一个真正的钓鱼爱好者!(板书:4. 喜爱钓鱼。)

生5:可能是作者犯了错误,被流放在外了。

师:他也与老翁一样孤单。(板书:5. 心中孤单。)

师:看来大家的理解都不相同。那么,究竟哪一种比较吻合作者的心境呢?

刚才有同学说了解诗人的生平和时代背景对理解古诗是很有用的。那就让我们看一看柳宗元的简介。

(课件出示柳宗元生平简介。)

师:现在你比较赞同哪一种理解,或者有什么新的看法?

生1:现在,我知道了这是柳宗元在被贬永州时写的。

生2:我感受到,诗人是在借这个"蓑笠翁"表达自己孤傲的心情。

师:作者那种孤傲的心境与此情此景一起,构成了一幅生动的画面。

(郑雪琴,载"杭州市西湖小学网站")

**【教学感悟】** 把课堂还给学生

通过上述案例我们认识到，只有把教师的主导作用和学生的主体作用有机统一起来，才能有效促进学生思维的发展。叶澜教授说：把课堂还给学生，让课堂焕发出生命的活力；把班级还给学生，让班级充满成长的气息；把创造还给学生，让学习充满智慧的挑战；把精神发展的主动权还给学生，让班级充满勃勃生机。在教学中，凡是学生能观察的，尽量让学生观察；凡是学生能动口的，尽量让学生动口；凡是学生能动手实践的，尽量让学生动手实践；凡是学生能总结归纳的，尽量让学生总结归纳。要充分相信学生的潜能，发挥学生的主体作用。其实，学生主体、教师主导看似矛盾，实则统一。学生当然是学习的主人，应该发挥他们的主体作用；但强调学生的主体性，并没有否定教师的主导性，自主学习若想上升到更高层次、更为有效，绝离不开教师的支持、鼓励，离不开教师精心的导。当学生思维浅薄时，需要教师进行提升；当学生思维中断时，需要教师帮助衔接；当学生思维狭隘时，需要教师进行拓宽；当学生思维模糊时，需要教师适当点拨；当学生思维混乱时，需要教师帮助梳理。教师应当是学生快乐时的分享者、胆怯时的鼓励者、烦恼时的倾听者、遇到挫折时的帮助者、成长时的陪伴者。

## 八、教师与学生关系的和谐性协调

**【教学视点】** 和谐的师生关系是和谐教育的基础

在学校这个教书育人与学习知识的群体环境中，和谐教育已在师生中渗透开来，成为新的热门话题。和谐教育应是实现学生与学校和谐、教师与学生和谐、学生与学生和谐、学生与自身和谐的教育。师生是学校教育的主体，和谐的师生关系是和谐教育的基础。

1. 师生关系的和谐性协调，是推进素质教育的必然要求

长期以来，传统的教学模式使教师和学生形成了不平等的心理。教师

或多或少地扮演着"长者"与"智者"的角色,而学生扮演着"晚辈"与"无知者"的角色。课堂上,教师期望的是学生按预定的设想作出回答,教师的任务就是努力引导学生,直至答出教师预定的答案。学生在教学中实际上扮演着配合教师完成教案的角色。这种传统的教学观念和师生关系模式对师生的影响是根深蒂固的,成为推进素质教育,落实新课程理念的主要障碍。建立民主、平等、开放、包容、和谐的师生关系,能使教师在教学过程中积极互动、相互协作、共同发展。在这样的师生关系下,学生真正处于主体、主人、主动的地位,这样素质教育才会取得突破性的进展。

2. 师生关系的和谐性协调,是发挥师生潜能的必然要求

信息飞速发展的今天,教师和学生同时接收的信息很多。但由于时间、接触面的不同,必然会导致接收信息上的区别。教学的过程,实际上是师生间不断交流的过程。既有多种信息的发出和反馈,又有情感的相互交流。这种互动构成教学的氛围、背景,在师生之间形成了"知识场"和"心理场"。教师只有尊重、信任、理解、热爱学生,与学生平等相处,对学生诚恳相待,才能更好地完成教育工作。建立民主、平等、开放、包容、和谐的师生关系,一方面,会激发学生对新知识的渴求和探索,让学生养成不断学习、不断更新观念的好习惯;另一方面,可以让教师努力形成自身的凝聚力,让学生形成指向教育者的向心力,实现"照亮学生,提升教师"的"双赢"目标。

3. 师生关系的和谐性协调,是提高课堂成效的必然要求

课堂教学是师生之间、生生之间多形式、多维度的相互作用、相互影响的互动过程。课堂教学活动的设计和实施关键是把教和学两类活动真正组成共时、多向、互动的有机整体,从而让每个学生都能在教学活动中找到自己的位置,承担责任,享受权利,学会合作,锻炼能力,展示才能。然而,在具体的教学实践中,由于认识上的误区,有的教师虽然认同"教师为主导,学生为主体"的教学思想,并在一定程度上赋予学生一定的学习权限,但没有真正建立民主、平等、包容、开放、和谐的师生关系,学生的主体地位没有真正体现;有的教师从"教师主宰一切"的极端走向"儿童中心主义"的极端,课堂上顾虑重重、畏首畏尾,不敢点拨、不敢

提问、不敢讲解、不敢评价，生怕被认为剥夺了学生的主体地位……这些现象，究其根源，是没有寻找到两者恰当的结合点，没有处理好师生之间的辩证关系。科学构建师生和谐性关系，必然会推动课堂教学改革，从而全面提高课堂成效。

**【案例在线一】** 三位语文老师的教学开场白

**片段一：真真假假学分辨**

师：同学们好！

生：（齐声）老师好！

师：刚刚见面，我先作自我介绍。这段介绍中有真有假，请你分辨一下哪是真的，哪是假的。我姓靳，叫靳家彦，是你们学校的语文老师，今年60岁。我特别喜欢阅读和写作，《陶罐和铁罐》这篇寓言就是我写的。今天我们就学习这一课。

（学生纷纷举手发言。）

生1：你姓靳，叫靳家彦是真的，我听刚才主持会议的老师就是这样介绍的，所以这是真的。

生2：您说是我们学校的语文老师，不是真的。因为我从没有见过您，我们学校也没有您。

师：判断得有根据。

生3：您说您今年60岁是假的，60岁的老人头发会花白的。可您的头发是乌黑的。

师：染的。

（全场大笑。）

生4：说《陶罐和铁罐》是您写的，肯定不是，课文上有注释，作者是黄瑞云。

师：非常聪明，分辨得清清楚楚、有条有理，说明你们很会思考分析。

**片段二：实事求是学质疑**

师：同学们认识我吗？知道我叫什么吗？

生：（齐声）您是于老师，叫于永正。

师：你们是怎么知道的？

生1：我是在欢迎标语上看到的。

生2：我是听老师介绍的。

师：老师是怎样向你们介绍我的？

生3：老师说您是全国著名的特级教师。

师：你们相信吗？

生：（齐声）相信！

师：耳听为虚，眼见为实。你们应该等上完课之后，经过自己的验证再给我评价。你们敢叫我的名字吗？

生：敢！（生小声叫："于老师。"）

师：起名字就是让人叫的，叫名字怕什么？敢不敢大声叫我的名字？

生：（大声）于永正！

师：你们敢不敢不举手就站起来发言？

生：不敢。

师：只要你觉得有了重要发现，我看可以。

**片段三：互动搭桥巧沟通**

师：同学们，今天是周六，你们和在座的老师一样放弃了休息时间，来到这里与我见面。我非常感谢你们！想不想认识我？

生：（齐声）想！

（同学们异口同声，其中有一位女同学高举着手。）

师：请你到前面来。（那位女同学走到了前台，显得有些紧张）听说盐城一小的同学字写得很棒，愿不愿现场展示一下？

生1：（自信地）当然可以！

师：请你先写一个孙悟空的"孙"，再写一个建设的"建"，然后写一个雷锋的"锋"。

（学生的笔下立刻出现了"孙建锋"三个字。）

师：你写下的就是我的名字。（她猛地愣了一下，又下意识地吐了一下舌头，鼻翼上闪动着几颗细小的汗珠）勇敢地喊一声，好吗？

生1：孙建锋。

师：好样的！其余的同学尽情地喊一声！

生：孙——建——锋！

师：当着一位老师的面，既写又喊他的名字，你有什么感受？

生1：（不好意思地）不礼貌。

师：还有没有不同的感受？

生3：（一个胖乎乎的男孩"噌"地站了起来）你是在"师生互动"。（千余名听课的老师热烈鼓掌。）

师：真不简单！你小小的年纪竟知道如此深刻而又前卫的教学专业术语。我很佩服你！（双手同时向他竖起了大拇指）如果将来你做老师，一定能做个好老师！

师：第一次来到物华天宝、人杰地灵的盐城，听说这里有丹顶鹤自然保护区，还有历史景观"新、马、泰"。（同学们开心地笑了起来）请为我导游一下"新、马、泰"，好吗？

生4："新"，是新四军纪念馆；"马"，是铜马广场；"泰"，是原新四军指挥部所在地——泰山庙。

师：谢谢"导游"！

（刘亚杰，载《教育时报》2011年12月8日）

【案例在线二】我想把他当笑料，他却给了我养料

上中学的时候，我最讨厌的就是我们的语文老师，因为那时候我写作文经常是天马行空，词不达意的句子特别多，有一次在一篇《我们的理想》的作文中我写道："我希望我们的生活都是葡萄美酒夜光杯，金钱美女一大堆。"虽然他把我的作文当"范文"评讲时没提我的名字，但同学们还是猜出来了，他所"评讲"的"范文"作者就是我。

一天，该上语文课时，我跑到黑板上画了一幅画：一个小小的眼睛、大大的鹰钩鼻、轻微弯腰驼背的小老头，愤怒地看着我们。旁边，写着：我们的语文老师。其实，不用我画蛇添足，同学们也看出是我们的语文老师

的形象。

语文老师进来时，教室里一片沉寂，我的一颗心也悬了起来：这个严厉的小老头，会怎样对待这幅漫画的作者呢？

"我知道是哪个同学画的，因为我经常批改你们的作文，能不认识你们的字吗？"想不到他一看黑板上关于他的漫画，就严肃地说。不料他没批评我，也没点名让我站起来，却笑眯眯道："其实这个同学的漫画画得很不错，不过，我想他应该把我画成这个样子。"说着，他用黑板擦轻轻擦去我把他画得下垂的嘴角，然后，添了一道笑纹，又把嘴角改成了往上翘着。那个气愤的小老头，马上变成了笑眯眯的样子。他说："同学们看，像老师吗？"

一个同学站起来说："老师，像你，不过你的鼻子没那么大。"

他用手轻轻地抚着下巴，说："是把我的鼻子画得大了些，但这是漫画，漫画不是照片，是允许夸张的，这幅画把我的鼻子拉长放大，是准确地抓住了我一个最明显的特征，就像文学一样，可以夸张地写。作文也是文学，但夸张的同时，不要偏离主题，更不能词不达意。这幅漫画的作者是一个很聪明的孩子，我之所以经常把他的作文当'范文'，并不是批评他，而是因为他的想象力非常丰富，我想让大家学习他的想象力的同时，又要教大家怎样用词准确。我相信，只要他多读书，他将来会成为一个作家的，当然，他的漫画也不错，努力的话还会成为一个画家。"

教室里响起了同学们热烈的掌声。

（马付才，载《思维与智慧》2009年第27期）

【教学感悟】师生关系和谐的美妙

我们与他人共处的社会犹如一辆在岁月的坎途中前进的马车，如果缺少了和谐，我们的灵魂就要承受难忍的颠簸之苦与碰撞的伤痛。如果我们待人接物达到了和谐，那么，便能进退自如，广结善缘。如果我们说话注意到了和谐，那么，看似不可调和的矛盾就会有回旋的余地。如果我们在交际中实现了和谐，那么，看似充满冲突的人们也能快乐地和睦相处。如果我们在工作中考虑到了和谐,那么,就能在张弛有度的劳动中享受到快乐。如果我们的心灵拥有了和谐,那么,任何失败、挫折和不幸都不能陷我们于绝望。和谐让一个人的生命充满美感,让一个人的灵魂开满智慧的花朵。

现代教育学指出,新型师生关系应是和谐融洽的,教师与学生之间应是平等的。心理学家认为,教师要充当知识传授者、团体领导者、模范公民、纪律维护者等多个角色,他们希望教师具有仁慈、体谅、耐心、温和、亲切、平易等特征。如果学生把教师看成知识传播者,他们希望教师具有拥有教学艺术、兴趣广泛、知识渊博、语言幽默等特征;如果学生把教师看成团体领导者和纪律维护者,他们希望教师表现出公正、民主、合作、教育教学有智慧性等特征;如果学生把教师看成模范公民,则要求教师以身作则、言行一致、开朗、直爽等。要成为一名受学生欢迎和爱戴的好教师,不仅要具有一般公民所需要的良好品质,而且要具备教师职业所需要的特殊品质。

上述案例启发我们,和谐的师生关系都是通过真挚的情感而形成的,在教育教学实践中,教师要以"五心"标准严格要求自己。即教师的一颗爱心,会让自卑的学生热泪盈眶;教师的一颗公心,会让天真的学生赞叹不已;教师的一颗童心,会让拘谨的学生活泼烂漫;教师的一颗真心,会让散漫的学生温暖如春;教师的一颗耐心,会让倔强的学生激动不已……总之,"心"到深处,情悠悠。当师生关系变成一种亲情,变成一种相濡以沫的依赖,变成一种为成长付出的责任时,师生关系就和谐了。

## 九、课堂学习与终身学习的可持续性协调

【教学视点】树立终身学习的理念

"今天,一根头发丝般细的光纤能在不到 1 秒的时间里将《大不列颠百科全书》二十九卷的全部内容从波士顿传到巴尔的摩。"(威尔·希弗利《难于置信的光收缩》)科学技术的发展如此迅猛、先进,不能不令人惊

叹。也因此，知识量在成几何级数增长，知识更新的周期大大缩短。相比之下，学校教育多年不变的教材如何跟得上时代的发展？正如美国领导与教育国际中心主任威拉特·达吉特博士所言："我们的孩子们将来生活其中的世界正在以比我们的学校快 4 倍的速度变化着。"《学习并成长的成年人》一书中有这样一句话："我们今天知道的东西，到明天就会过时。如果我们停止学习，就会停滞不前。"这都意味着我们的学生在校时必须为今后的终身学习作准备。

1. 可持续性学习的危机透视

学生的可持续发展在应试教育涛声依旧的今天，仍然是一个令人担忧的话题。主要表现在以下几点。

（1）学习生活因完成"学业"而终结

有些学生在中考结束的时候，将初中课本束之高阁或悉数撕毁；在高考结束的时候，将教科书连同那些曾经为之付出了巨大心血的复习资料统统弃之不理或付之一炬。

（2）学习热情因学龄增长而式微

学生的学习热情随年龄增长而呈降低趋势。人们或许对于为文凭与职称的"学习"不敢放弃，但对于那些为了精神的滋润而进行的学习，非常没有热情。

（3）学习习惯因过于依赖老师而缺乏主动性

离开了教师，学生们自我学习的积极性与能力不足，学习依赖于教师的指导与部署。离开了学校与家长的监督，有些学生不能主动学习，这说明良好的学习习惯尚未普遍形成。

2. 培养学生终身学习的能力

触目惊心的现实提醒人们，无论是工作还是生活，像过去那样仅靠常识和经验或一次性学校教育已远远不够了。社会发展日新月异，知识更新换代越来越快，一个人如果不能迅速适应这种变化，就必然会被淘汰。学校教育绝不是终点，仅仅是一个中转站，最终要靠学生自己学会如何独立生活，如何迎接工作、生活中的挑战。在知识经济时代和信息时代，立足于终身教育，培养学生的终身学习能力，已成为指导新课程教学改革的共同理念。

首先，需要引领学生构建持久学习的动力系统，强化持久学习的内心意愿。学习是一种内在的意愿。本质上讲，终身学习是可持续发展的内在要求。构建持久学习的动力系统，形成学习的长久的内驱力，是促进学生可持续发展的首要条件。

其次，需要引领学生构建持久学习的能力系统，优化学习的方式方法。《学记》中有这样一句名言："善学者，师逸而功倍，又从而庸之；不善学者，师勤而功半，又从而怨之。"要教给学生科学的学习方法、培养学生的自学能力，使之掌握打开知识宝库的金钥匙，成为善学者。爱因斯坦说得好，成功=明确的目标+不懈的努力+科学的方法。学生一旦掌握了科学的学习方法，就能充分发挥自己的主观能动性，去自觉地学、主动地学、创造性地学，就能获得学习的成功。甚至毕业后也能通过不断学习，适应社会发展的需要和新知识、新技术的挑战，从而表现出强大的适应能力。

再次，需要引领学生构建持久学习的习惯系统。让学生在学会知识的同时，养成良好的学习习惯，好习惯是学习的保障，好习惯使人终身受益。教学实践证明，凡知道怎样学习的人，大都有良好的学习习惯并能主动获取知识，其能力和素质均高于被动接受知识的学生。有人说，学生的心田是一块神奇的土地，播种思想，便会收获行为；播种行为，便会收获习惯；播种习惯，便会收获品德；播种品德，便会收获命运。从小养成好习惯，将会受益终身。

【案例在线】一堂别开生面的语文课

师：同学们，老师出差一星期，你们想念我吗？
生：（齐声）想！
师：今天见到老师，你们可有问题要问？
生：有！我们有很多问题想问您。
师：那好，老师今天就召开一个"记者招待会"，接受各位小记者的提问。大家可要畅所欲言！

生：老师，这么长时间你去哪儿了？

生：你去那儿干什么？

生：那儿的学生是否跟我们一样聪明？

（对以上三个问题老师逐个回答，但较简单。）

生：（显然还不满足）老师，您能为我们具体介绍一下绍兴那个地方吗？因为我从来没去过那儿。

师：好，绍兴是个历史文化名城，那儿人才辈出，名流荟萃……（简要介绍）我国著名的文学家、思想家鲁迅就是绍兴人。对于鲁迅，我想你们是有所了解的。

生：对，我们学过的一篇课文《三味书屋》写的就是鲁迅的故事。

生：鲁迅小时候曾在三味书屋读书。

生：鲁迅小时候读书很认真，曾在书桌上刻了个"早"字，鞭策自己时时早，事事早。

师：作为大文学家、思想家的鲁迅，一生创作了许多文学作品，其中他最喜欢的一篇小说就是《孔乙己》。小说中的孔乙己是一个读书人，但在参加科举考试……（具体讲述孔乙己的故事，学生听得津津有味。）

师：现在，鲁迅先生虽然离开了我们，但《孔乙己》这篇小说却流传至今，成为经典著作，供我们后人学习。其中写到的"孔乙己茴香豆"已成为绍兴的一大特产，深受前去观光的中外游客的青睐。这回，奚老师特意买了一袋，作为我送给大家的一份礼物。（老师拿出茴香豆，分发给学生品尝。学生有的很小心地捡起一颗，端详一番，慢慢放进嘴里，轻轻地嚼着；有的则显得有些激动，抓起一把就塞进嘴里，撑得鼓鼓的嘴巴只能使劲地嚼动……过了一会儿，"真香！""真好吃！"的赞叹之声便开始不绝于耳。）

师：谁来说一说你品尝到的茴香豆？

（学生分别从茴香豆的形状、颜色、味道等方面介绍，形象生动。）

师：（课堂总结）今天的语文课就上到这儿，作业是完成一则日记，题目可以是"孔乙己茴香豆"，也可以是"奚老师回来了"，还可以是"一堂别开生面的语文课"。行吗？

生：（大声回答）行！

师：下课！同学们，再见！

生：老师，再见！

（过后，他们在习作中写道："我以前从没上过这样的语文课，今天真高兴啊！""今天，出差的奚老师终于回来了，她给我们上课的时候，我有一种全新的感觉。""这节语文课真令人难忘啊！""对于孔乙己，我不太喜欢。但是'孔乙己茴香豆'，我却吃了还想吃，下次有机会，我一定要去绍兴玩玩，去鲁迅的故居看看。"……）

（王英，载"人教网"）

【教学感悟】学会学习是学习的革命与改造

学会学习是知识社会和终身教育时代的必然趋势，是现代社会的一种价值取向和生存手段，学会学习是方法或智慧对于知识或内容的超越。教育应该较少地致力于传递和储存知识，而应该更努力寻求获得知识的方法（学会如何学习）。

学会学习是学习的革命与改造。在这场学习的革命中教育观念要实现四大转变。转变一，传统学习状态的转变，即由被动接受性、机械性学习转向主动探索性、发现式学习；转变二，传统学习方式的转变，即由书本的、记诵的学习转向体验式、思考性学习，由集体性、统一性学习为中心转向个体化、个别化学习为中心等；转变三，传统学习空间的转变，即由课堂学习为主转向学校、家庭、社区学习一体化；转变四，传统学习时间的转变，即由一次性学习转向终身性学习、由连续性学习转向非连续性学习。学习化社会要求终身化学习，受过教育的人不是学习的终结者，而是永远的学习者。

叶圣陶指出："教育的最终目的在学生能自学自励，出了学校，担任了工作，一直能自学自励，一辈子做主动有为的人。"叶圣陶还指出"教育就是要让受教育者疑难能自决，是非能自辨，斗争能自奋，高精能自探"，成为一个"自得"的人。叶圣陶的这两句话向我们初步描绘出可持续发展学生的一些基本特征:"自决"让学生的人生规划立起来,"自辨"让学生的判断反思能力动起来,"自奋"让学生的意志品质强起来,"自探"让学生的主动探究意志活起来。可持续发展的核心则可以理解为"自学自励"——终身学习的意识和能力,"主动有为"——创新精神和实践能力。"自得"的人就是一个"可持续发展"的人。

## 十、传统手段与现代媒体的融合性协调

【教学视点】传统教学手段与现代多媒体教学手段有机结合

在科学技术突飞猛进的今天,单一的教学手段已不能适应社会发展和人们学习的需要。将传统教学手段与现代多媒体手段有机地结合起来,能使课堂教学取得良好的成效。

美国大众传媒学家施兰姆曾说:"如果两种媒体在实现某一教学目标时,功能是一样的,我一定选择价格较低的那种媒体。"也就是说,选择媒体必须遵循"低成本、高效能"的原则。使用什么样的教学手段,不是看它运用了多少种手段和手段的科技含量有多高,而是看它是否适合教学,是否能给学生以启发和引导,是否能提高课堂效率。只要运用得当,多媒体教学手段与传统教学手段都能充分显示和发挥其最大优势。

首先,要注重教学手段选择的实用性。在教学手段的选择中,实用性是很重要的。比如有的教学内容,如果运用传统的板书向学生讲解,学生会觉得很抽象,很难掌握。但是如果教师运用多媒体动画课件向学生边讲解边作演示,不仅教师省时省力,学生也获取了更多知识。

其次,要注重教学手段选择的实效性。教学的目的就是要追求教学效果的最大化。使用传统的教学手段,无论是教师讲,学生听,教师在讲台上演示,学生看、思考,还是学生做,教师巡视,师生的注意对象不仅在教学内容上是一致的,在空间位置上也是相同的,师生间的语言、眼神交流,为师生间的情感交流起到了很大的铺垫作用。而采用多媒体课件教学容易造成教师和学生的注意内容发生分离,即教师的操作点在电脑键盘上,

学生的注意观察点在荧幕上，从而使教师与学生之间缺乏眼神交流，随之也就缺乏情感沟通和互动。因此，教师在讲解一些抽象的、复杂的问题时，为了使抽象的问题具体化、复杂的问题形象化，可采用多媒体信息技术教学手段。而在讲解有关的概念时，通过教师在黑板上板书、在讲台上讲解以及学生的课堂活动等过程，会对学生的思维过程有更深刻的启迪。

再次，要注重教学手段的互助性。在课堂教学中，如果完全采用多媒体课件进行教学，就会导致多媒体教学信息量大，教学节奏快，使学生无法跟上教师讲课的进度，缺乏思维过程，并且多媒体课件中插入过多的图片或视频，会造成学生的视觉疲劳，容易分散其注意力。如果完全采用传统的教学手段，有时教师大量的板书会占用课堂教学的过多时间，导致教学内容无法按时完成。所以，在课堂教学中，应该把传统的教学手段和多媒体教学手段有机地结合起来。比如在讲解重要概念、方法，对学生渗透思想教育等内容时，采用传统的教学手段；在讲解抽象的事物时，可以采用多媒体教学手段。这样既能抓住教学重点，突出教学难点，又能节省时间，从而提高课堂教学质量。

总之，在教学过程中，教师只要因地制宜，结合学生实际，合理地选择教学手段，正确处理好多媒体信息技术和粉笔、黑板、普通教具、语言表达等传统教学手段之间的关系，将二者有机地结合起来，就会使课堂教学取得良好的成效。

【案例在线一】数学《正确认识圆规》的教学片段

**片段1：依托圆规，理解圆**

师：画圆有许多方法，你喜欢哪种方法？

生：我喜欢用圆规画。

师：为什么？

生：用圆规可以把圆画大，也可以画小些。

师：控制圆的大小的两脚之间的距离是圆的什么？

生：圆的半径。

师：圆规的一脚确定的位置是什么？
生：圆心。
……
师：你还有什么发现？
生：圆有无数条半径，都相等。
师：你有什么办法让别人信服？
生：我们在画圆时圆规两脚之间的距离是始终不变的。
……

**片段 2：超越圆规，创造圆**

师：刚才我们用圆规画了很多的圆。现在体育老师要在操场上画一个半径 20 米的圆。还能用圆规吗？该怎么办呢？

生：不能用圆规了，因为我们没有两脚之间距离可以达 20 米的圆规。

生：我们可以用一根 20 米的绳子，一个人站着不动，另外一个人拉着绳子跑一圈，就得到这样的圆了。

师：（视频呈现）这个方法与圆规画圆有什么相同之处呢？

生：一个人站着不动相当于针尖，确定了圆心，另外一个人拉着绳子就相当于圆规两脚之间的距离，确定了半径。

师：我国古代大思想家墨子说过："圆（圆），一中同长也！"知道什么意思吗？

生：一中，就是一个圆心；同长，就是相同的半径。

师：这是对圆的最朴实的描述，也正是圆规的设计原理，是我们用绳子画圆的依据。

（王兆正、王长珍，载《教育时报》2009 年 4 月 15 日）

【案例在线二】化学《二氧化硫的性质》的教学片段

【情景导入】二氧化硫已成为现在食品安全的大敌。

【设问选择】假如同学们去市场购买银耳，你将会选择下列图中的哪一种？

（图片展示两种外貌截然不同的银耳：第一种色泽暗淡，形状干枯；第二种个体丰满，颜色润白。）

**【讨论交流】** 同学们大多喜欢第二种，原因是它卖相好，诱人喜爱。也有少数同学表示犹豫，理由是第二种可能是经过漂白美化的。

**【质疑探究】** 不法分子是如何进行食品"美白的"？

**【新闻连线】**

### 央视《生活》报道：银耳竟用硫磺熏　致癌物超标百倍

在塑料帐篷中用硫磺熏银耳

银耳有"菌中之冠"的美称！不少人把它看作是营养滋补佳品。然而不法生产者为了把银耳变白，用硫磺加以熏蒸，满足了消费者银耳越白越好的错误心理。据悉，近日有关部门在上海、北京、福建市场对几十种银耳商品进行检查，无一合格，残留二氧化硫严重超标……

二氧化硫已成为食品安全的元凶——它被不法生产者用作腌制蔬菜中的防腐剂，米面食品中的美白剂，脱皮蔬果中的抗氧化剂，香蕉、龙眼的催熟剂……

**【情景模拟】**

探究：硫燃烧的产物——二氧化硫具有漂白性吗？

操作：在钟罩中预先放有新鲜的红花、绿叶、果皮（青香蕉）等各少许，用燃烧匙进行硫的燃烧实验。

现象：一段时间后红花、绿叶、香蕉皮的颜色逐渐变黄、变白。

结论：二氧化硫具有漂白性。

**【生活应用】** 二氧化硫为何成为质检、卫生部门追查的食品安全的元凶？老百姓购买这类食品时如何尽可能擦亮眼睛，让我们的餐桌越来越安全?

【资料卡片1】二氧化硫是食物的"化妆品",目前食品不合格多半因为它。二氧化硫遇水会形成亚硫酸,而亚硫酸可引起人们支气管痉挛,并会在人体内转化成致癌物质亚硝胺。如果食品中二氧化硫残留量超标,长期食用这类食品,对人体的肝、肾脏等有严重损害,并有致癌作用。

【资料卡片2】专家提醒:天然的银耳从色泽上看,颜色是很自然的淡黄色的;从形状上看,好的银耳外形是完整的,泡过以后不蔫不软;从气味上看,好银耳的气味应该是自然芳香。如果颜色很白,能闻到刺激性的气味,舌接触有刺激或辣的感觉,就可能是经过硫磺熏蒸的。

【捕捉信息】从上述实验和资料卡片1、2中你能获取二氧化硫的哪些物理性质?

【归纳补充】二氧化硫的物理性质:无色,易二氧化硫气体溶于水,有刺激性的气味,易液化,密度比空气大。

(安亚红,载"甘肃省2012年普通高中新课程教师远程培训网")

【心灵感悟】教学手段,需合理使用

现代媒体是当前课堂教学的时尚和宠儿。然而,在一定意义上新媒体的"泛滥"使用,却使课堂衍生出一种"媒体病",导致教学效率低下。在许多课堂上,传统教具中最重要的黑板、粉笔等成为了教室内的装饰物。在教学中,有的课件不过是教材搬家,只起到小黑板的作用;有的课堂干脆成了"放电影",教师摇身一变成了放映员,点点鼠标,学生俨然成了观众;有的教师把课件做得五彩缤纷,以为这样可以吸引学生的学习兴趣,结果适得其反,学生的注意力反而被鲜艳的色彩吸引,深入思考的能力反而下降,忽略了课堂教学中应掌握的知识;有的教师为了展示精心制作的课件,放弃了学生的动手操作、自主探究。因此,如何正确处理传统教学手段和现代媒体的关系,如何让教学手段更好地为教学服务,已经引起了老师的广泛关注。

在很多数学老师眼里,圆规只是一个普通的画圆工具。在实际教学中,除了用来指导学生如何"画圆"之外,似乎没有更多的教学价值。案例《正确认识圆规》一课的精妙之处,在于教师将这种传统教学手段的使用发挥得淋漓尽致,取得了良好的教育效果。在圆规的使用中,教师引导学生实现了两次思维的突破:一是从圆规的工具性到探究圆规本身的原理,透过现象和本质,实现了价值上的突破;二是从"有形"的圆规到"无形"的圆规,将外部表现转化为内在理解,实现了方法上的突破。在对圆规一次又一次不同的理解后,最终得到提升的是学生对于圆的本质的理解。《二氧化硫的性质》的教学案例则更好地体现了现代信息技术和传统教学手段的有机结合。

通过上述案例我们看到,无论是传统教学手段,还是现代媒体,在本质上只是一种认知辅助手段和工具,必须为我所用。二者各有其优势,所谓"骏马能历险,耕田不如牛;坚车能载重,渡河不如舟",讲的就是这个道理,只有利用两者之间的差异互补、双效作用,才能真正发挥教学手段对教育教学过程的优化作用。

# 第四编　智慧施教"心"策略

## 一、情感渗透法

【教学视点】情感是追求真理的动力，是智力发展的翅膀

课堂教学的过程既是思想、知识交流的过程，也是情感交流的过程，这两条交流途径相互依存，相互作用。从情感交流的角度来说，课堂教学过程就是教师通过自身的情感活动，运用一定的情感手段，充分挖掘课堂教学过程、内容本身的情感因素来感染、影响学生，使学生的思想感情与之共鸣，并得到升华，从而实现教育目标，达到积极的教育效果的过程。

1. 教师要以语言生情

在教学中，不仅要求教师的语言富有准确性、简明性、逻辑性，而且教师的语言还要具有生动性、形象性、感染性，以便使教师讲课不仅能传递认知，也能传递情感，以充分发挥语言在表达、传递情感信息方面所具有的作用。

2. 教师要以表情传情

研究发现，不仅现实情境中的表情能诱发情感，再造情境中的表情也能诱发情感（如舞台上的表演），因此，教师要善于运用言语表情和非言语表情（面部表情）的高超艺术，把教材内容中蕴含的情感充分表达出来，从而把对学生情感的感染作用发挥到最大限度。

3. 教师要以"境"冶情

这种做法从教学氛围入手，结合具体的教学内容中蕴含的情感因素的特点，创设教学情境，以增进情感感染的程度。许多内容本身不含情感因

素，但教师可以通过创造性的劳动赋予教学内容以一定的情感色彩，使学生获得情感体验，得到真善美的熏陶，使科学与人文交相辉映，从而培养学生正确的情感态度与价值观。

教师要根据教材内容的实际情况，从各个角度进行赋情操作：通过对不蕴含情感因素的教学内容进行人格化的讲解，以赋予其情感色彩；通过对不蕴含情感因素的教学内容进行情感化的讲解，以赋予其情感色彩；通过将逸事插入不蕴含情感因素的教学内容之中，以赋予其情感色彩；等等。

情感是追求真理的动力，是智力发展的翅膀。教学过程不仅是一个知识性的活动过程，同时也是一个师生情感互动的活动过程。当教师对教学充满激情时，他就会深入钻研教材，努力挖掘教材包含的情感因素，并用自己的情感感染学生。当这种情感与理智融合在一起而产生共鸣时，教学就达到艺术化的最高境界，就会产生最佳的教学效果。

【案例在线一】语文《包身工》的教学实录

一、课前悉心准备

1. 介绍戏剧的有关知识，明确本课的教学目的，布置教学作业：以5~10人为单位，学生自由结合成演出小组，一人执笔，其他人出谋划策，将《包身工》改编成演出剧本。

生：本文在组织材料时可以说有两条线索，一是以包身工一天的活动为经线，一是以包身工制度的起因、发展和趋向为纬线。经线容易改编，纬线怎么表现呢？

师：这种教学演出剧本，受课堂条件限制，确实有些东西很难表现出来，但我们是否可以变换思路，打破镜框式舞台的限制和束缚——

生：可以采用朗读的方式来表现。

师：对，借用电影的一个术语——就叫做"画外音"。

2. 教师指导学生改编并修改剧本，而后指定某小组认真排练，并指定其即时进行表演。

二、课始精心导入

师：同学们，一提起工人，我们的脑海里很快会想到头戴圆形工作帽，身穿劳动服的工作形象，也许会想到今天的蓝领、白领。但是谁会想到，

20本世纪初的中国,却生活着这样的一个特殊的工人阶层,他们住的是十七八个人挤在一起的鸽笼,吃的是豆腐渣熬成的稀汤和烂菜叶,他们的年龄与我们相仿,甚至更小,但他们干的却是每天十二三小时繁重的纱厂劳动。他们没有阳光,没有欢笑,甚至他们也不能拥有他们自己——这就是包身工,受着帝国主义和封建势力双重压榨、失去人身自由的包身工。从20世纪30年代起,一个伟大的剧作家一直向人们含泪诉说着包身工的苦难生活——

三、学生倾心表演

某演出小组上台,开始了《包身工》的课堂教学演出。

以下是演出摘要。

[画外音]作者,夏衍,1900年出生,原名沈乃熙,字端先,现代剧作家、翻译家,代表作有《上海屋檐下》《法西斯细菌》等。(以下方括号中内容表示画外音。)

第一幕[清晨四点一刻,天还没亮。]

一中年男子:(推门而入)拆铺啦!起来!(对"芦柴棒")芦柴棒,烧火去!妈的,还躺着,猪猡!

(女工们打哈欠,叹气,叫喊,找衣服,犹如被搅动的蜂窝一般骚动起来。)

[随着中年男子的喊声,在七尺阔、十二尺深的工房楼下,被骂作"猪猡"的人很快起身了。]

中年男子:(对楼上)揍你的!再不起来?懒虫!等太阳下山吗?

("懒虫"们冲了下来,争着接水。)

(骨瘦如柴的"芦柴棒"急着烧火、添柴,炉膛内倒冒出来的青烟引起了她一阵猛烈的咳嗽。)

第二幕 抢饭(略)

第三幕 医病(芦柴棒带病上工)(略)

[从封闭的工房走到厂区,路并不远,但包身工却觉得很长很长,有的甚至一辈子也走不出这条小路。她们是怎样踏上这条小路的呢?]

第四幕 游说(画外音介绍包身工产生的根源,略。)

第五幕 上工(小福子遭打)(略)

第六幕　搜身（"芦柴棒"）（略）

尾　声　[就这样，包身工们艰难地捱过了一天又一天……]

[在这千万个被压榨的包身工中间，没有光，没有热，没有温情，没有希望……没有人道。这儿有的，只是20世纪的技术、机械、体制，和对这种体制忠实服役的16世纪封建制度下的奴隶！]

[黑夜，静寂得像死一般的黑夜！但是，黎明的到来，毕竟是无法抗拒的。索洛曾警告美国人当心枕木下的尸首，我也想警告某一些人，当心呻吟着的好些锭子下的冤魂！]

（掌声。学生归座。）

四、师生用心讨论（略）

1. 场景、主题。
2. 结构特点（线索）。
3. 表达方式及其他写作特点。
4. 补充报告文学的特点。

（胡俊生，载"中学学科网"）

## 【案例在线二】经济学家的最后一课

2011年6月，又到了毕业的时节。哈佛大学的校园里彩旗招展，满眼的肥红瘦绿。工商管理学院里一幅巨大的横条，迎风摆动，拨撩着每个人的视线：做个合格的经济人！一间阶梯教室里，2008级MBA硕士毕业生在上他们的最后一节课。给他们上课的是曼昆教授，一个享誉世界的经济学家。最后一节课他会讲些什么呢？这些未来的精英们在心里暗自忖度。未来的经济走向？当前的世界经济格局？每个人都在期待着最后一课的精彩。

上课了，曼昆教授健步走上讲台，简单的寒暄过后，他开门见山地说："这是大家在哈佛学习的最后一课。我不打算讲经济，也不谈学分，我只讲一个很普通的故事。"

说完，曼昆教授播放了一段视频：在百老汇大剧院门口，一个盲人在拉小提琴，身旁放了一个小盆子，里面有一些零钱。来往的人很多，但投钱的不多。这时，一只爬满皱纹的手向小盆子里轻轻地放了一张100美元的大钞，可以看见，这是盆子里唯一的大钞。视频到这里就停了，画面定格在一只爬满皱纹的手正向小盆子里放美元。

所有的学生定定地看着画面，若有所思。曼昆教授笑着说："大家猜一猜，这是谁的手？他会是一个什么样的人？"一位女学生毫不犹豫地说："一定是个老企业家的手，出手如此大方！"旁边的一位男学生摇摇头说："出手大方也不见得是企业家吧。我想他是一个热爱音乐的老艺术家。"教室里，讨论的声音渐渐地大了起来，像开了锅似的。曼昆教授神情自若地看着学生们在争论，不时地摇摇头。

突然，教室后面一个声音说道："曼昆教授，我觉得这个问题和我们经济人没有关系，我们关心的是利润，而不是慈善事业。"话音刚落，教室里犹如注入凉水的热汤锅，瞬间就静了下来。

曼昆教授沉默了片刻，他打开视频继续播放下去。只见镜头从那只手开始，沿着胳膊向上。等画面上出现那个人的全身像时，所有的学生一脸惊讶地看着画面，都没有说话。那个人是一个流浪汉！一身衣服破破烂烂，头发乱蓬蓬地堆在头上，胡子拉碴的，看不清脸面，只是那双眼睛流露着不易察觉的温情。

曼昆教授抬高声音说："女士们，先生们！来到这里，大家都是精英，大家都将成为出色的经济人，我为你们感到骄傲。但你们未必都是合格的经济人，我为你们感到遗憾。因为合格的经济人不光要盯着利润，还应该有关心疾苦的温情。经济学不是冰冷的铁板，经济人也不应该是冷眼人。面对疾苦，经济人应该向流浪汉看齐，即使在自己很窘迫的时候，也能献出100美元来。"话音刚落，全场掌声雷动。

这就是最后一课。冷冰冰的经济学课堂上，每个人的心里温情脉脉。

（大江，载《潮州日报》2011年11月29日）

【教学感悟】让课堂掀起感情的浪花

真情是一缕春风，让枯秃的枝头绽出新绿；真情是一泓泉水，给干涸的田野注入生机；真情是心的净土上生长的片片翠绿，是爱的河流里卷起的朵朵浪花。

希腊谚语说：从智慧的土壤中生出三片绿芽——好的思想、好的语言、好的行动，这些绿芽正是在爱的滋润下萌生出来的，有了这些可贵的绿芽，任何生活都会色彩斑斓。

人的情感总是在一定的情境中产生的，情境不同，人的心境就不同：在欢乐的情境氛围中，会产生愉快的情感；在悲愤的情境中，会产生悲愤的情感。文艺作品之所以感人，是因为它把人们带进了一个动人的情境之中，使人如闻其声，如见其人，如临其境，通过想象获得了"触景生情"的效果。

在《经济学家的最后一课》的案例中，课堂上掀起了感情的浪花，师生精神振奋，独特的感悟、别有情味的语言如泉水叮咚，汩汩流淌，都在一定程度上引导学生成人成才。在教学中运用情感渗透法，要把握以下几点。

第一，挖掘情感点。教师要最大限度地挖掘教材中蕴含的情感因素，从情感维度对教材进行把握，并对内容进行相应的加工处理，使教材内容充分发挥其在情感方面的积极作用，"教师—教材—学生"有机地融为一体，在交互对话中产生情感共鸣。

第二，织成情感线。基于情感的良好的师生关系是情感渗透法的主线。教师要注意保护学生的自尊心和自信心，使学生始终保持情绪的高涨和愉悦，通过民主、平等、和谐的师生关系保障学生情感的健康发展。

第三，拓展情感面。学生的积极情感要向生活世界延伸，向精神世界拓展。课堂教学要与现实生活紧密接轨，通过生活化的教学不断为学生在课堂上的理性学习注入实践的生机与活力，以充实和丰富学生的精神生活。

第四，打造情感场。教师要让自己的真挚情感在课堂中充溢，使学生感受人性的温暖，以更好地引发学生的情感体验，形成一个相互作用、相互信赖的情感场。

第五，滋润情感心。应当让学生感受到学习的无穷乐趣和苦苦探究之后的成就感与愉悦感，体验到课堂教学的意义和价值，享受到课堂生活所带来的本质上的价值感。

真情是一缕阳光，会驱散厌学者心头久驻的寒冬；真情是一首歌谣，会馈赠乐学者一季愉快的心情；真情是一种博爱，会让学困生惬意地沉浸在书香中。教师的每一句真情的话语，会让学生感受到教室里的脉脉温情；教师的每一份真情的关心，会让学生体味到学习生活的无限乐趣；教师的每一份真情的体贴，会让学生享受到校园生活的无尽幸福……

母亲的真情让人品出了母爱的浓度，亲人的真情让人品出了家庭的温度，朋友的真情让人品出了信任的程度，教师的真情让人品出了成长的密度，同学的真情让人品出了真诚的广度……

## 二、愉悦乐学法

【教学视点】教学愉悦性的功能

教学是一门艺术，如果教学没有愉悦性，就会使学生感到单调枯燥，产生沉闷压抑的心理，甚至昏昏欲睡。在教学过程中，我们经常追求寓教于乐的教学效果，激励学生乐学、爱学，努力使课堂变成一个愉快而美好的乐园。这种方法的运用，快乐是手段，兴趣是关键，接受是目的。判断一堂课是否做到了寓教于乐，必须把握寓教于乐的以下四个功能是否有效发挥。

第一，寓教于乐是课堂气氛的晴雨表。教学的理论与实践都表明，在其他条件相同的情况下，一堂课教学效果的优劣，直接受课堂心理气氛的影响。欢乐的课堂气氛中，寓教于乐，必然师生同乐。学生不仅会受到教师情绪的感染，和教师产生情感的共鸣，而且在认知方面和教师交流信息畅通无阻，促使师生在轻松愉快的氛围中完成教学任务。

第二，寓教于乐是学习兴趣的催化剂。学习兴趣是推动学生努力学习的内部动力，它可以使学生产生极大的热情，取得良好的学习效果。寓教于乐本身就像激发剂，能使学生始终保持浓厚的学习兴趣。因此，教师在课堂上发现学生眼神有些呆滞，或注意力不集中，或神色怠倦时，只要讲个愉快的故事，或说一句幽默的话语，便能引导学生精神饱满地、愉快地上课。苏霍姆林斯基认为，幽默可以治疗大脑两半球神经细胞的萎缩——惰性和虚弱，正像用体育锻炼可以治疗肌肉的萎缩一样。寓教于乐如同知识的火花，能点燃学生心中的火种。如果每一位教师都善于寓教于乐，那么学生对所有学科都会喜爱，学生的整个智力生活就会出现生机勃勃的景象。

第三，寓教于乐是提升智慧的助推器。现代心理学告诉我们，常人把注意力完全集中于一件事上，而不被其他思想打扰的最长时间只有11秒，而在课堂教学中实现寓教于乐，可以调节学生的情绪，增强学生的注意力。在国外，有人曾进行过一次实验：给285名小学生播放一组视听材料后清楚地发现，学生对含有愉快色彩的内容记忆得最深刻。调查表明：如果在叙述一个概念时紧跟着举一个愉快的例子，然后再解释概念，学生的考试成绩就会提高。美国学者史密斯的一项研究也表明，在十分枯燥的学科考试中加进一些愉悦性的试题，能大大减轻学生的厌倦心理，从而提高考试的成绩。可见，寓教于乐，可以加深学生对知识的印象，提高学习效率。

第四，寓教于乐是消除心理疲劳的风向标。有句谚语说："笑是力量的亲兄弟。"具有幽默感的教师，往往会使学生觉得他更有力量，更值得信赖，从他那里可以获得更多慰藉，因而具有更大的凝聚力和说服力。因此，寓教于乐能使学生感到教师的性格之美和人情温暖，从而缩短师生间的心理距离，消除师生间的心理障碍。

【案例在线一】写给学生的幽默评语

有位数学教师发现某学生解题过程中计算错误较多，有一次作业中有三个地方出错误都是计算错误，教师在作业本上给她写了一句话——"一错二错连三错，错错都是计算错"，并幽默地对她说："在你的作业本上有我送给你的礼物。"下次作业交上来时，那学生也写了一句话："早算晚算天天算，算算不会再错算。"还写了横批——"走着瞧"。后来她的计算能力有了提高，在期中考试时数学成绩进入班级前三名。

（陆晓燕、赵文兴，载《文山学院学报》2005年第4期）

【案例在线二】"眸"字的快乐讲解

（于永正老师在执教《爱如茉莉》一课时教学"眸子"一词。）

师：我们的汉语汉字太有意思了，每一个汉字都有一个故事，每一个词语都有一个故事。我为什么要求你们查字典？道理就在这儿。那么我提一个问题：谁能用"眸"这个字来组一个词？

(全班没人举手。)

师：我听过一个词——"明眸皓齿"，说一个人长得很精神，眼睛又亮，牙齿又白。清楚了吗？

接下来，我请一个同学过来一下，我做个动作，看谁能组个词。（一位同学站在于老师的身后，于老师演示回眸一笑的动作）"回眸一笑"，大家听过这个词吗？你喜欢于老师吗？

生：喜欢。

师：我在你身后，你喜欢我，请你对我回眸一笑。

师：真是很漂亮哈，还有点羞涩，我也很喜欢你，我对你回眸一笑。（说完，于老师就给学生演示了这个动作）可惜这个"回眸一笑"不能用在男的身上，它是专门形容女的的，形容女的很漂亮，很恬静，但有点害羞。那么，你知道"回眸一笑"这个词出自哪首诗吗？

（生摇头。）

师："回眸一笑"出自白居易写的《长恨歌》："回眸一笑百媚生，六宫粉黛无颜色。"

（于德明，载《教育时报》2012 年 3 月 21 日）

【教学感悟】"知之者不如好之者，好之者不如乐之者"

孔子曰："知之者不如好之者，好之者不如乐之者。"用现代教育学理论来分析，"知之"强调的是对学习目的和意义的认识；"好之"强调的是个性倾向性，主要表现为兴趣，有着强烈的感情色彩。由"知之"升华为"好之"，就为"乐之"打下了一定基础。在学习中，如果达到"乐之"的境界，学在其中，乐在其中，一定会极大地提高学习效率。要使学生乐学，教师必须不断提高教学技能，涵养"四气"，促使学生进入"乐此不疲"的学习状态。

1. 微笑蓄和气

教师的微笑是一种温暖的语言，可以架起师生互动的桥梁；教师的微笑是一道明媚的阳光，可以照亮学生的心房；教师的微笑是一首舒缓的乐章，可以让学生在欢乐的氛围中自由徜徉。当老师微笑着走进教室时，会发现台下有一双双欢快的眼睛；当老师微笑着对知识娓娓道来时，会发现学生沉浸其中，学得如痴如醉。如果老师爱微笑，学生会觉得他像朋友，这会拉近师生间的距离，进而实现"亲其师""信其道""乐其学"。

2. 兴趣筑底气

爱因斯坦说过："兴趣是最好的老师。"学生只要对所学知识产生浓厚的兴趣，就会积极主动地参加各种学习活动。激发学生的学习兴趣，首先，要营造温馨的学习气氛，尊重学生的人格，使师生间形成和谐融洽的关系；其次，教师的讲课语言要富有幽默感和启发性，只有常备"笑料"常说"笑话"，才能常闻"笑声"；再次，还要善于创设教学情境，使用有效的教学手段。

3. 乐学增灵气

一堂课高效与否，其中一个很重要的指标就是看学生是否快乐地参与教学活动。教材中的许多内容，都蕴含着"可乐"因子，都富有情感，充满智慧。教师要充分挖掘，让抽象的知识变成欢乐的音符，弹奏出美的乐章。

4. 特长展才气

每一个学生都拥有特长，都有表现的欲望。课堂上如果能根据具体教学内容，充分利用学生的特长，让他们结合具体的教学环节展示自己，学生就会体验到参与教学的快乐。

## 三、化知成智法

【教学视点】化知成智的表现

学生在学校的多数时间，是在获取知识中度过的，学校的主要活动是围绕知识传授来开展的。然而，智慧高于知识，启迪智慧比传授知识更加重要。优秀的教师，能从一篇课文的某一段落、某个句子里，能从一道习题的解法中，及时发现其所闪烁出的智慧的火花，细心地帮助它成为智慧的火炬。依据教育发展的新理念，要开发学生的智慧潜能，培养其化知成智的学习能力，教师要从以下四个方面"转变知识观念"。

第一，活化知识内涵。

"活"知识使用面广，应变力强，迁移度大，增值性能高，具有较大的活动性能，"活化"特点突出。"死"知识相反，呆板，增值价值小，容易遗忘。教学中，一定要对知识进行"活化"处理，抓准"活"知识，认真分析、演绎其内涵，深刻理解其性质，迁移使用其特点。这种运用"活"知识去启发学生积极开展思维活动，充分发挥"活"知识的性能，并使其"活化"起来的教学过程，正是开发智力潜能、培养学习能力、使知识转化为智慧的过程。

第二，深化智力价值。

知识的智力价值的高低是相对的。凡是使用频率高、发挥作用大的知识，对开发智力、培养能力有重要意义的知识，都有较高的智力价值；反之，智力价值则较低。一般来说，基础性知识与应用性知识相比，前者有较高的智力价值。因为基础性知识概括了事物的共性，反映了事物的本质，体现了事物发展变化的规律，具有广泛的通用性，所以，教学时要多指引学生用分析、比较、演绎、推理等思维方法，采取慎思明辨的手段，通过分析问题和解决问题的过程，去发展学生的智能。而经验性知识与理性知识相比，事实性知识与程序性知识相比，都是后者的智力价值较高。这是发展学生智力必须重视的问题。

第三，细化知识网络。

所谓知识网络，是指学习者在求知过程中需要建立的多要素、多层次、多系列的知识体系。知识之间的联系越紧密，结合力就越强，就越有利于开展思维活动，从而发现新问题，有利于形成新概念。这个过程，正是让学生发展智能、培养学习能力、掌握学习方法的关键所在。所以，教师只有抓住构建合理知识网络的最佳时机，才能把知识教活，学生才能学得兴趣盎然。

第四，强化思维过程。

就知识本身而言，它是思维的产物、智慧的结晶，知识在内容上包含着深刻的思维和丰富的智慧。传授知识绝不意味着仅仅展现教材上的既定结论和现成论证，而应重在揭示隐含在其中的深奥而又独特的思维过程，并引导学生的思维深入知识的发现或再发现的过程中去。唯其如此，学生才能真正理解和掌握知识，并把教材中的智慧转化为自己的智慧。这样的知识教学也就具备了发展的功能。缺乏思维过程的教学只是一种走捷径的教学，把形成结论的生动过程变成了单调刻板的条文背诵，这就从源头上剥离了知识与智力的内在联系,这种教学从根本上丧失了其智慧提升的功能。为此,在教学中要强调以下两点:一是展示知识发生、形成的尽可能充分和丰富的历史与现实背景,使学生在这种背景中产生认知冲突,激发认知需要和探索欲望;同时,也使学生能够以更广阔的视野多侧面、多角度地理解学科知识的意义。二是立足于教材,适度地再现和引入学科知识产生的过程,把学科知识的发现过程教给学生,让学生的思维卷入知识再发现的过程,即概念的形成过程、命题的产生过程、结论的推导过程、方法的思考过程、问题被提出的过程和规律被揭示的过程,等等。

【案例在线一】数学《色子中的数学》的教学片段

### 片段一:掷色子比赛

出示规则:

1. 用两颗色子同时掷20次。

2. 把点数之和分成两组,第一组:5、6、7、8、9,第二组:2、3、4、10、11、12。

3. 双方各选一组,每次掷出的点数之和在哪一组,该方赢;最终,赢的次数多的一方获胜。

师:你准备选哪一组?

生:我选第二组,第二组有6个和,出现的几率会大一些。(绝大多数同学同意)

生:我选第一组,我觉得掷出的点数之和是第二组中6个数的可能性不会太大。(只有5个同学同意)

师:好!选第一组的同学敢于坚持自己的想法,老师和你们并肩作战,给你们增加点人气!公说公有理,婆说婆有理,到底谁有理,我们还是掷色子比一比!

双方各选两人到前面进行比赛,每人掷10次,下面的同学报出点数之和,指名两人用画正字的方法统计双方赢的次数,结果第一组赢14次,第二组赢6次。选第二组的同学不服输,说一轮比赛不能说明什么问题,应该再多比几次!

**片段二：游戏验证**

活动要求：

1. 两人一组，一人同时掷两颗色子，一人记录。和是几就在几的上面涂一格。

2. 5分钟后，观察统计图，看看哪些和出现的次数多，哪些和出现的次数比较少。

学生活动后，教师请学生展示统计图并交流自己的发现。

生：6、7、8出现的次数比较多。

生：越往中间的和出现的次数越多，越往两边的和出现的次数越少。

生：第一组和数出现的次数比第二组多很多！

师：有没有哪一组不是这样的情况？

生：我们小组出现第二组和的次数比出现第一组和的次数多1。

师：31组中有30组都是第一组和出现的次数多，这是偶然的吗？

生：不是！

师：那是不是说选第二组和的同学就不可能赢？

生：不一定！但这种可能性很小！

师：为什么选第一组和赢的可能性就大呢？

生：和越小，相加的数越少（指和的组成）；和越大，相加的数就越多。

生：不对！12只有6+6。

生：中间的几个和数，组成的情况可能多一些！

师：看来，同学们都意识到这和出现次数的多少与数的组成有关。

**片段三：探索奥秘**

师：4人小组合作研究点数之和的不同组成情况，填写表格时注意有序和合理。

师：从表格中，你发现了什么？

生：和的组成依次从1种增加到6种，再依次减少到1种。像楼梯一样，先是上楼梯，再下楼梯。

生：我觉得像一个塔形。不算就知道点数之和第一组的组成情况比第二组多！

生：第一组和数组成有 24 种，而第二组和数组成只有 12 种。所以选第一组数赢的可能性比第二组大！

师：同时掷两颗色子一次，选第一组数赢的可能性有多大？

生：一共有 36 种情况，而第一组有 24 种情况，所以第一组赢的可能性为 $\frac{2}{3}$。

师：第一组赢的可能性为 $\frac{2}{3}$ 是不是意味着进行若干次比赛，第一组赢的次数一定占总次数的 $\frac{2}{3}$？

生：不一定！我们组实验的结果就是第一组和数出现的次数占总次数的 $\frac{31}{50}$。

师：汇总一下刚才各组掷色子的情况，看看第一组赢了多少次？第二组呢？

生：第一组赢了 962 次，第二组赢 491 次。

生：第一组赢的次数大约占总次数的 $\frac{2}{3}$，并不正好占总次数的 $\frac{2}{3}$。

……

（汤卫红，载《中国教师报》2009 年 9 月 14 日）

【案例在线二】手中的小鸟是活的还是死的

有几个调皮的小孩，手中拿了一只小鸟，打算以一种恶作剧的方法，考一考那位拥有智慧的老师。他们准备将一只小鸟握在手中，藏在身后，然后问老师：手中的小鸟是活的还是死的？如果老师回答是活的，他们就将小鸟掐死后再拿出来。如果老师说是死的，那么一只活的小鸟将说明智慧的失败。几个孩子很得意，他们仿佛已经胜利在望。于是，他们找到了老师："请问，我手中的这只小鸟是活的还是死的？"这几个孩子都睁大眼睛，等待着他们心中谋划已久的场面出现。老师面带微笑说："孩子，答案就在你的手中啊！"

"孩子，答案就在你的手中啊！"这是多么富有智慧的话语，多么富有人情的期待。教者的智慧将教育活动演绎得恰到好处。

（章立早，载《教学与管理》2012 年第 2 期）

【教学感悟】用智慧武装自己

　　追寻充满智慧的教学，是每一位教师的追求。确实，每一节课都应尽量成为与学生智慧碰撞、智慧分享、智慧共生的过程。无疑，在案例《手中的小鸟是活的还是死的》中，教师通过机智的回答启迪了学生的智慧，取得了良好的教育效果。教师的引导了无痕迹，自然贴切，既回答了孩子们的刁难问题，又激发了学生的创造性思维；既显示了教师的智慧，又让学生的智慧得到了培育。

　　我们的课堂不仅应具有传授知识的功能，更应具有启迪智慧的责任和使命，课堂教学应是一种通过教材中的知识引导人的智慧成长的艺术。真正的教育应饱含着智慧之爱，饱含着对生命的终极关怀。课堂教学既要体现热爱和追求知识，更要体现热爱和追求智慧，教育的真谛就在于将知识转化为智慧，让文化积淀为文明。

　　智慧能医愚，智慧能治穷，智慧能疗病，智慧能砺志，智慧能致远，智慧能练达，智慧知道怎样交友、怎样识人、怎样说话、怎样做事，智慧明白什么样的人生称得上完美无憾。

　　谁用智慧武装头脑，谁就聪明，就站得高、看得清、走得远，成功的可能性就大，就会幸福快乐，就会发现一种独特的绚丽和精彩。

　　智慧是显微镜，借助它，教师可以明察秋毫，见微知著。智慧是望远镜，借助它，教师可以高瞻远瞩，有如神助。智慧是照妖镜，借助它，可以让调皮捣乱的学生原形毕露。智慧是加工厂，借助它，课堂教学可以由此及彼，由表及里，去粗取精，去伪存真，透过现象抓住本质。

　　智慧是最美的精神花朵，能使教育结出最神奇的丰硕果实。

## 四、德才共轭法

**【教学视点】** 追求学科教学与德育的有机融合

众所周知,文以载道,育以载德。文化知识是学生思想道德成长的根基,以知识为载体进行思想道德教育具有强大的说服力和感染力。学科教学是学校德育工作最经常、最有效的途径,通过学科教学渗透德育具有其他教育方式不可替代的优势。学科教学中渗透德育必须坚持以下四个原则。

第一,渗透无痕。

在教学中,教师要尽量淡化德育痕迹,隐藏自己的德育意图。苏霍姆林斯基说过:"教育者的教育意图越是隐蔽,就越是能为教育的对象所接受,就越能转化成教育对象自己的内心要求。"清代散文家、桐城派代表人物刘大櫆的《论文偶记》中说过:"理不可以直指也,故即物以明理;情不可以显出也,故即事以寓情。"教师要充分运用教学艺术,在"渗透"上下功夫,力求做到春风化雨、潜移默化。这样就能淡化学生被告之、被教育的感觉,让学生在充分的自主意识的支配下,自觉自愿地接受教育。在这种状态下,德育的内涵更丰富,过程更轻松,效果更明显。当学科教师把德育的"无痕"原则贯穿于教学过程时,也就真正达到了教学的教育性目标。

第二,层次无缺。

各学科教师在课程教学中要挖掘出贴近学生年龄心理特征、贴近学生认知水平和接受能力的德育因素。这就要求教师对课程和教材中的德育因素进行梳理,使渗透的德育目标和内容呈现系统化和层次化、系列化和模块化的有机结合,由浅入深、循序渐进地渗透,以求得良好的整体效应。比如爱国主义教育,在小学阶段,主要渗透感性认识,教育学生要爱家乡、爱学校、爱社会,让学生感知什么是爱国,培养他们朴素的爱国之情;在初中阶段,主要渗透国史、国情、国力、国策等教育,增强学生的理性认识,使他们了解为什么要爱国,为他们的爱国之情提供理性基础;而在高中阶段,则要针对学生正在形成的世界观、人生观、价值观,着重渗透一些历史唯物主义和辩证唯物主义的基本观点,让学生弘扬爱国之心,激发报国之情，树立强国之志。这样有步骤、有层次地渗透，学生才能接受德育，才能有真正的发展。

第三，浸润无声。

要在学科教学中进行德育渗透，但德育并不是独立于教学的一种教育活动，而是教学不可分割的有机组成部分。因为除了教学内容外，教师、教学形式和教学过程等教学的其他诸要素也都是开展教育的重要载体。不是从所有教学内容中都能挖掘出道德因素，但是通过教师端庄的仪表、渊博的学识、严谨的作风、敬业的精神和高尚的品格，借助民主、平等的教学组织形式，以及积极主动、合作互动的教学过程，都能在不知不觉中对学生的道德发展产生积极的正面影响。可见，学科教学中的德育渗透，不是泾渭分明的、仅在某个或某几个环节中的渗透，而是全方位、全领域、全过程的渗透。

第四，融合无形。

各科教学本身包含着许多重要的价值或道德教育的因素。美国当代德育学家托马斯·里考纳认为，各学科对德育来说是一个"沉睡的巨人"，潜力极大。所以，不利用各科教学进行价值与道德教育就是一个重大的损失。学科德育要以知识为载体，以育人为宗旨，实现知识与道德、教学与教育、教书与育人的统一。德育渗透要从教材的具体内容出发，附着于知识讲授当中，使德育和学科知识教学有机融合。例如讲解某个公式，这个公式是某个科学家不懈追求的结晶，教师可以介绍一下这个科学家追求真理的精神。这样，在教学中自然而然地渗透德育，使之产生"随风潜入夜，润物细无声"的效应，让学生不感到是在接受思想熏陶，但无形中却受到了深刻的思想教育。比如物理教学，在讲授自由落体定律内容时，教师可以先就物体下落速度的快慢，引发学生的讨论，然后通过实验引导学生逐步得出正确的结论，在教学中让学生自然体验伽利略发现自由落体定律的过程及其所蕴含的不唯定论、不惧权威、不循规蹈矩、追求真理的科学精神。在讲授牛顿第三定律时，教师可以自然引入神舟系列载人飞船成功发射的社会热点，培养学生的民族自信心和民族自豪感。其实，上述知识点本身并不具备道德意义，但是如果学科教师具有强烈的德育意识，把生硬的知识与社会和学生的实际有机、自然地联系起来，知识就被赋予了德育色彩，并由此而成为具有生命力的德育内容。

总而言之，通过一系列举措，让学生在掌握科学文化知识的同时，学会"修德"，学会生活，学会做事，学会做人——像潺潺山泉沁人心脾，在悄无声息中提升学生的思想品德。

【案例在线一】语文《生命　生命》的教学案例

一、导入

同学们，课前老师让大家搜集了一些关于人生、生命方面的名言，谁愿意把你收集到的跟大家交流交流？

从你们的交流中，老师深刻感受到生命的珍贵，今天，我们就来学习一篇关于热爱生命的文章。

（板书课题，生齐读。）

二、检查预习

课前同学们已经预习了课文，下面老师来检查一下。

（课件出示生词，生开火车认读。）

三、整体感知课文

生命，生命是什么呢？作者杏林子为我们讲述了三个事例，请你快速朗读课文，想想是哪三个事例？你能用简洁的语言概括出来吗？

（生读文，师指名交流汇报并板书"飞蛾求生，瓜子抗争，静听心跳"。）

四、感悟文本

1. 生命是什么呢？我们来看作者为我们讲述的第一个事例。默读第一个事例，找出让自己感受深刻的句子、词或者一个标点，可以把自己的阅读感受批注出来。

（生按要求学习，然后交流汇报。）

（1）飞蛾并没有说自己要逃生，作者怎么感受到了飞蛾心中的想法呢？我听说过言为心声，其实行动也能代表一个人或动物的心声，那么，飞蛾极力鼓动着翅膀，它在对自己说什么呢？

（2）是啊！此时杏林子手中捏的不是一只小小的飞蛾，而是一个不屈的生命，杏林子真切感受到，原来生命就是：飞蛾挣扎的声音，生命就是鼓动的——双翅，生命就是飞蛾——求生的欲望。

（3）无论怎样危险，无论能否逃生，小飞蛾都没有放弃求生的努力：它挣扎着……

（4）生命是宝贵的，这个世界正是因为有了生命才显得生机勃勃，生命如此美好，飞蛾又怎能不留恋呢？所以它挣扎着……

（5）老师相信，这只顽强不屈的飞蛾不仅写在了书本上，写在我们的大屏幕上，同时也写到了每个同学的心里，就请同学们多读几遍，把这只有着强烈求生欲望的飞蛾记忆在我们的脑海里。

2. 生命是什么呢？下面我们来学第二个事例。学之前，请同学们回想一下，我们学第一个事例的时候，都用了什么方法来学的？

（梳理学法—自学第二个事例—同桌交流—全班交流。）

同学们让我们一起来感受一下这只顽强的小瓜苗吧！

（生齐读第二个事例。）

3. （出示作者杏林子图片）杏林子不仅关注到了弱小飞蛾的那种强烈的求生欲，关注到了小瓜苗的顽强生命力，她也关注到了自己的生命。（指名朗读第4段，并出示："我可以好好地使用它，也可以白白地糟蹋它。"）小飞蛾和小瓜苗好好使用了吗？是怎么好好使用它们的？在你看来，怎样才算好好地使用它，怎样又是白白地糟蹋它呢？你能结合身边的小事谈一谈吗？

下面让我们一起再来感受一下这三个故事吧！（生齐读三个事例。）

五、资料拓展，升华情感

能对生命有如此深刻感悟的杏林子是一个什么样的人呢？

（杏林子资料介绍。）

六、激情促读，再次升华情感

在杏林子的眼里，也许她是一只弱小的飞蛾，也许她是一棵生长在砖缝中的瓜苗，但无论境遇怎样艰险，只要拥有乐观、向上、积极的心态，一定能绽放生命的精彩，下面就让我们齐读杏林子对生命的感悟。

（生齐读最后一段。）

无论是奋力求生的飞蛾，顽强生长的瓜苗，还是自己沉稳而有规律的心跳，都让作者感到生命的伟大，于是她发出了深深的感慨——

（齐读最后一段。）

杏林子从小病魔缠身，身心都受到了极大的折磨，但她并没有因此虚度年华，反而更加珍惜热爱生命，因为她知道——

（生齐读最后一段。）

是啊！有了生命，向日葵才能拥抱太阳；

有了生命，花儿才能绽放；

有了生命，蝴蝶才能飞舞；

有了生命，小鸟才能自由自在地翱翔。

七、延伸

同学们，与杏林子相比，我们是幸运的，我们拥有一个健康的身体，在今后的学习和生活中，你打算怎样做呢？

课文学到这，我们知道作者用"生命 生命"这两个重复的词语为题，是在告诉我们——要珍惜、热爱生命。

（板书：要珍惜、热爱生命。）

学完课文，老师相信同学们一定有很多的感受、想法，我们把它写在日记本上，好吗？

（张丽丽，载"教育在线网"）

【案例在线二】语文《老人与海》的教学片段

师：上学期，我们也学过一篇类似的课文，是著名作家巴金的《小狗包弟》。巴金面对"人性不如狗性"的"文革"现实，为人性感到悲哀，为自己的行为而忏悔，更勇于向狗道歉。我们作为人类的一分子，难道不应该时刻反省自己的行为吗？《老人与海》中的老人就这样悔恨地说："我真盼望这是一场梦，但愿我根本没有把它钓上来。鱼啊，这件事可真叫我不好受。从头错到底啦。"如果老人与大马林鱼、鲨鱼都相安无事该多好啊！那样的话，老人的世界就是一片安宁。显然，人与自然和谐相处也是课文要表现的思想内涵之一。

生：的确，人类不能因为自己是高等动物就滥杀无辜，而要学会在理想和现实中找到自己的正确位置。显然，《老人与海》中的老人是一位失败的英雄，但我们还是应该学习他面对失败的精神。

生：我觉得，老人身上还有一种尊重被征服者的精神。比如，课本第32页就这样写道："他总喜欢想到这条死去的鱼，想到要是它能够随意地游来游去,它会怎么样去对付一条鲨鱼。"显然,虽然大马林鱼被他杀死了,但他仍然把大马林鱼当成可以与鲨鱼搏斗的强者。

师:很好!这应该与对自然的尊重和平等观念是一个类型。

生:从课文第32页的心理描写中,我还读出了老人在挫折面前永远都保持希望的信念。

师:老人水下的世界越来越丰富了,同学们的手也越举越高啦!谁还有说的呢?我们每一个人都要成为课堂的主人。

生:"凡事预则立,不预则废。"老人的失败与准备不充分有关。课文第33页中老人的无可奈何表现得很明显。如果老人有朋友相伴,而且装备更好,他一定能成功带回大马林鱼。

师:这又是我没能读出来的。佩服!不过,老人为什么没有朋友相伴呢?

生:圣地亚哥连续84天捕不到鱼,大家都认为他走"背运",所以没有人愿意和他一起出海捕鱼。就连那个小孩也不去帮他了。你说,他捕鱼时能不孤独吗?

师:是啊!老人眼前"只有飞鱼从船头那边飞出来,向两边仓皇地飞走,还有就是一簇簇黄色的马尾藻",除此之外"他连一只鸟儿也看不见"。他为什么会有这种孤独感呢?同学们还记得海明威吗?写这部作品时的海明威孤独吗?

生:海明威应该很孤独。亲历"二战"战火的海明威身心都受过创伤,创作低谷期好不容易写出来的小说《过河入林》又遭到嘲讽,所以创作《老人与海》时他很孤独。

师:当时海明威的确很孤独。我们只要仔细读《老人与海》,再联系海明威的生平,就会明显地感觉到他是在写自己——流露了许多他灵魂深处最本质的东西,如孤独、自信、好斗、刚强等。显然,《老人与海》这部思想内涵丰富的作品就是海明威永不屈服的宣言。

生:人与人之间的关系很复杂,一旦你失败或背运,就会有朋友离你而去。或许,这才是最真实的生活。

师:你的解读可以理解为老人的这种孤独应该是一种时代特征,能够折射出人与人之间的某种奇妙关系——你得势的时候,花儿红有人捧;你失势的时候,谁都不理你。

生：我觉得，海明威笔下的老人没你们说得那么完美。他捕鱼就是为了养活自己，就是为了卖钱。我觉得，他奋力与鲨鱼搏斗就是为了保护自己的战利品不受侵犯，或者说就是为了保护自己的利益。比如，课本第29页就有"他知道可以在市场上卖大价钱"。

生：老人毕竟是凡人，我们不能苛求他完美无缺。他饥饿，他贫困，所以他想赚钱生活。其实，只要是人就会为自己的生活着想，就要想办法活下来。因此，我们不能对英雄有过多的苛求，更不能因此就否定他的英雄本质。

生：课文是在告诉我们：欲望可以支撑起整个生命。老人独自面对两条强悍的鲨鱼，用尽全身的力气将其中的一条打入海中，但此后不久这条鲨鱼又浮出海面。这显示了鲨鱼顽强的生命力。我想，鲨鱼正是因为对食物有如饥似渴的欲望，才会"被打倒后又站起来"。鲨鱼的这种欲望从辩证的角度看显然有积极的意义。因为正是这种欲望促使它为了自己想要得到的东西去努力和奋斗。我们人类何尝不是如此呢？至少，《老人与海》中的老人就是这样的。

师：你说得太好了！其实，《老人与海》的水下世界远远不止同学们说的这些。不过，大家的细心发现、深刻思考和真情感悟，还是很让我感动，更让我佩服。你们的个性化阅读读出了自我，读出了问题，读出了答案，读出了反思，更读出了自己的个性。这就是我们要在课堂上得到的收获。

（杨智慧，载《语文报·教师版》2011年9月29日）

**【教学感悟】** 做高尚道德的播种者

在《老人与海》的教学片段中，教师仔细分析教材，敏锐捕捉其中的德育因素，把它们纳入教学目的，有意识地融入教学过程，引导学生在课堂学习中形成自觉的道德意识及良好的道德习惯，进而培养他们良好的道德品质。这样，语文教学就不是单纯的文字教学，而是富含德育内容的文字、文学、文化教育相统一的素质教育的有机组成部分。

一旦抛却了道德，人很可能就会如猛虎，似豺狼，没有慈悲，没有友爱，没有真情。没有良好的道德修养，人们便会失去彼此间的理解；失去理解，世界上便只剩下一堵坚硬冰冷的墙。失去高尚道德的人间，永远只能成为苦难黑暗的地狱，不可能缔造出幸福的天堂！

良好的道德修养是春天的阳光，孕育出学生人生成长的盎然生机；良好的道德修养是初夏的雨，灌溉学生焦渴的心田，让学生梦想的苗圃里绿意盎然；良好的道德修养是秋季的风，默默地帮着在知识的田野里辛勤耕耘的学生结出满枝硕果；良好的道德修养是冬季的雪被，执著地守护遭遇挫折时痛苦和迷茫的学生，风雪过后，春天已不再遥远。

课堂教学是德育的主渠道，德育内容应根据每堂课的教育目标展开，在教学中教师要发掘教材本身所固有的情感态度与价值观目标，有目的、自觉地以教材中的德育素材等熏陶学生，教育学生，在学生的心灵中播撒道德的良种。妥善寻找教学与育人的最佳结合点，在"渗透""滋润"上下功夫，在教学的各个方面、各个环节上仔细揣摩，有机地进行道德教育。

苏霍姆林斯基说："智育的目标不仅在于发展和充实智能，也在于形成高尚的道德和优美的品质。"总之，在教育教学活动中，教师要坚持立德树人的宗旨，自觉做到德育为先，把德育渗透于教育教学中的各个环节，这样才能培养品质健全、心理健康、对社会有用的人才。

## 五、以美促知法

【教学视点】美而冶之的课堂

赞可夫曾指出："传统教学法很明显的毛病，就是没有向学生展示出艺术的，也只有艺术才具有的那些宝藏。"一般的未经美学加工的教学方法，往往止于"传道、授业、解惑"的认知常态，平淡乏味而缺少吸引力，无法满足学生深刻而强烈的审美需要。以美促知法则注重认知规律与美学规律的创造性运用，以丰富多彩的教学形态和美感的多渠道诱发，来培养学生的智能结构和审美意识；通过师生双边活动的巧妙安排与编织，把课堂教学的智力内容与施教手段的审美形式结合起来，以使学生更好地接近德、智、体、美全面发展的目标。在教学实践中，运用以美促知法必须把握以下两个方面。

一是，挖掘教材美点，陶冶学生心灵。教师要充分发掘教材的审美因素,把课程的理性内容与感性形式、抽象概念与鲜活形象有机统一起来,把发展智力与陶冶心灵、深奥的知识传授与动情的审美体验完美结合起来,从而取得相得益彰、事半功倍的教学效果。各种课程,都蕴含着丰富的美的因素,是课堂教学进行审美教育的载体和宝藏。各科教学都会接触到许多术语、概念、公式、定理,它们具有严格的科学性。但其原始的语言基础又往往富有诗的形象,人们的审美情感早已渗透到这些科学知识之中了。例如,化学中很多元素及其组合都具有形象的命名:"金"来源于拉丁语"朝霞","铁"在拉丁语中有"堡垒"的含义,物理学中有各种"波"、"场"以及原子"核"、电子"云"、粒子"雨"等富有美感的现象,天文学中有"银"河、"大熊"星座、"狮子"星座等令人痴迷的名称。至于语文课中的诗情画意,数学中的完备之美、对称之美、简洁之美、抽象之美,以及矿物结晶体的结构美、对称美、植物的花叶、动物的毛羽,地理上的云霞风雨、山岳河海,同样具有无穷的美的魅力。在教学中,如果教师能挖掘出被常人忽略的美,引导学生带着一定的感情色彩对科学知识进行必要的鉴赏、玩味,揭示其内在的科学美,那么,那一大堆枯燥无味的公式定理和机械呆板的概念符号,就会变成一串串美丽的"珍珠",变成一首首动人心扉的"诗"。学生在学习时因枯燥乏味而造成的学习兴趣下降,也会云消雾散,而代之以兴趣盎然,欢乐酣然。

  二是,美化教学方法,使课堂充满情趣。具体说来,是教师按照一定的审美意识(审美观念、审美趣味、审美理想),充分发掘施教媒介的审美因素,向学生施以审美影响,从而开启其内在情智的一种优化的教学艺术。教学方法的美化强调经过美学的加工,使之更加艺术化、新异化、情感化、科学化。任何成功的课堂,都离不开恰当而巧妙,科学准确而耐人寻味的教学方法和技巧。好教师应该是拥有某些让学生感到惊喜与兴奋的"技术"的人。教师在"技巧"上的用心,在美感上的用情,在效果上的用力,主要体现在语言表达的技巧、创设课堂教学情境的技巧、处理课堂中出现的各种生成的技巧,以及其他个人独具的令人惊奇的能力上。美离不开形象,学生接受知识往往从具体形象开始。因此,教师要善于运用形象直观的教学方法,让抽象的概念具体化、形象化、直观化,把知识讲得生动具体、有血有肉,给学生以临其境、闻其声、观其景、见其人的美感。

  以美促知法,能够愉悦学生的身心,陶冶学生的情操,净化学生的心灵，增强学生发现美、感受美和创造美的能力，使学生在自由轻松中获得美的享受以及丰富的知识。

【案例在线一】诗是什么？

　　诗是什么？这是一位美国老师出给高中学生的试题。题目也许算不上新鲜，但答题的要求却极为有趣——必须先把一张白纸剪裁或折叠成某一特定样式后再发表看法。学生听了立即兴致盎然。答案五花八门：有的将纸剪成两个"心"形，并解释说，诗必须由作者的心通往读者的心；有的将纸折叠成螺旋形，并解释说，诗是心情螺旋形的上升；有的索性将白纸剪碎，然后说，诗是从破碎的心中流出来的；有的将白纸原封不动地送回，说"什么是诗"，只能由写在上边的东西自己来解释……

（袁卫星，载"语文网"）

【案例在线二】语文《海底世界》的教学片段

　　原文："海底有山，有峡谷，也有森林和草地。植物的色彩多种多样，有褐色的，有紫色的，还有红色的。最小的单细胞海藻，要用显微镜才能看清楚。最大的海藻长达二三百米，是地球上最长的生物。"
　　这段内容在全文中所处的位置较次，一般的处理是一带而过，而下面的教学却颇具匠心。
　　师：谁愿意读一读这段内容？
　　（教师指名同学朗读。）
　　师：海底是一个奇异、瑰丽的世界，我根据这段内容画了一幅画，大家看看我画得怎样。
　　（教师顺势出示一幅和课文内容不相吻合的图画。这幅图色彩暗淡，以灰色和暗绿色为主要色调，图上画着几根海藻，远处，隐隐约约有几座连绵的山峦。画刚出示，学生的表情就已表明，这幅画画得一点儿都不好。）
　　生：（诚实而中肯地说）老师画得不好，一点儿也不美。
　　师：（态度诚恳地说）大家能否根据课文中的语言文字帮我指出不足在什么地方？能否提些建议？

生：老师的画颜色太难看了，灰灰的一片。书上说海底植物的色彩多种多样，有褐色的，有紫色的，还有红色的。我在电视中也看到，海底五颜六色，十分美丽。

师：（点头致谢）谢谢你，你的观察很仔细，说得很有根据。

生：老师画的画上只有山岭，可书上说海底有山，有峡谷，也有森林和草地，所以我觉得应该画些高高的山峰，画些峡谷。

师：你的提议很有道理，老师接受建议（握握学生的手，表示感谢）。

生：老师，我觉得你的海藻画得太短了。书上说，最大的海藻长达二三百米，是地球上最长的生物，这个海藻应该画满整张画，或者可以延伸到画外，来表现它很长。

师：你的提议很不错，真是位有眼光的小画家。

生：我觉得画上没有把最小的单细胞海藻画出来，应该补上。

生：我觉得老师没有画错，因为最小的单细胞海藻要用显微镜才能看清楚，肉眼根本就看不到，怎么能画出来呢？

师：大家同意谁的看法？（学生齐声说同意第二个同学的）第一个同学也很爱动脑筋，敢于发表自己的意见；而第二个同学读书格外仔细，大家应该向他学习。

生：我认为图上还可画些鱼、海星之类的，因为虽然这一节没有提到鱼，但少了鱼，海底世界好像缺少了生气，如果画上一些会使画面更好看一点。

师：你有独特的见解，老师非常乐意接受。老师这儿还有一张，大家想看看吗？

教师随即出示一张色彩绚丽的海底世界风貌图，全班同学眼前顿时一亮，情不自禁地发出赞叹："哇，好美啊！"

师：就请大家美美地来读一读这段课文，好吗？

（学生感情充沛、发自内心地朗读，把老师带进了海底那奇妙的世界里。）

（王亚萍、谭学健，载《现代教育报》2012年9月4日）

**【教学感悟】** 教学活动犹如"登山探宝"

《海底世界》的教学案例中，整个教学过程由两次"赏画"的审美活动组成。第一次，教师将课文中的文字内容故意做了反向夸张处理，画成一幅色彩暗淡、形象失真的画面，用这张画技粗劣的画刺激学生的感官，并诚恳地请同学们提出批评与建议。这种欲擒故纵的施教方式使学生的表现欲望一下子被调动起来，都迫不及待地去读课文，利用课文中的语言文字指出画面中的不足之处，并提出合理化的建议。就在这"读文、批评、建议"之中，学生读懂了课文内容，理解了语言文字。第二次是出示一幅色彩绚丽、形象逼真的图画，让学生在看画、赏画的同时，再次领略语言文字所蕴含的审美闪光点，感受自然世界的瑰丽与神奇。学生一下子为惟妙惟肖的画面所吸引、所陶醉，情不自禁地用朗读来表达心中的感受，畅谈自己对海底世界的赞美。在教学中，一方面，教师要在处理教材时，充分挖掘教学内容中美的因素，把教材的静态信息转化成切合学生心理水平的教学的动态美，提高教材的启发性、审美性、趣味性；另一方面，教师要创设优美的课堂情境，包括绘制精美的图形、进行形象的描述、操作优美的教具、使用优美的教学语言、书写优美的板书等等，使学生置身于美的环境，受到美的熏陶。

教学活动犹如"登山探宝"。教师作为带路的"向导"，必须先登山览胜，探明知识的一珠一玑，观测知识的纵横阡陌——知识间的内在联系、逻辑结构及过渡关卡，"山头"几座，"沟壑"几条，都要娴熟于心，然后指明学习的方向和目标。

一堂成功的课，应如一首清新的诗、一曲优美的乐章，给人以完美的艺术享受。

## 六、愤悱启发法

**【教学视点】** 启发式教学的特征

要实现课堂上的优质高效，教师一定要灵活运用启发式教学，精选素材，设计丰富多彩的学习活动，适时适当地启发学生：在愤悱之时，使学生的思维与原有的知识交锋，与原有的思维碰撞，突破原有知识和思维的偏狭，实现思维的跨越；在愤悱之时，让学生尝到"摘到桃子"的喜悦；在愤悱之时，点燃学生的学习热情，使之思维活跃、热烈快乐地进入到新的学习之中。运用启发式教学，必须把握以下三点。

1. 用问题导入课堂，放飞学生的思维

亚里士多德说过："思维从疑问和惊奇开始。"创设一个良好的问题情境，能引起学生认知结构的"不平衡"，产生悬念，从而唤起学生强烈的探究欲望，激发学生学习的兴趣，把学生带入一种与问题有关的探索发现中。只有使学生的兴趣、欲望、思维凝聚在一起，他们才能达到智力活动的最佳状态。要想发现问题，提出独到见解，就必须有一双慧眼。教师可以采用以下几个生疑发问的方法引导学生设疑求思：一是实验起疑；二是生活生疑，即从日常生活现象中引出问题；三是矛盾怀疑，即针对相互矛盾的现象提问；四是反思见疑，即善于逆向思维，反向追问，弄清究竟；五是因果质疑，即对现成的结论或原理进行深层思考，知其然并知其所以然。

2. 用问题贯穿课堂，激发学生探究

知识获得的过程本质上就是一个探究过程，若教师能"放"手让学生亲历探究过程，用问题贯穿课堂始终，则不仅能使学生在课堂上化被动为主动，更能活跃课堂气氛，提高教学效益。要让问题贯穿课堂，教师设疑启思时应注意"五要五杜绝"原则：一是提问要具体明确，杜绝空洞笼统。二是提问要活泼风趣，幽默，杜绝呆板枯燥。同样的问题，提出时平平淡淡，既不新颖又不奇特，学生不感兴趣，就不可能被吸引。相反如果变换提问形式，使提问精彩，有活力，那么他们就会热情高涨地思维。三是提问要恰到好处，杜绝难易过度。提问要难易适中，在学生的"最近发展区"设问，使学生积极思考后就能够从容回答，即"跳一跳，摘桃子"。四是提问要聚焦难点，杜绝随意发问。课堂提问要紧紧围绕教学内容，抓住问题关键，将问题设在重点和难点上。五是提问要启迪智慧，杜绝不知所云。课堂提问的重要目的是锤炼学生的思维品质，培养学生的创新精神，因此所提问题要精心设计，忌漫无目的，不知所云。

3. 用问题延伸课堂，开阔学生的视野

长期以来，许多教师一直提倡"把问题解决在课堂"、期望将复杂的教学问题简单化，让教学不留"尾巴"，使学生带着句号而不是问号离来教室。实际上，应加强与学生生活、现代社会及科技发展的联系，培养学生的社会参与意识，并使学生能运用有关知识和技能解释一些自然现象与生活中的问题，这正是新课堂所不断追求的。如果能用问题将我们的课堂延伸至课外生活，使学生多一些体验和共鸣，探索更多的未知的问题，则不仅能有效提高课堂效率，也能开阔学生的视野，提高学生解决实际问题的能力，真正达到"教是为了不教"的境界。

总之，学贵有疑，疑是探究的源头。学生独立思考、发现问题、产生疑问是自主学习的开端，是培养创新精神的关键。课堂教学应积极诱导学生生发疑问，鼓励学生思考提问。教师应创造思考的机会，拓宽学生的思维空间，激起学生求知的热望，点燃学生智慧的火花。

【案例在线一】数学《中点四边形》的教学小结

师：同学们，学习了中点四边形后，你有什么收获？谁来说一说？

生1：我明白了任意四边形的中点四边形都是平行四边形。

生2：我知道了矩形的中点四边形是菱形，菱形的中点四边形是矩形，等腰梯形的中点四边形是菱形。

生3：生2的结论可以概括为只要原四边形的对角线相等，它的中点四边形就是菱形；原四边形的对角线互相垂直，它的中点四边形就是矩形。

师：太棒了！善于抓住事物间的共同特征并总结其规律，这是学习的更高境界。希望同学们能在以后的学习中坚持这样做下去，你们就会有不凡的表现。那么，谁还有什么问题吗？

生4：生1说任意四边形的中点四边形都是平行四边形，那么，对于凹四边形来说，它的中点四边形还是平行四边形吗？

师：你提的问题很有价值，由我们常见的凸四边形想到了凹四边形，实在太棒了！那么这时的中点四边形还是不是平行四边形呢？我们暂且把它叫做生4猜想吧，希望同学们课下研究。没准你们还可以写成数学小论文呢。

下课之后，没等我收拾好上课物品，几个学生忙不迭地跑上讲台："老师，生4的猜想是对的，我能证明……"看到学生兴奋的表情，我由衷地笑了。我知道学生的学习热情已成功地把课堂延伸到了课下,而在学生的心里则已播撒下了勤思爱问、乐于探究的种子。

(马晓燕,载《教育时报》2011 年 12 月 20 日)

【案例在线二】化学《二氧化碳与水反应》的教学片段

师问:"同学们天天喝饮料,你有哪些发现或你有哪些疑问?"

生1问:"我知道在饮料中压入了二氧化碳,可为什么一些饮料商标上写着碳酸饮料而不写二氧化碳饮料?"

生2说:"我知道是二氧化碳与水反应生成了碳酸。"

生1说:"一些饮料看起来澄清透明,你怎么知道是二氧化碳与水反应生成碳酸的?"

生2说:"只要在饮料中加入一种能鉴别碳酸的试剂即可证明我的观点。"

师说:"同学们说的都很有道理,请同学们查阅资料设计实验探究,二氧化碳溶于水的过程中,有没有发生化学变化?发生了什么样的反应?"

同学们查阅了大量资料,设计了以下探究方案进行对比。

(1)在雪碧饮料中加入紫色石蕊;

(2)在稀醋酸、稀盐酸、稀硫酸、稀硝酸中分别加入几滴紫色石蕊,由现象说明酸能使紫色石蕊变红;

(3)在水中滴加几滴紫色石蕊,由现象说明水不能使紫色石蕊变红;

(4)把浸有紫色石蕊的滤纸条晾干后放入装有二氧化碳的干燥集气瓶中,由现象说明二氧化碳本身不能使紫色石蕊变红;

(5)在滴有几滴紫色石蕊的水中通入二氧化碳;

(6)把第(5)步试管中的液体取一半加热,另一半作对比观察。

同学们从观察生活提出疑问,设计方案进行探究,在探究对比中学习了科学的探究方法。

(郑乃功,载"华南师范大学中小学教师远程培训网")

【教学感悟】"不愤不启，不悱不发"

上述案例启发我们，课堂是问题生成、生长的地方，是思维拓展与问题解决的地方，同时也是让每一个学生深思、精思、巧思、辨思的地方。一个问题，就是课堂教学的一个细胞；教师、学生、资源、环境组成了支撑课堂教学的骨架；围绕问题的生成、解决、延伸而展开的一切有效的交流，犹如课堂教学的血液；伴随着这种交流过程而形成的情感态度与价值观则凝聚为课堂教学的灵魂。教学的任务就是要创造"导疑启思"的情境，让学生"在难点处破疑，在困惑处求疑，在易错处解疑，在关键处释疑，在无疑处置疑"，彻底改变那种有"疑"而不"问"的现象。

"启发"一词来源于孔子的经典论断——"不愤不启，不悱不发；举一隅不以三隅反，则不复也。"也就是说，启发要适时，首先让学生达到心求通而尚未通，口欲言而未能言的"愤悱状态"，然后再进行启发、开导，以此来促使学生领悟知识。

"疑"是思维的发动机。朱熹说过："读书，始读，未知有疑；其次，则渐渐有疑；中则节节是疑。过了这一番，疑渐渐释，以至融会贯通，都无所疑，方始是学。"这种无疑、生疑、解疑的过程就是主动地、积极地学习的过程，就是发现问题、提出问题、解决问题的过程。在愤悱解疑的探索中，学生能有效激发勇于探索新知的"思考力"、长于思考的"学习力"、善于比较的"思辨力"、敏于发现的"洞察力"、精于鉴别的"判断力"、巧于联系的"想象力"和勤于坚持的"毅志力"。这几种能力的有机整合，便形成价值无穷的创新力。

# 七、创新求索法

【教学视点】 创新素质的基本内涵

创新是社会前进的动力，是人类智慧中最绚丽的花朵。创新教育的提出是教育自我反思、自我觉醒的结果，从守成性教育到创新性教育的转变，从注重教育的文化传承功能向注重教育的文化创新功能的转变，它是教育的自我革命、自我完善和自我超越,是教育从传统走向未来的必然选择。站在素质教育的高度看,培养学生的创新素质主要坚持以下四个"度"的要求。

1. 寻突破,激活思维深度

传统教育过分强调继承和掌握,又由于应试的强化作用,学生唯书、唯师,不敢独立思考,不敢越雷池一步,思维上萧规曹随、循规蹈矩;人格上顺从听话、对老师唯命是听,缺乏创新的魄力和勇气。"尽信书,不如无书","我爱我师,我更爱真理",学生只有做到不唯众、不唯书、不唯师,敢于和善于超越书本与教师,才能不断否定自我、超越自我、实现自我,另辟蹊径,独树一帜,这是创新素质的突出表现。

2. 倡发现,拓展知识广度

陶行知先生在《第一流的教育家》一文中指出:"敢探未发明的新理,即是创造精神;敢入未开化的边疆,即是开辟精神。创造时,目光要深;开辟时,目光要远。总起来说,创造开辟都要有胆量。"这里所提的"探未发明的新理"和"入未开化的边疆",即是发现。发现作为一种意识,可以解释为"探究新问题的意识";发现作为一种能力,可以解释为"拓展新东西的能力"。

苏霍姆林斯基指出:"学生的心灵深处都存在着使自己成为发现者、研究者、探索者的愿望。"在教学中培养学生"发现的意识和能力"的最好方法是发现法。有一些行之有效的发现法值得借鉴:其一,引导学生从整体上把握内容;其二,鼓励学生大胆猜想和假设;其三,培养学生的快速反应能力,训练学生凭直觉回答问题的能力;其四,引导学生在学习过程中进行类比联想,用形象化的方法思考问题。

3. 善联系,提升认识高度

培养学生重组知识的意识,就是要养成在联系中、在比较中、在整体中进行学习的习惯。过去人们关心的是知识的增量,忽视了知识的整合。随着人类知识总量的迅猛增长,人们越来越重视知识结构的学习。从教学角度来看,要提倡和强调结构教学,结构教学的一个重要特点就是强调知识的整体联系性。知识的加工和重组,一方面表现为知识的融会贯通,它是一个高层次的知识融合过程,是对教材知识在更高水平上的概括和升华,有利于学生形成可更新、可变通、可拓展的,开放的、动态的知识系统;

另一方面表现为思维的有机结合，即逻辑思维与直觉思维、抽象思维与形象思维、聚合思维与发散思维的相互配合，从而使学生的思维具有整体的功能、创新的功能。通过对知识的不断加工和重组，使整个知识系统充满活力。知识的联系和重组，对学生的学习来说，都是一种创新活动。

4. 重实践，强化应用力度

知识就是力量，知识的力量在于知识的创造性应用。现代教育心理学把知识的学习过程分为输入、转化和输出三个阶段，其中知识的输出即是知识的应用。若只有输入而无输出，则知识不会有任何力量；若只是像发传真般地原样照搬输出，则只能发挥知识原来的力量而不会使之增值；若加上对原有知识的创造性加工、重组与整合，则可以使知识成倍甚至数百倍地增值。因此，能够对知识进行创造性应用是一个人拥有较高创新素质的集中体现。

从知识应用的要求来说，学生应用知识的能力，表现为两个层次：低层次即应用所学知识解释、解决实际生活问题，高层次即应用所学知识进行小制作、小发明、小创造。在课堂教学中，必须引导学生动脑思考、动口表达、动手操作，自觉主动地参与探究过程，进而产生创新的见解，擦出创造的火花。

显然，上述培养学生创新素质的四个"度"的要求不是截然分开的，而是相互联系、相互包含的，它们虽从不同的角度提出，却是一个有机的整体，我们必须从整体的高度协同着力，唯其如此，创新教育才会沿着正确的方向不断深化发展。

【案例在线一】另类学生

同事说了一件好笑的事：他在批阅物理试卷时将一个学生答的一道题目判为零分，可是这个学生却坚持认为自己应该得满分。两人谁也说服不了谁，最后商定找一个不偏不倚的裁判。他们选中了我。

我看了这道题目。题目是这样的：请阐述如何使用气压计确定一幢大楼的高度。该学生的答案是，首先把气压计带到楼顶，然后将它系在一根绳子的一头，从楼顶上放下绳子，当气压计触及地面时，在绳子与楼顶平齐的部位做一个记号，再将绳子拉上来，测量记号与气压计之间绳子的长度，就可以得出大楼的高度。

应该说，这个学生的答案是正确的，但是如果给予满分，就会表明这个学生的物理成绩不错，而这个答案显然不能证明该生的物理能力。于是，我建议再给这个学生一次机会，让他在6分钟内重新解答这道题目，当然有言在先：答案要与物理知识有关。

5分钟过去了，这个学生一个字也没有写出。我禁不住问他，是不是不会，要不要放弃。该生答道，解题方法有很多，他在思考哪一个才是最好的。在最后一分钟内，他匆忙写下了答案。答案是这样的：首先把气压计带到楼顶，使它在与楼顶平齐的高度自由落下，用秒表测出它落地所需的时间，然后运用自由落体公式 $h=\frac{1}{2}gt^2$，即高度=$\frac{1}{2}$×重力加速度×时间的平方，就可以计算出大楼的高度。

这样我就无话可说了。我的同事也只好妥协，给了这个学生满分。在我准备离开同事办公室的时候，我想到这位学生说过他有许多解题方法，就有了兴趣，便问他这些方法是什么。"唔，"该生答道，"比如，你可以在一个阳光明媚的日子将气压计带到楼外，然后测量出它的高度及其影子的长度，同时测量出大楼影子的长度，通过简单的比例法，就能计算出楼的高度。"

"很好，"我说，"还有别的方法吗？"

"有的，"该生答道，"最基础的方法是把气压计当尺子，一边量一边顺着楼梯往上爬，量到楼顶后，用尺子的长度与尺子使用的次数相乘，就可以得出楼的高度。"

"如果你想要复杂的方法的话，你可以将气压计系在绳子的一端，让它像摆锤一样摆动，然后分别计算出它在楼顶部与楼底部的重力加速度$g$，从理论上讲，两个$g$的差值就是楼的高度。"

"类似的方法还有，将系在绳子一端的气压计带到楼顶，然后将它缓慢放下贴近地面，使它像摆锤一样摆动，根据摆动的周期就可以计算出楼的高度。"

"当然，方法很多，"最后，他说，"不过，我现在觉得，最好的方法是将气压计带到一楼，然后敲守门人的房门。当他应声开门时，你说你有一个很好的气压计，如果他能将大楼的高度告诉你，你就将气压计送给他。"听他说完,我问他是不是真的不知道解答这个问题的传统方法。他笑着说,他其实是会的。但是他又说,从中学到大学,老师们总是试图教他怎样去思考,对此他实在感到腻烦了。

这个如此另类的学生是谁呢?

他就是1922年获得诺贝尔物理学奖的物理学家利耶奥思·玻尔!

(邓笛译,载《思维与智慧》2004年第5期)

**【案例在线二】** 语文《事物的正确答案不止一个》的教学实录

师:今天我们尝试一下从文章的后面往前上,如果我们的尝试成功,那我们也是有创造力的人了。(生笑)

师:请同学们齐读第13段,概括本段讲了哪些方面的内容。

生:两个方面的内容,一是坚信任何人都拥有创造力,二是成为一个富有创造性的人的三个关键。

师:概括得准确简洁(板书要点)。请注意,文章在谈"成为一个富有创造性的人的三个关键"时用了分号,说明这是一个问题的三个方面,那么这三个方面能不能任意调换顺序呢?

生:不能。因为这三个关键是按照人们的认知习惯来谈的,人首先有好奇心,积累知识,然后才能运用所得到的知识,也才能抓住灵感,并发展它。

生:这三个关键是按照前文论述的思路排列的,所以不能调换。

师:能说得再具体些吗?

生:课文第5段讲的是积累知识,第6段讲的是运用知识,第11、12段讲的是细小的想法。

师:同学们看书很认真,思考问题的思路也很清晰。文章从第4段到第12段集中论述的就是这三个关键。那么第4段到第12段论述了哪些方面的问题?

生:创造性思维必需的要素。

生:要有渊博的学识,必须有探求新事物,并为此而活用知识的态度和意识。

生:拥有创造力的人留意自己细小的想法。

生：创造性思维必需的要素和创造性思维是否任何人都具备。

师：很好。你是自己根据文意概括出来的还是从文中直接找到的？

生：从第4段和第9段找到的。第4段"创造性的思维又有哪些必需的要素呢"领起第5段到第8段，第9段领起第10段到第12段。

师：（板书要点）作者在提出这两方面问题时都运用了设问的修辞手法，在这里用设问句有什么好处呢？我们来朗读一下这两段。（生齐读）

生：能吸引读者去思考。

师：现在我们来完整地看一下第4段和第9段，看看这两段在文中还有什么作用？

生：由"然而"和"不过"可以看出这两段起了承上启下的过渡作用。

师：现在我们看看作者认为创造性的思维必需的要素有哪些？

生：学识渊博；有探求新思路，并为此而活用知识的态度和意识；还应该有持之以恒的毅力。

师：这三个要素就在文章的第5段和第6段。第7段写约翰·古登贝尔克发明印刷机和排版术，第8段写罗兰·布歇内尔发明交互式的乒乓球电子游戏，作者写这两段文字的目的是什么？

生：举例论证"创造性的思维，必须有探求新事物，并为此而活用知识的态度和意识"。

师：这两段文字一详一略，用例证法有力地证明了"创造性的思维，必须有探求新事物，并为此而活用知识的态度和意识"（板书"举例论证"）。那接下来，作者又是如何论述创造性的思维是否任何人都具备这个问题的？

生：首先引用某心理学专家小组的调查结论，接着分析创造力不是贝多芬等人的专利，他们非凡的灵感往往源自他们"关注极其普通、甚至一闪念的想法，并对它反复推敲，逐渐充实"，最后得出结论"区分一个人是否拥有创造力，主要根据之一是，拥有创造力的人留意自己细小的想法"。

师：很好，分析思路非常清晰。从我们已经完成的这部分文字来看，本文论述的是如何成为一个具有创造性思维的人，那么，把文章的前三个自然段删去，改为"何谓创造性思维？创造性思维就是……"好不好？

生：（齐答）不好。

师：为什么呢？这样文章不是更简洁了吗？

生：文章用了一个有趣的问题，能够吸引读者。

师：作者在开头给读者这样一个选择题，不仅仅是为了有趣吧？

生：这个问题正好对应文章的标题。

师：既然这样，那我们完全可以把文章题目改为"论创造性思维"，这样，文章的题目是"论创造性思维"，开头第1段是"何谓创造性思维？创造性思维就是……"，然后论述创造性思维必需的要素，这样题目就是本文论述的问题，开门见山不是更直接吗？

生：作者由这个选择题入手，得出由于看图形的角度不同，四种答案全都正确的结论，然后引出"事物的正确答案不止一个"。怎样才能发现事物的其他正确答案呢？就需要不满足于一个答案，不放弃探求，这就有赖于创造性的思维，于是引入创造性思维这个论题。

师：很好。（板书"事物的正确答案不止一个"）这个选择题很具体，生动形象，又富有针对性，极易引起读者的兴趣。现在，我们来小结一下本节课的内容：文章由一个具体形象的选择题入手，引出"事物的正确答案不止一个"，然后围绕怎样才能拥有创造力，分析了创造性思维必需的因素和是否拥有创造力的依据，最后得出只要具备三个关键，"任何人都拥有创造力"的中心论点。

（王艳，载《语文报·教师版》2011年11月28日）

【教学感悟】创新，就是不断开拓

创新，就是不断去追求，去提升精神境界的高度。创新，就是去拓展视野，就是去研究、去探讨新的未知数，就是有所发现，就是有所创造。创新意识是吹动船帆的风，没有风，帆船就不能向前行驶；创新意识是雨，没有雨水，种下的庄稼就会枯萎；创新意识是成功的动力，没有动力，工作、学习和事业就会平庸、低效。

学习上要追求创新，创新式学习会激励学生获得更多的智慧，创意式思考会帮助学生取得更大的成功。创新性学习要求学生在学习过程中做到不拘泥、不迷信、不盲从，能提出独到新颖的观点和方法；在实践中或在完成作业过程中，有区别于老师或书本上的新的推导过程和思维过程；能通过自己的独立思考和探索得出与前人相同或相似的结论，虽然这个结论相对于全社会来讲也许并没有独创性，但这个结论是经过自己独立探索获得的，是一种超越自我的创新活动。创新性学习不仅要求学生能认真地学习前人留下来的知识，还要求学生不受这些知识的约束，敢于另辟蹊径，想常人不敢想，见常人之未见，敢为天下先，有自己的独到之处。有创新意识的学生，在接受知识时，能像前人探索知识时那样去思考和发现；有创新能力的学生，在解决问题的各种学习实践活动中，能提出有新意的见解和方法。

左拉说：生活的全部意义在于无穷地探索尚未知道的东西，在于不断地增加更多的知识。创新，就是找准某个切入点、抓住某个着力点、占据某个制高点，仰之弥高，钻之弥坚，执著地去获得更远大的目光和更深刻的思想。谁拥有创新意识，谁就拥有事业的成功；谁拥有创新品格，谁就拥有永远的年轻；谁拥有创新能力，谁就拥有灿烂的未来。

## 八、争鸣讨论法

**【教学视点】** 课堂上要开展真诚的争论

在课堂教学中，争论之所以有存在的必要，很重要的一个原因就是每个个体都是独特的自我，个体与个体之间存在视界的差异，在争论中，各种观点和见解激烈交锋，学生的思维处于兴奋的状态，有利于加强对知识的理解。争论时为了驳倒对方，必然要找出有利的论据，因此，就要努力寻找别人没有想到的、没有提到的讨论点，从而引发求异思维，在求异中培养创新的能力。

课堂争论是信息全方位、多层次、高频率交流的最佳时机。各种思路汇合，不同观点撞击，师生之间、生生之间或在争论中各抒己见，或在商榷中求同存异，或在辩论中针锋相对，这不仅能锻炼与提高学生对多种思维和表达方式的运用，而且有利于改变教师"满堂灌"、学生被动学的局面。

课堂争论与课堂讨论虽然只有一字之差，但却有明显区别。课堂讨论是在教师提问的前提下，学生再进行讨论。这种方法对启发多向思考、活跃气氛、开发智力、提高教学效率等往往起到关键的作用。但是，提问的设计、讨论的引发，其构想、组织的主导者依然是教师，学生仍然像教师用绳索牵引着的木偶，其目的无非是引导学生顺着教师既定的教学思路进入教师预想的教学情境，究其根本，还是"拴住"了学生的思维。而课堂争论则使学生跳出教师所限定的"框框"，有了更多的"各抒己见"，可以开拓和延伸学生的学习思路，让学生在拘束更少的气氛中自由争论、畅所欲言，和课堂讨论中的对题作答、"奉命"议论相比较，学生的学习主动性、积极性可以得到更大程度的发挥，他们的聪明才智也有更为充分的展示机会，他们的思想得到进一步的解放，从而真正成为学习的主人。

那么作为教师，我们应该如何去组织课堂争论呢？教师在课堂争论中又如何自处呢？这是课堂争论能否取得最佳效果的又一关键。教师作为教学的组织者、引领者，首先应意识到课堂争论应是一种有目的、有意向的教学活动，必须认识到课堂争论绝不是"自由放任"，不能听之任之，否则，将会导致学生"混战"一场，教师敷衍一番，最后不了了之的结果。这样的课堂争论从表面来看似乎也颇为"热闹""民主"，气氛也相当"活跃"，但实际上学生的认知能力并没有显著提高。时间长了，只会让学生养成夸夸其谈或钻牛角尖的坏习惯。要搞好、搞活课堂争论，虽然不能忽视形式，但更应关注争论的内容，即争论的"点"能否最后归结到对教材的多元理解上，或对教材中某一点的深刻认识上。要本着"观点要明、见解要深、点评要准、效果要实"的十六字要求，努力提高课堂争论的教学实效。如果能够围绕上述目标要求，寻找到争鸣的焦点，那么就可组织学生积极思维，认真发现，充分争论。否则，教师就应该适时进行恰当疏导或制约。

课堂争论应是一种有组织的教学活动，在课堂争论中，教师要善于引领和控制，譬如，有的争论，教师可提出倾向性意见，支持正确的观点，修正错误的意见，但不能简单表态、简略裁决、简省总结，而应特别注意挖掘持错误意见一方表述中的合理成分并给予肯定，这样才能使大家心悦诚服地判明是非，确定正误。有的争论，教师可允许"公说公有理，婆说婆有理"的局面存在。只要持之有据，言之成理，就可让各种意见并存，互为补充。

总之，课堂争论作为一种有效的教学手段，将有力地冲击传统的"我说你听"的教学模式。在课堂上开展合理的、科学的课堂争论，将极大地激活师生主动求知的精神，提高师生双方的思维能力。所以，探索课堂争论的引领方法与规律是有现实意义的，它是通向教学新领域的阶梯。

**【案例在线一】** 化学《物质的变化和性质》的教学片段

在《物质的变化和性质》的一堂巩固练习课上，因为一道题，学生各抒己见，争论得面红耳赤。

争论是由一道选择题引起的。原题是：

下列自然灾害发生时，主要发生化学变化的是_____

A. 台风　　　B. 雪灾　　　C. 霜冻　　　D. 森林火灾

学生快速回答："D. 森林火灾。"

我问："原因呢？"

答："燃烧时有新物质生成。"

几个学生却有不同的观点，由此展开了争论。

"雪灾也是化学变化。初冬的大雪把蔬菜冻坏，菜农受灾严重，所以是化学变化。"

"雪灾是物理变化。雪灾是指雪大，大雪阻塞交通，压断树枝，使电路短路等，无新物质生成，而冬天的庄稼却像盖上厚厚的棉被，大雪可以起到保护作用。"

"霜冻也是化学变化，霜冻也能使蔬菜冻坏。"

"霜冻是物理变化，是空气中的水蒸气遇冷凝结的现象。天气预报时播音员常这样提醒——今天夜间有霜冻，要做好防冻工作。很显然霜冻指温度过低，容易造成灾害，并不一定产生灾害。"

"题干中说明是自然灾害，没有冻坏庄稼，能说是灾害吗？"

……

很显然，学生们是从不同的角度分析这些变化的。从"灾"的角度分析，"冻坏庄稼"应该判断为化学变化；从"雪"和"霜"的形成过程来看，判断为物理变化也应该是正确的。他们能说出判断的理由，可见他们对物理变化和化学变化概念已经理解。

（陈彬，载"天津市实验中学网"）

**【案例在线二】** 语文《金色的鱼钩》的教学片段

教学《金色的鱼钩》，教师让学生用一定的速度读课文，完成一道填空题：这是一个_____的班长。小组合作讨论之后，学生代表发言。

生：这是一个舍己为人的班长。

生：这是一个诚实守信的班长。

生：老师，我反对。老班长没有做到诚实守信。

生：老师，这篇课文讲的是老班长牺牲自己，成全三个小战士的事情，与"诚实守信"没有什么关系。

……

师：我建议同学们先别急躁，你们都静下心来听听他的理由，好吗？

生：老班长答应过指导员，无论多么艰苦，也要把三个小战士带出草地。而在还有二十多里路就要走出草地的时候，老班长却死了。所以我说他没有实现自己的诺言。而且在老班长奄奄一息的时候，他自己也亲口说"我没完成党交给我的任务"。

师：老师很喜欢听到你这样的观点，说明你认真看书，认真思考，这个方法值得其他同学学习。生命诚可贵，难道老班长就不愿意让自己好好活下去吗？请同学们再读课文，一边读一边想：老班长为什么就不喝那救命的鱼汤？

（学生读书思考。）

生：我从"奄奄一息"这个词看出来老班长快要死了，他知道自己就算喝了鱼汤也活不下去，所以他就说别浪费东西了。他不喝，是要省下来让给三个小战士喝。

生：文章前面说，老班长四十岁还不到，就"背有点儿驼，四方脸，高颧骨，脸上布满皱纹，两鬓都斑白了"，我觉得老班长长时间营养不良，到这时，生命已走到尽头。

生：老班长之所以会变成现在这样子，是因为他总把吃的东西让给三个小战士。书上说得很清楚："我从来没见他吃过一点儿鱼"，"他坐在那里捧着搪瓷碗，嚼着几根草根和我们吃剩的鱼骨头"。

生：老班长为什么要这样做，他自己也解释得很清楚，他说："眼看你们的身子一天比一天衰弱，只要哪一天吃不上东西，说不定就会起不来。真有个三长两短，我怎么去向党报告呢？难道我能说'指导员，我把同志们留在草地上，我自己克服了困难出来啦'？"

生：这让我想到了《马背上的小红军》这篇课文，小红军和老班长都是那种为别人想得多，为自己想得少的人。

师：现在我们再回到最初的那个话题，老班长是个讲诚信的人吗？

生：我觉得是，他答应指导员要把三个小战士送出草地，事实上三个小战士是平安地走出草地了，老班长说到做到了。

生：老班长如果自私一点，每一次做好鱼汤先自己喝的话，死的人就不会是他了。他为了实现自己对指导员的承诺，付出了生命的代价。

……

（贾海宾，载"2012年国培计划——青海省农牧区中小学教师远程培训网"）

【教学感悟】组织课堂争论，培养创新精神

  上述案例启发我们，课堂上倾听与众不同的声音，聆听针锋相对的争论，会让自己的课堂焕发出无法预设的精彩。在思考、交流、辩论的过程中，学生的心扉自然敞开，处于完全自由的状态下，学生的思维活跃，探索问题的积极性很高。学生的思维在与同学的争论中不断得到修正、完善，思维方式也逐渐受到其他同学思维方式的影响，有利于培养学生敢于对话、敢于表述自己的思想、敢于与不同思想进行辩论的胆量和兴趣。在促进学生思维和谐发展的同时，高效地构建了知识，学生的素养也得到了健康、全面的发展。教师重视学生的争论正是调动其学习主动性和积极性的重要手段，也是培养学生创新意识的重要一环。在教学实践中，营造课堂争论的氛围必须注意以下三点。

  首先，思维的独立性。在课堂教学中，教师要尊重、善待每一个学生，让他们在课堂中有属于自己的一席之地；要引导学生主动自觉地去探索、去发现、去学习；要鼓励学生说自己想说的话，说与别人不一样的话；探讨问题时，要做到师生平等、生生平等。这样，学生才能树立自信心，敢于表达，凸显人格，其创造潜能才能表现出来。

  其次，争论的合作性。在课堂教学中，经常开展各种交流、讨论、争论活动,让各种观点汇合、碰撞,让学生与伙伴一起克服学习中的困难,品尝学习的乐趣,体验合作的快乐。只有与他人相互合作、碰撞激荡,才会有创造。同时,在合作中还能让学生学会关心、学会尊重、学会欣赏。

再次,学习的愉悦性。创造性思维需要以生动活泼、和谐民主的教育氛围为前提。教学过程应该自始至终充满温馨宽松的气氛,让学生在思维上积极,在情绪上放松,没有压抑感,能愉快地敞开自己的心扉,充分展开思维的翅膀。在争论中,真知灼见得以涌现。在争论的课堂上,学生自由发言,各种观点相互激荡,点燃了学生智慧的火花,课堂气氛无疑是热烈而活跃的,更重要的是学生的发散性思维在广度和深度上都能得到发展。

在争论的课堂中,应适时鼓励学生"不和谐"的声音,并"拍摄"与"放大"这些宝贵资源。当学生"一头雾水"或似懂非懂时,教师应是一个引路人,为学生指引方向;当学生有独到见解时,教师应不惜时间、精力,与文本、学生的思维和情感等进行多元、立体的对话,实现师生间、生生间的智慧碰撞、心灵互动和情智共享。

# 九、因材施教法

**【教学视点】** 因材施教的实施策略

所谓因材施教,通常是指教师针对学生的个体差异,调整教学的目标、内容、方法与进度等,以适应学生在准备水平、智力倾向、兴趣爱好和学习风格等方面的差异,从而满足学生不同的学习需求,促进学生在原有基础上得到充分发展,达到自己最佳的发展水平。在课堂上把握因材施教原则,必须注意以下三点。

1. 以学定教

课堂教学面对的是活生生的个体,学生之间的差异是客观存在的,课堂上经常会出现这样的情况:有些学生思维活跃,思路敏捷,发言争先恐后;有些学生则表现木讷,反应迟缓。有些学生情绪高涨,而有些学生则情绪低落。教师一定要想方设法利用这些差异,开展分层教学,以求实现因材施教。第一,设计分层教学目标,针对各层次的学生量身订做出不同的教学内容和要求。让学生明确哪些属于必须完成的共同目标,哪些属于可以自选的层次目标，哪些是浅层次目标，哪些是深层次目标。第二，设计分层教学内容，兼顾不同层次的学生。要注意两点：其一，对知识点进行分解，按照"三必两应"，即必知、必学、必行、应知、应行的要求，让学生各取所需，各尽其能。其二，难易程度要分明。第三，设计分层问题，针对不同知识水平和接受能力的学生，教师设计的问题要力求体现差异性，做到因材施问。例如对优等生，问题要难一点，深一点；对中等生，问题要适中一点，活一点；对后进学生，问题则要基础一点，简单一点。第四，设计分层作业。按照基础题要尽兴、能力题要尽量、拔高题要尽力的要求，使不同层次的学生都"吃得着""吃得饱""吃得好"，让每个学生都能提高解题能力。

2. 以选促学

美国心理学家加德纳的多元智能理论认为，人的智能至少可以分为九个范畴，即语言智能、逻辑-数学智能、空间智能、身体-运动智能、音乐智能、人际关系智能、内省智能、自然观察智能、存在智能。每个人都不同程度地拥有上述九种智能，由于这九种智能在每个人身上以不同的方式和程度组合存在，使得人们的智能各具特色，智能的发展过程不平衡。因此，教师在课堂教学中，一定要创造满足学生各种兴趣、爱好、优势智能和学习风格偏好的学习机会，给学生安排多元化的学习任务，提供多元的"材"和多样的"教"。例如，某幼儿园老师在设计《正确辨识图形》一课时，安排了以下八种学习活动：幼儿手拉手围成圆圈，用幼儿的身体做圆圈，在教室内寻找圆形的物品，动手制作圆形物品，唱有关圆形的歌曲，编写有关圆的小故事，比较不同圆的大小，找出自然界中圆形的事物。要为学生提供多元化的学习场景，让学生自主选择，以适合其智能组合的特点，促进其优势智能的发展。

3. 以长补短

因材施教，能促使学生得到多样化的发展。因材施教不仅要扬长避短，还要扬长补短。在教学中，可以利用学生在某些领域的优势智能去弥补和带动其他方面的缺陷与不足，可以运用学生特别感兴趣的事物或活动来推动学生对原本不太喜欢的事物或活动产生间接兴趣。例如，一个学生偏爱计算机，对数学和英语极度厌学。数学老师得知他对计算机有浓厚兴趣后，鼓励他在计算机领域作深入研究，并经常和该同学一起探索信息技术的前沿发展趋势。后来，该同学在学习的过程中发现，计算机编程若数学不好便"寸步难行"；若英语不好，对很多计算机专业术语都无法理解。数学、英语两门学科制约了他计算机水平的提升。于是，他暗下决心，开始"强迫"自己努力学习数学和英语，以尽快解决其短板。他利用长处和优势逐渐改善了自己的劣势，实现了"扬长补短""长善救失"。

【案例在线一】历史《原始的农耕生活》的作业设计

在学习完六年级上册《原始的农耕生活》时，为了培养学生的想象力及动手能力，激发学习兴趣，我就给学生布置了课外活动：让他们用幼儿园玩的橡皮泥，参照课本制作一件陶器模型，标明陶器的用途、图案所表示的含义等，我们将在下一节课中评出优秀的作品。出乎我的意料，上课时，并非所有同学完成了此活动，问他们原因，原来是有些同学动手能力差。在第二个班，我经过反思，把活动方案改了一下：如你喜欢绘画，可以结合课本和想象绘制一幅《半坡人一天的生活》的图画，动手能力强的可以用橡皮泥仿制陶器，语言表达能力强的学生，可用文字完成"穿越时空，回到五千年前的半坡氏族，度过一天的生活"。没想到课堂上同学们都完成了自己的作品，他们争先恐后地走上讲台用不同的方式展示交流自己的成果。就连平时学习基础较差的学生也表现出了极大的热情，每个同学都体会到学习的快乐，课堂气氛和谐、快乐。临下课时，我又把重点知识抽查了一下，结果整体掌握程度大大超出了上个班。

（摘自宋冬梅的《〈原始的农耕生活〉的作业设计》）

【案例在线二】语文《跟踪台风的卫星》的教学片段

师：面对疯狂的台风，人们一点也不害怕，有说有笑，用课文中的一个词就叫——

生：（齐）谈笑风生。

师：谁能用"谈笑风生"造一个句子？

（反应敏捷的学生立即举手；未举手的学生中有两人略作思考，开始动笔写着什么；还有一名学生自言自语。）

师：先请想好的同学说一说。

生1：下课了，同学们在一起谈笑风生。

生2：爷爷和一群"老棋迷"下棋时，经常谈笑风生。

师：你们爱思考、表达流畅，非常好！

（教师将目光投向正在动笔写的学生。）

师：在写什么呢？

生3：（有点紧张）我直接说没把握，想写好再读给大家听。

师：好的，老师期待你的精彩答案。

（生继续写，师继续组织交流。片刻之后，动笔的学生写好了。）

师：写好了就读给大家听一听吧！

生4：我的性格内向，不是一个善于谈笑风生的人；×××同学性格外向，走到哪里都能谈笑风生。

生5：三国时，华佗给关羽刮骨疗伤，关羽凭着顽强的毅力坚持住了，而且谈笑风生地下棋。

师：棒极了！先写后说，果然精彩。

（掌声。）

师：（问自言自语的学生）你为什么不举手回答问题，还小声说话呢？

生：我觉得造一句话太简单了，没什么意思，在练习说一段话。

师：真有挑战性！想好了吗？说来听听。

生6：（稍作思考）寒假结束了，同学们回到了学校，在一起谈笑风生。大家有的介绍假期阅读的好书，有的交流有趣的见闻，还有的模仿赵本山小品中的人物，逗得周围的同学哈哈大笑。

师：你将造句变成了写一段话，真是太有才了。

（学生笑，并报以掌声。）

（李云，载《教育时报》2011年12月20日）

【教学感悟】关于因材施教的认识

当前，教学目标的"一把尺子"、教学进程的"大锅饭"、教学模式的"齐步走"、教学检测的"一刀切"，使得我们的学生没了棱角，没了个性，没了特色，成了教鞭下的陀螺，成了整齐划一的玩偶。这不能不说是一种教育悲哀。在《跟踪台风的卫星》的教学案例中，老师积极关注学生学习水平的客观差异性，对于急于表达，反应敏捷的学生，首先满足了他们的愿望，呵护了他们积极主动的学习心理；对于先写后说、追求沉稳的学生，充分尊重，坚持等一等，顺应和照顾了他们的学习需求；对于喜欢挑战、学有余力的学生，鼓励其生成挑战性的学习目标，给予思考的时间，变造句为写段，也来"跳一跳，摘桃子"，获得了更大的发展。这样，将"用谈笑风生造句"的预设目标落实得有层次，有梯度；由于关注了学情，因"情"施教，学生学得可谓"风生水起"。上述案例启发我们，对人的教育是一件非常复杂的工作，它不同于科学家做实验，一次不成功，可以再来一次，甚至几十次，千百次，直至成功为止，而教育要求必须是一次成功。教育也不同于企业生产产品，企业生产面对的是同样的劳动对象，而教育面对的是活生生的人，面对的是不同的对象。每一个学生都有自己的生理条件、遗传特点，都有自己的性格特点和兴趣所在。只有从学生的心理、生理和个性特点出发因材施教，才会产生较好的效果。

我国伟大的教育家孔子历来强调因材施教，他的因材施教主要通过以下三个步骤来实现。第一步是了解学生。正因为如此，他的教育和教学才能符合学生的实际水平和个性特点。第二步是分别激励。激励能激发学生勤学乐学，助力学生走向成功。第三步是补偏救弊。即针对同样的问题，面对不同的学生采取不同的讲解和回答，针对个体采取不同的教学手段。

正如世界上没有完全相同的两片树叶一样，世界上也没有完全相同的两个人，面对智力、能力、思维、性格、毅力等都存在差异的学生，在课堂教学中，我们必须从差别入手，以学生个体为教学对象，因人施教。

## 十、潜移默化法

【教学视点】隐性施教天地宽

隐性教育是指通过间接、内隐、无意识的教育活动，使学习者不知不觉地受到影响的教育。隐性教育强调运用潜移默化的形式把教育内容寓于有效的载体之中，实现论道而不说教，渗透而不灌输，风趣而不空泛，使深刻的道理悄悄植入学生的心田。在课堂教学中，要发挥隐性教育的育人功能，就必须把握以下三个要领。

1. 情感熏陶重默化

一般来讲，知识教学绝大部分是通过外显学习即知识的传授来实现的，而情感态度与价值观教育则要通过无痕的渗透与渐渐的濡染走进学生的内心世界。在情感熏陶过程中，要坚持阶梯式的递进策略，以达到潜移默化的效果。这往往通过三个阶段来实现：第一阶段是针对教学内容和教学素材所反映的道德倾向，引导学生形成对道德表象的初步认知；第二阶段，在学生形成基本的道德认知后，帮助学生深化理解以形成道德观念；第三阶段，就是在学生的道德观念形成之后，结合社会生活实践，进一步增强学生的思想认同，最后升华为学生坚定的道德信念，实现情感态度与价值观教育的目标。

2. 显隐结合重融化

显性教育与隐性教育作为学校教育的两种基本模式，二者各具特色，既相互独立又相互渗透。在课堂教学中，片面强调一方而否定另一方是有失偏颇的，必须将显性教育与隐性教育有机地融为一体，克服片面化和绝对化的负面影响，最大限度地发挥它们的育人功能，使课堂教学充满生机。例如，在一节学习神经系统的生物课教学中，由于这一部分内容比较抽象，为了避免学生死记硬背和生搬硬套，教师上课前给学生推荐一些有关人体各系统和神经系统方面的有趣书籍，让学生自由阅读，加强其对这方面知识的了解。学生的学习兴趣陡然提高，教学效果明显增强。

3. 思维活动重内化

人的思维有两种基本类型：一种是艺术形象思维，另一种是抽象逻辑思维。艺术形象思维通常采用画面、形象（色彩、声音、动作）的形式进行思维，它更加强调从整体上把握事物，通过事物的整体形象把握其内在本质和规律。抽象逻辑思维主要借助于概念、判断和推理等思维形式，以分析、综合、比较、抽象和概括为基本的思维过程。在教学中要实现润物无声的教育效果，必须坚持艺术形象思维和抽象逻辑思维的相辅相成，实现两种思维的有机统一。其教学的一般流程是：通过感知内化知识，通过理解深化知识，通过运用强化知识。在这一过程中，知识的内化、深化、强化都是艺术形象思维与抽象逻辑思维相互结合、相互转化的过程。

教育家苏霍姆林斯基说过:"任何一种教育现象,孩子在其中越少感觉到教育者的意图,它的教育效果就越大。"我们的课堂教学也要追求"水到渠成"的"无痕"效果。

**【案例在线】**语文《我爱我家》的教学反思

大屏幕播放几位同学的全家福照片,并让相关学生讲述照片发生的时间、地点以及与此照片有关的事件。把学生带入一个个幸福美好的家庭,感受家的温暖。此时,老师很自然地提出上节课讲到的问题:家的最主要特点是什么?学生异口同声地说:"家中有亲人,家里有亲情。"这样做的目的是承上启下,使学生深深地感受到:要热爱自己的家。导入课题——我爱我家。

**活动一**

把自己童年的故事讲给大家听。在你的家庭经历中,印象最深的一件事(如生病、惹祸、得到夸奖等)是什么?父母当时是怎么做的?许多学生在讲自己的故事时,非常动情,听故事的学生听到感人之处眼睛湿润了。当故事讲完的时候,我问他们:"你们的感受是什么?"有的说:"家庭是我们的摇篮。"有的说:"家庭是我们的港湾。"有的说:"通过美好的回忆,我感受到家庭的温馨,感受到父母对自己的呵护。"还有的说:"父母的爱是无私的、伟大的、不求任何回报的,我们要爱父母,回报父母。"对学生的发言我很满意,我想活动达到了预期的目的。

**活动二**

填写表格并讨论。

1. 家庭中贡献最大的是谁?说出具体理由。
2. 夸夸自己的父母。

同学们一致认为家中贡献最大的是父母。他们说:"通过填表,可以看出家中的许多事情都是父母做的,所以家中贡献最大的是父母。"在夸夸父母这一环节中,有的学生说:"我的妈妈很善良,对我的关怀无微不至。"有的学生说:"妈妈每天不管多累,都要给我做好吃的,还要辅导我的功课。"有的学生说:"爸爸对我很严厉,当我犯错误的时候,会狠狠地批评我，但当我生病的时候，他总是及时把我送到医院，守在我的床前，吃不好，睡不着。"有的学生说："爸爸妈妈很理解我，我和他们很容易沟通。"我问他们："你们在夸父母的时候，感受是什么？"有的学生说："我感受到的是父母的爱。"有的学生说："我觉得在家中，父母虽然贡献最大，但他们总是无怨无悔。"有的学生说："父母的爱是无私的、永恒的、不求回报的。"有的学生说："虽然父爱和母爱有些不同，但他们都是爱我们的。"我问她："有什么不同呢？"她说："妈妈比较慈祥，但爸爸有时很严厉。"我回应道："的确，母爱如水，往往温柔细腻；父爱如山，往往深沉严格。"还有的学生说："我一定不会辜负父母对我的期望。"

让学生实际参与的目的，就是让他们体会到家长对家庭的贡献——尽量为子女创造良好的环境，由此感谢父母，爱戴长辈；让他们体会到父爱与母爱，增进与父母的情感，学会感受爱、奉献爱，因为这是一切美德的生长点。

**活动三**

"家庭不但是身体的住所，也是心灵的寄托处。"谈谈你对这句名言的理解。经过讨论，有的学生说："家是情感的栖息地。"有的学生说："家是安全健康的保障。"有的学生说："家是我们的娱乐天地。"有的学生说："家是天然的学校，是我们今后发展的大本营。"还有的学生说："家里有亲情，让我们感到温暖。"我问他们："我们应怎样做呢？"学生回答："我们要爱自己的家。"

通过以上学习过程，可以说实现了本节课的目的，但为了烘托课堂气氛，也为了体验亲情，感恩父母，我们又开展了一个小活动——各小组演唱歌颂爸爸妈妈的歌（这也是课前让学生准备的），学生兴致很浓，各组PK得热烈而有序。

最后我给学生留的课后作业是：把你最想对父母说的话写出来。目的是让学生与父母的心灵碰撞，表达自己对父母的感激之情，表达自己对父母的责任与决心。

（摘自董彦旭的《走进新课程的思想政治课教学》）

**【教学感悟】** 在潜移默化中播撒知识

　　父母对子女的爱对中学生来说是既熟悉，又容易被忽视。《我爱我家》的教学案例中，教师教学的目的是唤醒学生懂得父爱和母爱，明白自己和家庭的关系，知道自己应该爱父母，爱家庭。针对这一内容的特点和教学目的，教师采用的是以学生探究为主的教学方法，通过学生的实际参与、亲身感受来体验父爱和母爱，感受家的温暖，从而增强自己对家庭和父母的责任。通过这一教学过程，学生学得很轻松，兴致很浓，做人的道理是在潜移默化中渗透的。

　　教育的对象是活生生的人，是拥有"犯错误权利"的成长的学生，要给学生成长的时间。因此，需要静静地倾听、观察、记录和描述。教育是"慢活""细活"。对于现在的学生，我们要有"他们是正在成长中的生命"的认识；我们要以"童年的自己"的方式，来理解眼前的学生。我们要摆脱"急功功利"的困扰，慢下脚步、沉下心来做事。只有拥有平和的心态、耐心细致的心境，才会达到"润物细无声"的效果。

　　以柔和的声音与学生对话，学生就喜欢与你交流；以爱抚的目光与学生交流，学生就乐意与你亲近；以微笑的表情与学生沟通，学生就敢于跟你交心。这样的教育更容易触动学生的心灵，达到最佳的教育效果。

　　潜移默化的教育是润物无声的春雨，只要有春雨的浸润，就会到处柳叶翠翠、桃花灼灼；潜移默化的教育是和煦的春风，只要是春风吹到的地方，到处是青青的绿草。

　　泰戈尔告诉我们，小溪里光滑的鹅卵石，不是因为锤的敲击捶打，而是因为水的轻歌曼舞。两千多年前，老子曾感叹："天下之至柔，驰骋天下之至坚。"面对无比复杂的课堂教学中的问题，我们必须学会运用柔和的力量，使我们的课堂教学能"静静地聆听花开的声音"。

# 十一、情境感染法

【教学视点】学习情境的作用

学习总是与一定的社会文化背景即情境相联系的，在各种有效情境的作用下，能更好地激发学生联想或想象，使其原有认知结构中的有关知识、经验得以唤醒或发展，从而利用有关知识与经验去"同化"或"顺应"当前所学的新知识，达到对新知识的有意义建构。创设情境对学生有着重要意义，主要体现在以下四个方面。

1. 以境导知

学习的过程不是机械被动地接受知识，而是理解知识、加工知识、主动建构知识的过程。这种建构过程需要搭建新旧经验之间的桥梁，需要通过新旧经验的相互沟通和相互作用来实现，恰当的情境可以帮助学生凭借已学过的旧知识，架起知识的桥梁和阶梯，把未知的知识与已知的知识联系起来，帮助学生运用联想的规律进行迁移，不断获取新知识，更上一层楼。

2. 以境拓学

适宜的教学情境既能创设生动、丰富的学习情境，还可以提供在实践中应用知识的机会，促进知识、技能与生活实践的衔接、书本与课外的对接，让学生在更广阔的生活世界中体会课堂的精髓，了解问题的前因后果和来龙去脉，灵活地运用所学的知识去解决实际问题，增长才干。

3. 以境生情

认知需要情感，情感促进认知。知识总是在一定的情境中产生和发展的，具有情境性。恰当的情境形真、情切、意远，不但可以激发学习的兴趣和愿望，促进学生情感的发展，而且可以不断地维持、强化和调整学习动力，促使学生主动地学习，对教学过程起到导引、定向、支持、调节和控制作用。

4. 以境促新

良好的情境，有利于激发学生的创新学习。教学的艺术不在于传授知识的多少，而在于激励、唤醒、鼓舞。在课堂教学中教师要根据学生的年龄特征、知识经验、能力水平、认知规律等因素，抓住学生思维的热点、焦点，不断创设新颖独特的情境，让学生感受知识的魅力、体验智慧的魔力、生发创新的引力，激发探索的欲望，勇于发现问题，乐于创新学习。

【案例在线一】《原电池》教学引入的情境设计

格林太太是位漂亮、开朗、乐观的女性。当她开怀大笑的时候，人们可以发现她一口整洁的牙齿中镶有两颗假牙：其中一颗是黄金的——这是她富有的标志；另外一颗是不锈钢的——这是一次车祸后留下的痕迹。令人百思不解的是，自从车祸后，格林太太经常头痛，夜间失眠，心情烦躁……医生绞尽脑汁，但格林太太的病情仍未好转……后来一位年轻的化学家来看望格林太太，并为格林太太揭开了病因。化学家发现了什么？你能为格林太太开个药方吗？

（摘自林凤兰的《浅谈化学教学中学生学习兴趣的培养》）

【案例在线二】语文《心田上的百合花开》的两种教学设计

一、以点带面型设计

我曾带过一个班级，该班级的学生学习习惯好，求知欲强，具有探究精神。对于这样的学生，教学不宜作太多限制，要多留给学生一些自主思考的时间。我以分析题目中的"开"和"心田上"的含义作为切入点，以点带面，引导学生深入文本，与作者对话，形成共鸣。

1. 自学探究：题目"心田上的百合花开"删掉一个"开"字如何？删掉"心田上"三字如何？

（以"开"字，启发学生去关注百合开的环境、开放中遇到的阻力、开花的执著信念、开放后的淡泊，读懂每个含义深刻的句子；以"心田上"三个字，引导学生去探究百合花的心田、赏花者的心田、作者的心田、读者本人的心田，感悟百合的形象，体会成长的哲理。）

2. 交流心得：结合具体的词语、语句或段落，谈谈对题目中"开"和"心田上"的理解。

（训练学生细读课文、品词析句的方法，及抓住关键性语言深入探究、准确表达的习惯。)

3. 表情朗读：选取自己最有感触的内容，有感情地朗读，加深自己的理解。

4. 放飞心灵：以"我是一株百合"或"我身边的一株百合"为题写一段话，写出本课学习的感悟或联想。

5. 走近作者：给学生印发有关作者自我鞭策成长的背景材料，以及林清玄的其他散文《与太阳赛跑》和《太阳雨》。

二、创意活动型设计

我现在带的两个班，其中一个班的学生特别活跃，喜欢挑战自我，展示自我。如果给他们搭建一个展示的舞台，他们的学习热情会异常地高涨。于是我尝试设计了几个活动，贯穿本课学习的始终。

1. 花开故事。

听课文录音，了解故事的内容，并完成下列对联。

周敦颐　高洁莲花傲立水中

林清玄　＿＿＿百合盛开心田

2. 花开历程。

百合花在成长过程中经历了风雨，遭受了别人的冷嘲热讽，但它终于盛开了，几十年后开成一片百合谷地，得到人们的欣赏。这个故事很感人，我们把它改编成一部情景剧。

要求：请发挥你的想象，根据百合生长的环境，设计舞台背景；揣摩蜂蝶鸟雀、第一株百合、百合花们、来到百合谷地的人们的内心活动，设计各个角色的台词。

3. 真情演绎。

各个小组分配角色进行表演，互相指导。然后推选两个小组在班上表演。要求学生在观看后评选出最喜欢的演员，并谈谈喜欢的理由。

4. 花开心田。

写一则200字左右的日记，写写现阶段自己最应该学习百合花的哪种精神。

(朱俭，《语文报·教师版》2011年12月31日)

【案例在线三】数学《求平均数》的教学片段

一、创设情境，激发兴趣

老师说："我们搞一次拍球比赛，在规定的时间内看哪个队拍球的总数最多，哪个队就为胜利队。这个比赛怎么搞呢？谁来出个主意？"一个学生提出每人轮流拍，然后把总数加起来。老师（面带疑惑）说："一节课只有40分钟，要是每个同学都来拍，时间太紧张了，有没有更好的办法？"这时，同学们鸦雀无声，老师在等待。忽然，一个同学（高高地）举起小手，她说："让全队同学推荐代表来拍。"老师征求大家的意见后，共同商量每队选出3名代表比赛。

课伊始，趣已生。从同学们喜欢的拍球游戏入手，激发起他们的学习兴趣，让他们自己想出比赛的办法，把自主权留给了他们。

二、解决问题，探求新知

比赛开始，每队各派3名代表参加拍球比赛，每人拍5秒钟，请学生当小裁判，老师把各队拍球的数量板书在黑板上。乙队分别拍了8下、13下、14下，甲队分别拍了11下、14下、16下。老师要求同学们以最快的速度口算或用计算器计算每队的结果。结果算出来，老师（热情洋溢地）宣布："通过比总数，甲队拍了41下，乙队拍了35下，甲队胜了。"老师面对获胜方（深情地）表示祝贺。

这时老师请求加入乙队，现场拍球5秒钟，使乙队拍球数增加了12下。老师又一次重新宣布乙队为获胜队。乙队欢呼，甲队则没有反应。老师耐心等待，问道："你们真的没有什么想法？"一个同学（勇敢地）举起了手，（急切地）说："我们队3个人拍球，乙队4个人拍球，这样比赛不公平。"（老师的耐心等待终于使学生自悟到）"哎呀，看来人数不相等，用比总数的办法来决定胜负不公平。难道就没有更好的办法来比较这两队总体拍球水平的高低吗？"老师把这富有挑战性的问题抛向了学生。

在学生的认知思维冲突中，在解决问题的需要中，学生请出"平均数"。学生们感受着"平均数"此时出现的价值，产生了学习的迫切需求。

（摘自吴正宪的《〈求平均数〉课堂实录》）

**【教学感悟】** 将知识融于情境中

上述案例启发我们，借助一定的情境，对提高教学实效有很强的助推性作用。好的情境，让学生学习时如沐春风，如饮清泉；好的情境，无不闪耀着智慧的光华，无不让人心旷神怡，耐人寻味。

德国一位学者就情境作过一个精辟的比喻：如果让你咽下15克盐，无论如何你都难以咽下。但如果把15克盐放入一碗美味可口的汤中，你会在享用佳肴时，不知不觉将15克盐全部吸收了。情境之于知识，犹如汤之于盐，盐需溶于汤中，才更容易被咽下、吸收；知识需要融于情境之中，才能显示出活力和美感。良好的教学情境能激发学习动机、形成问题意识、支持知识建构、促进能力迁移，调动学生的内因，使其积极参与教学过程。因此，创设教学情境是提高教学实效的首要环节。

1. 用生活情境建构

教育来源于生活。只有当教学情境来自现实生活，与现实生活密切结合时，课堂教学才会充满旺盛的生命力。这就要求我们在课堂教学中，应善于挖掘生活中的素材，将学生熟悉并且蕴含着学科知识的生活事例、现象引进课堂，将教材中看似单调、抽象的知识还原为学生的生活实际，将知识寓于学生的生活世界之中，达到生活知识化、知识生活化，使学生在探究生活问题的过程中主动建构知识。这样，既激发了学生的学习兴趣，又培养了学生解决问题的能力。

2. 用问题情境解构

良好的问题情境有助于学生认知结构的补充和完善，在学生对问题与教学内容的相关性有了初步感知和整体把握后，紧接着就从"教学内容"和"问题探究"的逻辑关系出发展开一定的"解析"和"解构"，以厘清问题与教材中知识之间的逻辑关系。构建良好的问题情境，可以使学习材料的意义有效揭示出来，打通新旧知识的有机联系，最终实现有意义的学习。

3. 用表演情境重构

表演情境是通过情境模拟、角色扮演等活动，使学生获得身临其境的学习体验。青少年大都喜欢模仿，乐于表现，课堂教学中给学生创造模仿和表现的机会,既可以调动学生学习的主动性和积极性,又可以让学生在担当和扮演角色的过程中,实现知识的自我建构和重构,使他们感受到"我参与、我扮演、我体验"的美妙,进而增加课堂教学的灵性与情趣。

4. 用比较情境异构

有比较才有鉴别。通过比较,能够更好地抓住事物的本质和特征。在课堂教学中,教师通过创设对比性情境,对一些相近、相反的概念、原理或过程进行求异比较、求同比较和综合比较,这不但有助于认识事物的个性、共性和整体性,还可以更好地加深学生对所学知识的理解和掌握。

5. 用激励情境乐构

德国教育家第斯多惠说过:"教育的奥秘不在于传授,而在于激励、唤醒和鼓舞。"教师要积极创设激励性情境,通过穿插智慧抢答、才艺大比拼等活动,使学生在积极愉快的气氛中爱学、乐学、善学。

总之,要让学生在课堂上热爱学习,就必须让教学吸引学生。如果根据学生的心理特点,不断创设有效情境,营造融洽和谐的教学氛围,学生就一定会以积极的态度和旺盛的热情投入学习,并在探索中产生强大的学习动力,取得良好的教学效果。

## 十二、心灵感悟法

【教学视点】要重视培养学生感受生活的能力

优质的课堂强调感悟式学习,而感悟式学习的基本心理过程是感受、体验、觉知和理解。这是一个直接学习的过程,这里既有情感的投入,也有思维的介入。感悟式学习主要有三个特点。

1. 感其情,悟其理

感悟是认知与情感相融合的心理意识活动。感与悟作为心理活动的两个阶段,彼此交融,我中有你,你中有我。感以悟为归宿,靠悟的暗中牵引与规范,而悟以感为基础。感不能脱离悟而独存,悟也不能脱离感而产生。感使悟成为有源之水、有本之木;悟使感得以升华、深化。感与悟的相辅相成、水乳交融，是认知性、体验性的感悟或感悟性的认知、体验的理想状态。

2. 品其味，解其意

感悟是体验性的活动。"纸上得来终觉浅，心中悟出始知深。"悟是个体经验的整合和提升。没有比较丰富深刻的体验积淀而成的一定的经验背景，悟就不易产生。在感悟式教学中，通过活动，主客体之间发生相互作用，个体对环境产生切实的影响，通过互动反馈，个体获得体验，进而建构知识。感悟式教学的核心是在行动中感受，在感受中体验。

3. 思其知，省其志

感悟是反思性的活动。人作为一种自组织系统，具有反思自我的元认知能力，学习反思是人的主体力量的集中显现。学习反思是以自我意识为操作核心，通过调动自我认识、自我体验和自我控制等多种心理因素，发展反观自我的主体能力，增强批判意识，以促进自律精神，实现自我教育的一种学习方式。苏霍姆林斯基认为"没有自我教育就没有真正的教育"。如果学生没有内在的自我教育的愿望和要求，那么即使有再好的教育背景、教育条件和再优秀的教育者，也难以培养出有信念的人。

学习反思是感悟式学习的一种形式，强调反省、内察、体悟，以亲身经历为基础，进行理性思考，反躬自检，以求提升。学习反思的核心要素是内部评估，即主体在对外部变化作出正确判断的基础上，对自身内部状态所作的进一步了解与判断。实际上这是在自我监控系统的参与下，自我评价和自我意向重新调整的过程。

【案例在线一】 美国孩子的历史课

谁都知道美国的独立战争，老师是怎么讲的呢？一天上课老师宣布："由于教学经费紧张，本来是免费提供的课堂教学用纸，今后5分钱一张？现在大家拿钱来领纸，准备小测验。"教室里一片喧哗，孩子们纷纷嚷嚷："这不公平，为什么事先不通知我们？""为什么要5分钱一张？商店里真的不是这价钱啊！""我的钱买了纸，就不够午饭了，怎么办？""怎么别的老师不收我们的钱？"看着学生的各种表情，沮丧、吃惊、生气、不知所措，有的甚至小脸都憋红了，老师坚持要收钱再发纸测验。一些平时的乖孩子，无可奈何地拿出零用钱，取了纸。接着又有一些孩子垂头丧气地说"我会还钱的"，也领了纸。有的孩子刚开始很坚决地表示："我就不交钱。"到了这份上，也只好许诺以后还钱，领了纸。老师发了试题，学生闷头做答。只见最后一道题写道："关于花钱买纸的事不是真的。写出你当时的感受。"老师想让孩子们得到那种感受：当英国议会决定向殖民地强行征收印花税时人们的心情。或许因为如此美国赢得了那场战争。从此，那个前英属殖民地被简明地称为美国。

这堂美国孩子的历史课能给我们什么启示吗？老师创设了一个让学生能充分亲自体验、感知的场景，这也是新课程理念所提倡的。通过这种有效的教学设计把学生推向课程与教学主体的位置，来实现"最大教育价值"，使学生真正获得"自由探索、尝试和创造"的空间。

（黄全愈，载《教师博览》2001年第1期）

【案例在线二】语文《赫耳墨斯和雕像者》的教学片段

在六年级上册的《赫耳墨斯和雕像者》课上，老师选择了在学生朗读文本后设置"时空穿越，角色体验，相互采访"的展示方式来教学。下面是其中一个小组的采访实录。

生1：大家好！我是本期《实话实说》的嘉宾主持，欢迎您穿越时空，跟随我一起去采访古希腊掌管旅行和商业之神——赫耳墨斯。请问赫尔墨斯，您锦衣玉食，身居金碧辉煌的神殿，为什么要化做凡人来到人间呢？

生2：因为我想看看我在人间受到多大的尊重。

生1：您能具体谈谈您眼中的尊重有什么特定含义吗？

生2：（趾高气扬地说）噢，我就是想看一下我值多少钱。

生3：（高傲地说）不，我是想听一下人们如何赞美我。

生4：（头看天花板，摇头晃脑地说）我是想看一下，在商人的眼里，我的地位是何等尊贵。

生1：当听到自己的雕像被当做赠品白送时，请问您当时是怎么想的？

生5：（略带惭愧）唉，这是我没想到的，可能是我平日里不顾民生，只贪图享乐，才落了个如此下场吧。唉，真后悔啊！

生1：各位观众，赫耳墨斯从渴望价值连城到一文不值，让我们每个人深思：爱慕虚荣是不会受到人们的重视的。我们小组送给他一副对联，希望他有一天会在我们所有人的心目中价值连城。上联是"失民心者失价值"，下联是"得民心者得尊重"。谢谢各位的收看，下期再见！

（陈少燕，载《教育时报》2011 年 12 月 2 日）

【教学感悟】感而悟之的课堂，令人忘返而流连

上述教学案例，主要是围绕学生自主探究、自我感悟进行的，充分体现了感悟教学的特点——学生通过角色的扮演充分感悟人物的心理。尤其是在《赫耳姆斯和雕像者》教学片段中，学生化身为赫耳姆斯，从自己的经验出发，伴随学习的思考，解释了"自己"来到人间的原因。作为演员，他们并非"逢场作戏"，抢台词，争镜头，而是深入解读了赫耳姆斯的性格，以"我"情体人情，以"我"感促反思。这节课借助于访谈的方式，展示了学生的思考成果；穿越时空，角色体验，展示了学生的知识和情感积累。这样的课堂展示既有发问，又有回答；既有互动，又有思索；既有才华的展现，又有激情的绽放！

透过上述案例，我们可以得出结论，实施心灵感悟式教学一定要坚持以下四点。

1. 旨在以悟知之

感悟式教学，强调的是学习者的学习是个性化感悟的过程。学生在感悟中发现知识、体验知识、掌握知识。感而悟之的课堂，是生活体验的沃土，是人生成长的乐园；感而悟之的课堂，如一泓甘甜的清泉，润人心田。

2. 重在以情动之

感悟式教学，追求的是学生对学习过程的参与以及在此过程中产生的情感体验。它让学生因教师或教学素材的情感而产生心灵的情感共鸣，促进学生对所学内容主动选择、判断、理解、运用，从而有所发现，有所创造，在课堂上享受心灵旅行。

3. 贵在以能化之

感悟式教学，提倡的是学生应用已有知识、能力、生活经验进行学习并获得体验，是体验性学习和问题解决性学习，其目的是在感悟中深化认识，提升能力及经验，进而发展新的解决实际问题的能力。

4. 成在以德修之

情感态度与价值观目标的落实与达成，在感悟式教学中效果尤为突出。情感态度与价值观，是行为主体对人生、对他人或社会的主观认识和主动反应。感悟式教学强调采用耳濡目染的陶冶方式，以自主修正、自主内省为重要特征，通过感悟触动学生的内心世界，从而促进其对情感态度与价值观目标的主观认识和主动反应。

守望感而悟之的课堂，心，怡然温暖；情，抒怀久远。

## 十三、行而知之法

【教学视点】将课堂延伸到生活世界

课堂不是知识的孤岛，教师要在课堂与本真的生活之间架起一座桥梁，使学生自由穿梭于生活世界和理性世界之间。人类日常生活在一个形象生动、直观具体、有声有色、丰富多彩的世界，课堂上的师生则生活在一个单调抽象、冷漠枯燥、压抑被动、充满符号的书本世界。"生活即教育，社会即学校"，要"把笼里的小鸟放到天空中去，使它能任意飞翔，把学校的一切伸展到大自然里去"。陶行知先生谆谆的教育真言告诫我们，将社会生活引入课堂，把课堂教学延伸到社会中已刻不容缓，让课堂时时漾起生活的涟漪，是我们每一个教师教学改革的"根本点"。

1. 以源于生活为先

"问渠那得清如许？为有源头活水来。"课堂学习的最佳情境就是生活，行而知之的教学，就是强调学生的生活经历、生活经验是开展课堂教学活动的起点，同时是激发其学习兴趣的"原动力"。要引导学生在生活的"源头""活水"中学习和体验，从而调动学生作为生活的主体，主动参与活动的强烈愿望。

2. 以对接生活为本

学习不是单纯的知识传授，而是学习者主动建构知识和经验的过程。将教学活动置于现实的生活背景之中，实现教学与生活的紧密对接，才能使学生产生真实的感受。这样，学生不仅乐于发现和探索，而且能更深刻地体验和反思生活，在实实在在的生活经验中感受知识、接受知识、享受知识。

3. 以回归生活为重

一个真正的学习者，不仅应该掌握大量的知识，还要能够对所学的知识活学活用，对当前的现实生活和未来生活中可能遇到的各种问题进行合理的认识与判断，有独立的见解和主张，并能够合理解释和创造性地加以解决。

【案例在线一】语文《爱如茉莉》和《游子吟》的教学反思

今年的母亲节，我组织学生给自己的母亲写一封信，不求语言华丽，但求真实感人。意想不到的是，女生上交了21篇作文，男生交了两篇。就交上来的23篇作文来看，多数无细节，感情麻木。

其实，初中二年级的学生写不好自己的母亲，其原因在于我们的语文课堂过于重视阅读分析、语言品析，忽略或者淡化了与生活尤其是身边生活的接轨。语文需要融入生活，这样才能具有生命活力。如果离开了生活，语文也就失去了内在的价值。

基于这种思考，我尝试把文本与生活对接，让学生从生活中汲取清冽的甘泉，来滋润他们干涸的心田。以感恩母亲教学为例，我依据学生的生活和学情，挑选了短小精悍的《爱如茉莉》和《游子吟》作为教学内容，取得了令人满意的效果。

**片段一：学生熟读《爱如茉莉》**

师：同学们闭上眼睛回味课文，映子父母的爱在我们的头脑里有哪些细节影像出现？

生1：母亲在病床上用虚弱的声音叮嘱映子。

师：叮嘱什么？（指名读）

师：虚弱的声音里潜藏着什么？

生2：一个病重的人多么需要有人陪伴、照顾，而映子母亲想到的却是照顾他人。

生3：生病的人是很虚弱的，文章里也讲了，这时候的病人是没有力气说话的，而映子的母亲却再三叮嘱映子，要等爸爸吃完饺子再告诉自己进了医院，可见丈夫在她心里的位置是多么重要。

师：是啊，爱是什么？爱就是妈妈在病床上仍然惦记着的——

生4：那盘饺子。

（师板书：爱是妈妈在病床上仍然惦记着的那盘饺子。）

师：爸爸的表现呢？读第8段，有两个词十分重要。

生5：直奔、每天。

（师继续板书：爱是爸爸出差归来直奔医院的匆匆身影。然后带领学生将《爱之歌》写下来，再轻轻地诵读。）

**片段二:《游子吟》的拓展练习题**

师：读了这首诗，你们一定想到了很多，你想对父母说些什么？

生1：我想对妈妈说："妈妈，小时候我曾恨过你。我弹琴时，只要弹错了，你就用竹筷敲我的手，现在我才明白你的苦心，正因为你的严格要求，我才获得钢琴比赛一等奖。"

师：听了你的话，我为你妈妈有你这样一个好女儿感到骄傲。我想，如果你妈妈听到你的心声，眼睛一定会湿润的。

生2：妈妈，每当我放学回到家，第一眼看到的总是你那关切的眼神和热气腾腾的饭菜；每当我成绩进步时，你就鼓励我说："精彩极了！"是你的鼓励，让我有了信心。

师："谁言寸草心，报得三春晖。"是的，我们无法报答父母的养育之恩，但从你们的发言中，我看到了一颗颗赤诚闪亮的孝心。

这节语文课堂之所以能够生机勃勃，充满生命的气息，不仅仅是因为文本中蕴涵生命的源泉，更重要的是我们的教育对象本身就是一个个活生生的生命体。学生以生命为基点自发地打开思维和想象的空间，闪现出个性化的理解，迸发出智慧的火花。此时，再进行《游子吟》的拓展练习也就水到渠成了。

（王冰，载《教育时报》2012年7月12日）

**【案例在线二】科学《安全用电的基本常识》的教学片段**

一、情境导入

师：同学们，我们的生活中能不能缺少电？有了电，可以给我们带来哪些便利？如果请你说一句赞美电的话或者赞美电的词，你想说什么？

学生讨论电给我们的生活带来的便利。

1. 电能让我们的黑夜变成白天。
2. 电能让我们的夏天更凉爽（能吃冰淇淋，能用空调等）。
3. 电能让我们的冬天更暖和（可以睡电热毯等）。
4. 电能让我们的生活更丰富（可以看电影，玩电脑等）。

……

学生赞美电（略）。

（设计意图：唤起学生的认知体验，感受电对生活的益处，激发学生睁开眼睛看世界的兴趣。）

二、电会给我们带来哪些伤害

师：（展示几幅电给人带来伤害的图片）同学们，这些伤害都是由电造成的，电在给我们人类造福的同时，如果使用不当，也能给我们造成伤害。所以，我们在用电的时候一定要注意安全用电（板书课题）。

学生上台，展示自己收集的资料和图片。

学生拿出自己收集到的资料，小组交流、讨论，然后小组代表发言，说自己收集资料的方法、途径和所收集到的成果，以及得出的结论。

三、怎样安全用电

师：看一看，想一想以下行为对不对。（出示在电线下放风筝、在电线上晾衣服等图片。）

议一议，判断下面这些行为是否正确，为什么。（生回答略。）

1. 乱拉电线，乱接家电。
2. 在电线上挂衣物。
3. 家庭用电安装保险盒。
4. 选用绝缘部分已经破损的电线、灯座、插座。
5. 带电移动电器。
6. 家用电器外壳潮湿。
7. 用湿手插、拔插头。

（刘玉明、张良成，载"江苏省中小学教学研究室网"）

【教学感悟】追求生活化的课堂

许多思想家、教育家对重视实践和生活的教育都有很多精辟的论断。

比如，荀子说："闻之不若见之，见之不若知之，知之不若行之……行之，明也。"韩非子说："循名实而定是非，因参验而审言辞。"陆世仪说："学问从致知得者较浅，从力行得者较深，所谓躬行心得也。"

知识源于生活，知识根植于生活。我们的教学也应该源于生活、寓于生活、用于生活，让现实生活走进学生视野，进入课堂，使学生产生亲近感，诱发学生的内在知识潜能，使学生主动地动手、动口、动脑，想办法探索知识的形成过程。要关注学生的生活方式，关注学生的生活状态，关注学生的生活质量，关注学生的生命价值。

上述《安全用电的基本常识》教学案例中，教师从学生的生活经验和已有知识背景出发，联系生活讲知识，联系生活学知识，让学生走出课堂，走出学校，到更广阔的实际生活中去观察，去了解，去搜集，去感悟。通过自主探究的学习活动让学生接触和了解社会，对身边的现象、社会中的问题能够积极观察和思考，从而能够品尝到自己动手动脑探究的愉悦，体现了"知识源于生活、寓于生活、用于生活"的思想，使学生认识到知识就在身边，感受到知识的趣味和作用，体验到知识的魅力。上述案例启发我们，追求生活化的教学，必须注意以下三点：一是将教材情境转化为学生自己的生活经验。二是尽可能地挖掘生活中可以利用的素材。生活中处处有智慧，智慧蕴藏在生活中的每个角落。三是注意呈现具有真实背景的知识问题。

# 十四、合作共学法

【教学视点】合作学习的三个境界

合作学习是教学中充分发挥学生主体作用的一种有效方法，可以使学生树立团队合作意识，实现优势互补，形成良好的人际关系，因此，备受老师和学生欢迎。然而，在合作学习的过程中，有些课堂教学或多或少存在"合作流于形式，缺乏实质内容""合作就是简单的讨论""合作就是优秀学生的作秀与表演"等误区。要提高合作学习的教学实效，应该追求以下三个境界。

1. 以合心聚神

在合作学习中，教师要按照"组间同质、组内异质、优势互补"的原则，把学优生、学困生有机组合起来，给组内每个成员都安排一定的角色，布置相应的学习任务，使得各成员心往一处想，劲往一处使，让他们都有自由发展的空间，都积极主动地参与到课堂教学中来，形成"我的学习我有责，我的小组我尽责，我的课堂我负责"的良好学习风气。

2. 以合力聚情

合作学习是一种团队行为，在团队合作活动中，大家互帮互学，密切配合。在合作中，让大家认识到，小组的健康发展需要每一个成员做出努力。小组的每一点进步都意味着每个成员的努力，也意味着团队共同的成功与荣誉。合作可以培养学生的团队合作精神，加深同学间的关系和友谊。

3. 以合作聚智

在合作学习中，教师要善于营造心理相容、互相尊重、关系和谐的学习氛围，让每个学生都敢于发言，乐于讨论，使思想的火花在坦诚热烈的碰撞中闪现，使行动的共识在民主宽松的讨论中形成。俗话说"三个臭皮匠，顶个诸葛亮"，通过合作学习能集思广益，汇聚大家的智慧，同时也能使学生感受到"山外有山，楼外有楼"。一个人的思维总是有局限性的，在学习中要善于倾听和汲取别人的长处，突破思维的局限，拓展视野，养成虚怀若谷、尊重他人的良好品质。

人生，需要有人与你同行。爱情、友情、亲情，它们有一个共同特点叫合作，合作能筑起友谊的大厦，合作能架起连心的桥梁，合作能铸就共同成长的永恒誓言。当我们抱着单枪匹马的心态看待世界时，孤独就会占据心灵的领地，私心就会驱散爱情的彩虹，嫉妒就会阻断友谊的渠道；当合作占据了我们的心房时，生活就会充满阳光，友谊就会泛起绿洲，人生就会吹来暖暖的春风。合作是一首欢歌，彼此共唱；是一壶清茶，彼此共饮；是一颗颗真心，彼此共鸣；是一串串博爱，彼此共施。无数事例让人们看到，失去合作，就丢失了一份友谊；失去合作，就只能面对孤独的人生、遗憾的人生、狭隘的人生。

【案例在线】语文《散步》的教学片段

### 片段一：生生合作

听完课文录音，我提问："课文中主要写了几个人？你最喜欢谁？为什么?"学生一下子兴奋起来。抛出这样的问题,就使学生的思维处于亢奋状态,让他们自己带着问题去阅读,去思索。这就形成了生生互动、生生合作,可以有效地推动课堂教学的发展。

### 片段二:小组合作

大多数学生喜欢文中的"我"。当学生提到"我"这一角色,并且指出"我说:'走大路。'"这一句时,我引导学生该用怎样的语气来读这句话——可以在"我"和"说"之间加上恰当的形容词试着读读。学生在"犹豫""委婉""坚定"之间发生了分歧。

生:"我犹豫地说:'走大路。'"因为"我"不仅爱母亲,同时也深爱着孩子,"我"不想伤害他们中的任何一个,所以在说这句话时,"我"的语气带有一丝犹豫。

生:"我坚定地说:'走大路。'"因为"我决定委屈儿子,因为我陪伴他的时日还长",言外之意就是"我陪伴母亲的时日已短"。在这样的情况下,"我"的决定应该是坚决的。

生:"我委婉地说:'走大路。'"过于坚定的语气会伤害"儿子",让他感觉父亲不爱自己。

生:老师,我认为"我"的语气应该有百分之八十是坚定的,有百分之二十是委婉的。因为"母亲"老了,身体不好,所以要多体谅母亲,但也不能因此伤害孩子。

……

学生不断从文中找出证据,结合自己的理解阐述理由。但由于文中描写"母亲"的比例较重,在讨论过程中,通过合作朗读,学生逐渐感受到"母亲"生命的艰难,也逐渐理解了"我"在"母亲"生命摇摇欲坠的特殊日子里,对"母亲"生命的一种留恋,对和"母亲"在一起的日子的珍惜以及抓紧时间回报"母亲"恩情的心情,因此,他们逐渐倾向"坚定"的语气。

### 片段三:师生交往

也有较多的学生喜欢"我"的"母亲"。当学生提到"母亲摸摸孙儿的小脑瓜,变了主意:'还是走小路吧。'"时,我又引导学生体会"母亲"说这句话时的语气。

师:你觉得"母亲"说这句话时应该是怎样的语气?

生：是慈祥的。

生：是和蔼的。

生：表现出对孙子的一种疼爱。

师：你从哪些地方可以看出母亲对孙子的疼爱？

生：从"摸摸"这一动作中。

师：你有过这样的待遇吗？这是怎样的一种感受？

生：有一次考试考砸了，奶奶摸着我的头说"没关系"，我感到很温暖。

生：我放学回家，奶奶会摸摸我的头询问我一天的生活，我觉得很幸福。这对我来说是一种犒劳。

师："母亲"决定走小路还有没有其他原因？

生：她觉得自己活不长了，要尽量满足孙子，让他感受到快乐。

师：一位善于自我牺牲的母亲，是一位伟大的母亲。

生："母亲"为小路中的景色所吸引。

师：你觉得这"望"是怎样的一种眼神？

生：向往的眼神，向往美丽的景色，向往生命的活力。

生：留恋的眼神，母亲很希望有年轻人一样的生命活力。

师：有人说："人的眼睛会说话。"你能为"母亲"的眼神配上一句潜台词吗？

生："年轻多好啊！"

师：从你的潜台词中，我看到了一种遗憾的眼神。

生："多幸福啊，可惜我已经老了。"

师：这是一种留恋，也是一种遗憾。

生："我小时候也是很喜欢走小路的。"

师：你的情感非常细腻，你读出了"母亲"对孙子的理解。这是一种情感的共鸣，也是爱的一种表现。

生："生命的阳光什么时候能再次照到我的身上？"

生："虽然我老了，但和家人在一起是一种幸福。"

初中生的认知能力毕竟有限，如果仅仅依赖学生间的合作，教师放任自流，不作任何引导，学生的认识就得不到提高。因此，教师有效引导才能促进合作学习，使之有效。教师要更多地关注学生讨论学习的过程，起

"穿针引线"的作用。教师要加强指导监督，了解学生讨论的焦点、思考的疑难点及合作情况，积极参与并指导学生合作。在学生讨论过程中，教师要处于高度紧张的观察与思考当中，需要巡视，需要"眼观六路，耳听八方"，以便及时掌握情况，发现问题，及时启发和引导学生，并随时准备解答学生的疑难，给学生以切实的帮助。

**片段四：与家长合作**

课前准备时，我给家长布置了一项作业，并要求完成后放在信封里封好，让学生带到课堂上，以便适时打开，激发学生的情感。

作业如下：

尊敬的家长：

您好！《散步》是一篇语言优美、寓意深远的散文。为使教学效果更佳，我真诚地邀请您加入到我们的教学活动中来。请您在饭后品茶的时候，读读这篇课文，并写下您真挚的见解。

1. 您认为本文最动人的地方在哪里？为什么？
2. 您有类似感人的经历吗？（有则举例）

合作学习以生生交往和师生交往为主，同时也需要其他多种合作方式的辅助。适时地邀请家长加入课堂教学就是多种辅助合作方式中的一种。家长的参与会增加学生的学习兴趣，增强孩子的合作意识，增进学生和家长之间的亲和力。不同的家长有着不同的经历，他们的认识能丰富教材，引起学生的共鸣，从而使他们更加理解父母。让家长的思想与学生的思想进行互动，既可调动孩子主动参与学习的积极性，又可充分发挥家长的教育作用。

（甘晓泉，载"中华语文网"）

**【教学感悟】合作架起连心的桥梁**

阅读《散步》的教学案例，我们可以看到，学生的情绪高涨，课堂气氛十分活跃，这一方面是由于所选内容本来具有一定的趣味性，另一方面是因为教师采取了合作学习的方式。合作学习作为学生学习的主要方式，它有利于学生全员参与、全程参与，让学生学得生动活泼。实践表明，合作学习在提高学生学业成绩、自尊心、自信心，激发学生的学习动机，营造热烈浓厚的课堂教学氛围,培养学生的口头表达能力、创造能力等方面都有着积极作用,它可使学生的主体意识和个性得到张扬。采用合作学习必须注意以下三点。

一是学生分组是先导。教学中要按照组内异质和组间异质原则,将学生分为若干学习组。各学习小组成员的水平应相对均衡,这样,他们的研究进展将大体一致,研究水平会大体相当。组内异质保证了组内各个成员之间的差异互补,为相互取长补短和优势互补奠定了基础;而小组间成员水平相对均衡,促进全班各个学习小组在同一起点和同一水平上公平、合理竞争。

二是任务分工是关键。小组合作的目的是让每个小组成员都从中有所收获。如果没有合理的任务分工,任由学生自由发挥,整个合作过程就会如同一盘散沙,有些学生甚至无所适从。为了避免这种现象出现,在成立小组时确定小组成员分好工就显得十分重要。每小组确定一名组长、一名操作员、一名记录员,还有一名汇报员。组长的职责是负责组织讨论与合作;操作员负责具体的操作;记录员负责记录、整理本组讨论或合作的成果;汇报员负责就小组合作的情况在全班作汇报。

三是规则分明是保障。小组合作学习,虽然人数不多,但也必须有一定的规则。教师要组织全体学生共同制定小组合作的规则,确保各成员按程序有效地开展活动。如在小组讨论交流时要按顺序说出自己的见解;别人说过的,尽可能不重复;只要组内成员能听清楚即可;尊重同学的发言,认真聆听;整理小组研究成果,准备全班交流;等等。

成功的课堂,是一台话剧,教师是导演,学生是一群深情的演员,大家因共同的情趣而聚在一起。合作学习的课堂可以培养学生的团队意识,使之养成良好的合作习惯。在合作中,学生学会了分享发,学会了交流,增进了友谊,逐步树立起正确的合作观和竞争观,有利于集体凝聚力的形成。

# 十五、节奏变换法

【教学视点】课堂教学的节奏

节奏是指艺术作品中的一切要素要有秩序,有节拍的变化。借用到教学中来，教学节奏通常是强调教学进程的缓急张弛。一节课有开端、发展、高潮和终结，如果平铺直叙就使课堂教学缺乏应有的艺术魅力和感染力，把握教学节奏的艺术，要注意以下四个要求。

1. 语言变调要适宜

在教学中语音语调语速的抑扬顿挫是引起学生注意的一个重要因素，无变化的语言常常导致学生昏昏欲睡，听讲精力不集中。语音语调语速的快慢有致的变化，仿佛是一首和谐的旋律，使课堂紧紧"黏住"学生，令学生整堂课久听不厌、经久不疲、恒久不怠。

2. 教态变换要适度

教态包括教师在教学中的表情和举止两个方面。所谓表情的变换，即指教师面部表情的交替转换。一堂课，如果教师一味板着脸，课堂气氛会异常沉闷；如果总是缺乏严肃，同样会使课堂散乱无序。所谓举止的变换，即指教师在教学过程中的动静交替。只有做到了宜动则动、宜静则静、动静结合，才会使课堂气氛充满活力。

3. 进度变频要适时

在教学中，进度较快会带来紧张，进度较慢会带来松懈。如果使学生整堂课都高度紧张或完全放松，会造成学生注意力不集中，委靡不振，无法达到理想的教学效果。一般来讲，凡是教学重难点、学生困惑点，都需要教师放慢教学节奏，必要时还要反复强调；凡是一般性知识、过渡性知识，或是当学生出现漫不经心的听讲状态时，则需要教师加快教学节奏，快速推进。

4. 氛围变化要适当

课堂教学氛围要追求适当的冷热交替，在教学中，知识教学易冷，趣味表达易热；理性分析易冷，感性煽情易热。一堂课，氛围过热，虽然课堂活跃，容易表面热闹而知识沉淀较少，探索不深。氛围过冷，则容易造成枯燥沉闷，索然无趣。

总之，一堂成功的课，仿佛是森林的一天，由寂静到热烈，再到寂静；犹如一首和谐的乐章，有开头、有高潮、有尾声，而且还要有适当的休止符，给人留下回味的时间，让学生徜徉在美的旋律中。

**【案例在线一】** 政治《学会调控情绪》的教学片段

一位教师在讲授《学会调控情绪》一课时,首先借助现代教学手段,播放欢快流畅的音乐——小约翰·施特劳斯的《蓝色多瑙河》和向上滚动的自然风光图片,以感染学生的情绪,使学生慢慢安静下来,在良好、快乐的情绪下投入学习。其次创设情境。以"学会调控情绪"为题,模拟演讲比赛,让学生自主探究。无论是评委、选手,还是观众,都进入角色,积极准备。课堂气氛处于紧张趋势。然后呈现鲜活的生活主题,学生分组讨论作出评论,以深化教学主题,使教学内容源于教材,又高于教材,同时激发学生学习道德的积极性,课堂气氛进入高潮。再是课堂感悟,让学生自己谈论本堂课的学习感想,懂得学会调控情绪,把握健康情绪的重要性。课堂气氛趋向缓和。最后是课堂小结。下课之前教师向学生提出希望,并播放了一段欢快的 flash——《青春旋律》。欢快的音乐、幽默的情境、欢快的节奏使沉浸于严肃氛围中的学生一下子兴奋起来,整个课堂成了欢快的海洋。

(摘自胡秀菊的《把握教学节奏,构建和谐课堂》)

**【案例在线二】** 语文《雨中登泰山》的教学片段

首先,老师满怀激情地导入课文,激发起学生强烈的感情和丰富的想象,形成一个波峰。接着,改用导游式的语言,放慢语速,提出问题。学生静思,快速阅读课文,寻求问题答案,这样形成第一个波谷。之后学生纷纷举手,用生动的语言描绘第一幅奇景,出现第二个波峰。接着往前推进,在学生对七真祠作了简要介绍后,立即巧妙过渡:"一路行来,从一天门到二天门,沿途见到哪些奇景?"两个环节衔接自然紧凑。老师充分注意到学生被美景深深吸引的情绪,恰当地加以语言引导,加快了节奏。学生经过短时思考,争着介绍一天门和二天门的景色,课堂上出现第三个波峰。接下来,老师小结上文,对学生给以肯定,有意放慢节奏。然后,老师用富有鼓动性的语言,激励学生进一步"游览"胜景,要他们边"攀登"边谈感受。此后再次加快节奏,又推进一步:"'会当凌绝顶,一览众山小。'

绝顶又是怎样的风光呢？让我们带着胜利的喜悦，来欣赏这仙境般的美景。请同学们抓住特征，介绍二三美景。"马上就有学生抢先回答，引起全班学生的欢声笑语，把课堂气氛推向高潮。之后又依次提出三个问题，既是对教学内容的总结，又把学生的情感和思路引向纵深。整个教学，真可说是波澜起伏，环环相扣，快慢相间，疏密有致。学生在整体和谐的教学节奏中获得知识，同时也体验到审美情趣，获得审美享受。

（摘自邓宝根的《有效的语文课堂教学应节奏化》）

【教学感悟】追求富有节奏的教学

　　一条小溪，因为有节奏地流动，时而平缓，时而湍急，方显灵秀；一首歌谣，因为有节奏地演唱，时而高亢，时而低回，方显铿锵；一个人，因为有节奏地调节自己，既能在顺境中纵横捭阖，又能在逆境中游刃有余，才是一个最终成就自己的人。

　　上述教学案例启发我们，教学是一门艺术，有其本身特有的节奏。课堂教学的节奏存在于每一节课自始至终的渐变中，体现出一种流动美。作为教师，应综合考虑和巧妙安排，使构成课堂教学的各要素搭配合理，穿插得体，衔接有序，融合统一，努力做到快慢有变化、动静有交替、疏密有间隔、起伏有波澜，这样就构成了课堂整体节奏的和谐美，从而提高课堂教学的效益。

　　教学节奏是愉快教学的一个重要因素，不能过快，否则感觉不到乐趣；也不能过慢，否则断断续续，学生感觉不到完美。又要抑扬顿挫，语速适中，既有"大弦嘈嘈如急雨"，又有"小弦切切如私语"，时而"嘈嘈切切错杂弹"，时而"大珠小珠落玉盘"，以此来紧扣学生的心弦。

　　一堂优质课，就如同一曲动人的乐曲：语言是它的音符，知识是它的乐章，节奏则是它的旋律。乐曲之所以有魅力，能够打动听众，不仅是因为它的音符和乐章有内涵，有新意，更重要的是旋律线条的美。灵活多变的教学节奏像火种，不断点燃学生求索智慧的进取之火；张弛有度的教学节奏像石块，时时溅起学生创新思维的情感之波。

# 十六、潜能挖掘法

【教学视点】学习潜能开发的原则

学习潜能是与学习活动紧密相连、尚未被激发、尚未被实际化的能力，是每个人都有的潜在学习能力。学习潜能来源于人的生理、心理潜能，特别是来源于脑的潜力。学习潜能主要有以下四个特征：是潜在的；是丰富的；有个体差异性；是可开发的。学习潜能的开发应坚持以下基本原则。

1. 发展性原则

学习潜能开发要"以人的发展为本"，开发每个学生的学习潜能，以提高学生的学习方法、学习效率、学习质量为直接目标，使每个学生抓住发展契机，达到自己的最佳发展状态，促进学生的全面发展。

2. 主体性原则

学习潜能开发要以学生为主体，尊重学生的主体地位，加强学生主体意识的培养，充分调动学生的主观能动性。任何学习潜能开发的活动和训练，都要引导学生自我参与、自我体验，在参与和体验中发现自我，超越自我，发展自我意识，培养主动发展的意识和能力。

3. 潜在性原则

教学不要只看学生的学习现状，要努力发现学生的潜质和发展潜力，做到挖掘潜能要加力，培养潜质靠巧力，关注潜在有动力，发现并培养学生的智能优势，帮助学生建构自己的优势智能组合，寻找"潜在发展区"，寻找适合自己的学习方法。

4. 核心性原则

潜能教育还强调人的潜能开发有一个由潜能开发向强势智能转化的过程。人的发展是有差异的，不可能让每一种智能都成为强势智能。要充分尊重每个学生的智力特点，为不同的学生创设不同的教学情境，因材施教，努力为每个学生创造发现或培养优势智能的条件。然而，人只要有一两个方面的潜能得到有效开发，成为强势智能，他就可能成为一个杰出的人。无数的科学家、政治家、经济学家、艺术家、运动员的个人成长经历，都印证了这一判断。

【案例在线一】语文《草原的早晨》的教学实录

一、教学目标
1. 正确流利、有感情地朗读并背诵课文的前两段。
2. 学会三个生字的同时认识两个偏旁。
3. 感受草原早晨的美丽风光和牧民们的勤劳、快乐。

二、教学过程
（一）古诗导入
师：小朋友们还记得《敕勒歌》吗？试着背一下！
（学生齐背《敕勒歌》。）
师：（出示《敕勒歌》配图）"天苍苍，野茫茫，风吹草低见牛羊。"描写的就是草原风光。（指图）今天我们就去看看真正的大草原。小朋友们一定要仔细看，看到了什么，可以说给大家听。（播放课文录像。）

［点评：以学生熟悉的古诗导入，并且把古诗与现实风光联系起来，不但起到温故知新的作用，而且形象可感，更能激发学生阅读、背诵古诗的兴趣，尤其是能激发起学生迫切想观看草原的心情。《敕勒歌》中的草原风光附着在语言上，体现在图画中，让学生通过观看录像，则是再次把"草原"这个概念的形象程度提高到一个更高层次上。］

（二）初步感知全文
师：你看到了什么？谁愿意说给大家听听？
生：我看见一片绿绿的大草原。
生：草原上有一群群羊。
师：什么样的羊？
生：雪白的羊。
师：要尽量把话讲完整。
生：草原上有一群群雪白的羊。
生：我看见一个大妈在挤羊奶。
……
师：今天我们学习的第5课《草原的早晨》，就是写美丽的大草原。请小朋友们打开书，读一读课文。要把每个字读准，句子读通顺。

（学生自主阅读全文。）

(三) 学习课文第1段

（播放录音：啪！啪！）

师：什么声音？

生：鞭声。

师：响亮的鞭声。

（出示卡片：啪！啪！）

师：卡片上有两个感叹号，那应该怎么读呢？自己试读一下。

（生练读。）

师：啪！啪！多么响亮的鞭声！让我们也响亮地读第一句话。

（学生再次练读后，指名读，分男女生比赛读。）

（出示拼音词语卡片：鞭声、黎明、宁静。学生自由认读后，去掉拼音开火车认读。）

（出示句子卡片：响亮的鞭声／打破了／黎明的宁静。）

师：平时老师经常说，碰到长句子要注意停顿，这个句子中间的斜线，就是提醒我们要注意停顿。以后小朋友们也可以用这种方法来断句。

师：黎明的时候，草原上静悄悄的，突然两声"啪！啪！"，一下子把草原上的人啊、马啊、羊啊全吵醒了。美美地睡了一觉，醒来时多么舒服啊。你早上醒来的时候是不是也很舒服？现在我们一起来体会一下早晨醒来的感觉。

（师带领学生先做沉睡状，然后醒来，伸个懒腰，惬意地揉揉眼睛，说："多么舒服！"）

师：草原醒来的时候也跟你们一样舒服。自己试着读一下第二句话。

生：铺满新绿的草原醒来了。

（指名读，分组比赛读。）

师：（出示词语卡片：铺满）这个词语小朋友们一定认得（指名读）。

[评点：学生个个作陶醉状，读得很有味道。]

(四) 学习课文第2段

（播放录像的同时教师范读第2段。）

师：现在你想象自己骑着一匹骏马，在碧绿的大草原上追赶欢乐的羊群。带着想象把第2段读一遍。

（学生带着想象读后，试指句读。）

师：让我们把羊儿在草原上奔跑，牧羊人跨上骏马追赶羊群的动作都做出来。

（学生在教师的带领下边表演边朗读。）

（师出示拼音生字卡片：跨上骏马。全班集体认读。）

师：我们还可以一边表演一边背诵，这样会背得又快又好，试试看！

（学生表演背诵。）

（五）巩固复习

师：让我们再去看一次美丽的大草原，大声大胆地把课文的前两段表演背诵一遍。

（全班边看录像，边表演背诵课文前两段。）

（六）学习生字：（出示"厂"——偏旁厂）

师：谁认得它？

生："厂"字。

师：现在它做偏旁了，应该改个名字了。

生：应该叫"厂字头"。

师：其实，它叫"偏厂"。谁能说一说它为什么叫"偏厂"？

生：因为它偏在左上角。

师：对，它偏在左上角，所以我们叫它"偏厂"。记住了吗？

生：记住了。

（出示拼音生字卡片：原。）

师：谁能用个好方法记住它？

生：我这样记。它由"偏厂""白"和"小"组成，那么"厂""白""小"就是"原"。

师：这种把生字拆开来记的方法确实很好，以后我们碰到新的生字也可以用。下面跟着老师把"原"字练两遍。注意字的笔顺，写字要注意头正身直，臂开足安。

师："偏厂"的横要略向右上方翘起，切过竖中线，起笔顿笔，往中间行时要迅速，收笔时也要注意顿笔后才可提起。紧接着的一撇尽量向左撇出，注意点是什么？

生：撇要像刀。

（出示生字卡片：原、白。）

师："白"和"原"字的"白"字有什么不同呢？

生："原"字中的"白"被压扁了。

师：那"原"字中的"小"呢？

生：也被压扁了。

师：我们写的时候要尽量把两部分压缩，这样才能写得更漂亮。

（师范写，学生照样练写两次。）

师：谁能给"原"字组词？

生：草原。

生：原来。

生：原先。

生：高原。

师：这个词组得好，表扬王嘉平小朋友。

（小朋友们双手竖起大拇指，面向王嘉平，齐声说："王嘉平，你真棒！"）

生：青藏高原。

师：这个小朋友更了不起！还知道青藏高原。我们也表扬她。

（小朋友们以同样的方式表扬邵雨琦小朋友。）

生：是韩红唱的歌。

师：嗯，确实是韩红唱的一首歌。

（摘自王以景的《〈草原的早晨〉的教学实录》）

【案例在线二】化学《碳酸钠和碳酸氢钠的性质》的教学片段

一、引入新概念

讲到碳酸钠和碳酸氢钠的物理性质中的溶解度时，说碳酸钠的溶解度大于碳酸氢钠的溶解度，抛出一个小问题：向饱和碳酸钠溶液中不断通入二氧化碳，会出现什么现象？立即就有回答："产生碳酸氢钠。"我就问他："你看得见吗？请书写反应方程式。"又有一位同学说道："看见沉淀。"我又问："怎么会有沉淀呢？不都是可溶的吗？""溶解度变小了。""溶解度小，就一定会沉淀吗？"一问一答，往来了几趟，学生也迷茫了。

于是，我再补问一句："溶解度变小，但如果它的质量很少很少的话，也会沉淀吗？"这样一问，个别同学又有反应了："溶质变多了。"我又问："怎么变多了？"他回答道："根据方程式，从106g变成168g。"观察一下几位同学，看到他们脸上有种似信非信的表情。我立即对刚才的分析给予肯定："对，本来就已经饱和了，现在溶解度减小，溶质又增多，双管齐下，当然要沉淀出来。"学生此时舒了一口气，明白了，我此时紧追："这仅仅考虑了溶质，还有其他的原因吗？"立即又有回答："水减少了。""怎么减少了？""反应掉了。""一共有几个原因？""三个。""一起说说看，哪三个？"此时，学生基本明白了。我又立即问道："难道一开始就出现沉淀吗？"学生说："没有。""为什么？""太少了。""什么太少了？""碳酸氢钠太少了。""那碳酸钠很多啊，不是饱和的吗？碳酸钠不少啊。""反应了，现在不饱和了。""那什么时候出现沉淀呢？""通入大量$CO_2$之后。"到此，学生才算是真正理解了原理。

学生的潜能蕴含在新旧知识的衔接过程当中，经过精心的教学组织，使学生产生思维的碰撞和智慧的火花，帮助学生从旧知识的低台阶跳上新知识的高台阶，从而实现学生潜能的激发。学生的潜能被激活，他们在活跃和兴奋中学习，获益更多。

二、层层递进，深入发掘

碳酸钠和碳酸氢钠水解显碱性，所以它们能与酸（$H^+$）反应。那碳酸钠与稀盐酸反应生成什么呢？立即得到回答："二氧化碳。""一定能得到二氧化碳吗？请写出离子方程式。"学生沉默了2至3秒后，我又追问："碳酸根离子与氢离子几比几？""一比二。""如果盐酸很少很少呢？那碳酸钠还能结合2个氢离子吗？""只能结合一个。""那得到什么物质呢？""碳酸氢钠。"于是就得到碳酸钠与盐酸反应的两种情况的方程式了。

我问："能和酸反应，那能不能和碱反应呢？""碳酸氢钠能。""得到什么产物？""$CO_2$和水。"我此时发现，学生把碳酸氢钠与酸和碱的反应搞混淆了。我们一起探讨，碱含有$OH^-$，要夺取$HCO_3^-$中的$H^+$，形成水，还剩下$CO_3^{2-}$。这是不能得到$CO_2$的，与酸反应后才能得到$CO_2$。

向碳酸钠和碳酸氢钠溶液中分别加入氯化钙溶液，能得到沉淀吗？学生立即说："碳酸钠能，碳酸氢钠不能。""我想要碳酸氢钠出现沉淀，那怎么办？""再加碱。"说明学生已经理解了$HCO_3^-$与$OH^-$的本质了。

我再问："要把碳酸钠转化为碳酸氢钠，你有什么方法？""通 $CO_2$。"
"还有吗？""加盐酸。""一定能得到吗？""少量盐酸。""对，还有吗？"
学生沉默了。他们的思维快到极限了，我不能让他们冷下来，又追问："能
用钙离子除掉碳酸钠中的碳酸根离子吗？""能，沉淀了。""碳酸根离子没
有了，钠离子还在，换一个什么离子就行了呢？""碳酸氢根离子。""那加
一个什么物质就行了？"学生的思维又不能转弯了，说不出来。我再提示：
"要除掉碳酸根离子，又要加上碳酸氢根离子。"有学生立即说道："碳酸
氢钙。""很好。"我对他给予了充分的肯定。学生们都很开心，在快乐中
获得知识和思维的训练。

学生的潜能延伸在新知识的不断深入挖掘当中，有效地引导，恰如其
分地设问，让学生在迷茫中豁然开朗，茅塞顿开，潜能就能迸发而出。学
生表情上的欣欣然说明了他们潜能被激发后的欣喜和进步。

（高正泉，载"上海市奉贤中学网站"）

【教学感悟】每个人都有无限的潜能

科学研究表明，每个人都有无限的潜能。大脑就像一个神秘的巨人，
其无穷的潜力正等着人类去发掘。许多专家在大量研究的基础上确信：一
般健康人只运用着他的潜能的极小部分。20 世纪初，美国心理学家威廉·
詹姆斯曾提出假设：一个正常健康的人只运用了其能力的 10%。又有美国
人类学家玛格丽特·米德撰文，认为不是 10%，而是 6%……人们估计的
数字之所以越来越低，是因为人所具备的能力及其源泉之强大，根据现在
的发现，远远超过我们 10 年前乃至 5 年前的估测。这是美国学者研究的结
论。苏联学者在研究后也指出："在正常情况下工作的人，一般只使用了其
思维能力的很小一部分。如果我们能迫使我们的大脑达到其一半的工作能
力，我们就可以轻而易举地学会 40 种语言，将一本大百科全书背得滚瓜烂
熟，还能够学完数十所大学的课程。"无论上述估测是否精确，人们的一个
共识则是：人身上埋藏的潜能尚待开发出来。

哈佛大学心理学教授麦克里兰博士提出了一个著名的素质冰山模型，
对素质的概念作了非常形象的解释：一个人的素质就好比一座冰山，技能
和知识只是露在水面上的一小部分，他的大量的潜在能力都隐藏在海面以

下。可见，人的潜在能力大大超过显在能力。为什么人们没有意识到自己潜能的存在呢？其主要原因是没有进行潜能开发训练，没有使人的潜能得到淋漓尽致的发挥，而并非人们不存在潜能。任何一个平凡的人，都存在巨大的潜能，只要他的潜能得到发挥，都可能取得意想不到的成功，因为研究发现，那些被世人称为天才者、为人类作出突出贡献者，只不过是开发了他们的潜能而已。例如，爱因斯坦死后，科学家对他的大脑进行了研究。结果表明，他的大脑无论是体积、重量、构造或细胞组织，与同龄的其他人一样，没有什么区别。这说明，爱因斯坦事业的成功，并不在于他的大脑与众不同，而在于他充分地开发了自己的潜能。

在《碳酸钠和碳酸氢钠的性质》的教学案例中，学生的表现的确给了我们一个惊喜：他们小小年纪竟有如此出众的潜能。在课堂教学中开发学生的潜能，要把握四个细节：了解学生的兴趣和特长，积极培养；不要认为学生的爱好无足轻重，它的背后可能藏着一个丰富的"金矿"；为学生提供表现自己优势智能的机会；给学生以积极的暗示。学生的潜能是巨大的，教师是开发学生潜能责无旁贷的引导者，只要我们善于点拨，善于开启学生的智慧之门，创造性地使用教材，他们的才华就会喷涌而出，我们的课堂就会因此而美丽。

# 十七、包容接纳法

【教学视点】宽容精神观照下的课堂教学变革

当前，给学生以宽容，让宽容精神充盈课堂教学，已经成为课堂教学中教师共同遵循的准则。在宽容精神的引领下，教师至少要坚持以下三个方面。

1. 常怀包容之心

在传统的课堂上，在学科知识的占有方面，教师是强势群体，学生是弱势群体；教师是教育者，学生是被教育者；教师是管理者，学生是被管理者……如此一来，教师成了知识的代言人，成了知识的权威。凡是教师所讲的知识都是毋庸置疑的，对教师的批判成了学生们的"集体无意识"。更严重的是，有的教师并没有认识到自己的知识权威所带来的问题，而且强化并利用这种权威要学生接受所谓的标准的、正确的、唯一的"知识"。在这种情况下，来自学生的合理的见解则被"无情"地否定了，助长了缺少包容的教育氛围，导致了对学生多样化的见解的压制、对学生鲜明个性的无视。这就要求教师要多包容学生的多样化见解，鼓励学生充分展现自己真实的想法，营造"真理面前人人平等"的教育氛围，使学生的创造才能得到尊重和发挥。

2. 常行宽容之举

教育需要等待。学生的发展需要时间。成长中的学生难免会犯这样或那样的错误，难免会有这样或那样的认知局限性，需要教师以宽容、谅解的态度，用巧妙的方法加以化解，用耐心的方式给学生留出改进缺陷的时间，用鼓励的方式激励学生发现错误并自己改正错误。宽容学生多样化的见解，可以为学生提供充分表达自己观点的机会和空间，培养学生的独立思考和独立判断的能力；宽容学生多元化的思维方式，可以激发学生的个性思想火花，培养其创造精神；宽容学生多维化的行为方式，可以促进学生的个性发展，使学生在宽松自由的环境中展示自我，发展自我；宽容学生多变化的情感，可以促进学生的人格健全发展。

3. 常修从容之境

教师以开阔的胸襟、恢弘的气度对待学生，意味着他的教育思想更加深刻，教育策略更加成熟，也意味着他的心灵更加充盈，教育智慧更加高超。教师宽容地对待学生，就是从容看待教育的过程。在这一过程里，学生多彩的个性得到了张扬，自由成长的空间得到了释放，教育规律得到了遵循。

正如陶行知先生所说的："你的教鞭下有瓦特，你的冷眼里有牛顿，你的讥笑中有爱迪生。"要尊重学生，还要学会欣赏学生，特别是对那些学习基础差、纪律松散的学生，更要努力发现他们身上的闪光点，并把这闪光点放大，让每个学生都有展示自己才华的机会，让每个学生都在展示中获得自信。如果我们把指责、批评、抱怨，换成宽容、表扬、激励时，课堂教学将升华为一种关注生命、呵护成长的充满智慧的"高尚生活"。

【案例在线一】等待两分钟

在一节公开课上,一位老师主讲白居易的《琵琶行》,这位老师是这所中学最富经验也最受敬仰的一位老教师。果然,台上教师谈吐自如,台下学生应答如流。教师灵活自如地引导、点题、穿插,再加上一些现代化教学手段的运用,使整堂课进行得严谨而又浑然一体。

接下来,是课堂提问。被点到的学生一个个灵透、聪明,老师稍一点拨,理想的答案便顺口而出。当他又点到一个学生的名字的时候,一个胖胖的学生站了起来,脸红红的,却不说话。当时屋子里静极了,分明能听到每个人的呼吸声。我们几个坐在后排听课的老师都感受到一丝尴尬,毕竟这样的局面,谁也不愿看到。一堂优秀的公开课或许因此而略显瑕疵。然而,那位老师并没有及时让那个学生坐下,以结束这个尴尬的场面。时间在一点一滴地过去,就在我们感觉场面几乎"窒息"的时候,那个学生开口了——原来,他是一个结巴。

课后,一起座谈的时候,我们谈到了这件事,并说出了我们当时的担心,那位老师说:"是的,谁也不想让这样的情况出现。我知道,在当时的情况下他一定很着急,越是着急,越说不出话来。然而,恰恰是这样一个场面,对他是多么重要,如果当时我断然让他坐下,他失去的将是在大庭广众之下开口的信心和勇气。比起我的公开课来,一个生命的成长更重要。所以,那一刻,我宁愿为他等待两分钟。"

"等待两分钟",这并不是平常的两分钟,这是对生命尊严最真挚的仰望,也是对怯弱心灵最细心的呵护。老教师的话语很简单,就在这简单的话语中,我们发现了一颗朴素灵魂的光亮。

(何华,载《青年博览》2007 年第 8 期)

【案例在线二】语文《望洞庭》的教学片段

师:郑莹莹同学把诗句"遥望洞庭山水翠,白银盘里一青螺"中的"白银盘"读作了"白玉盘"。老师认为把湖面比作白玉盘也挺美的,你们认为哪个更美?

生1：我认为"白玉盘"美。因为它晶莹剔透。

生2：我也认为"白玉盘"美。它不但晶莹剔透，而且非常可爱。

生3：李白还把月亮比作"白玉盘"呢！

师："白玉盘"的确也很美！但是，诗人在此处却用"白银盘"，一定有它的道理。请大家仔细地再读一读此诗，找一找原因。

……

生4：从"湖光秋月两相和"中的"秋月"两字看出这是一个明亮的月夜，月光照在湖面上，水面会银光闪闪，很像白银盘。

生5："白银盘"与"秋月"正好相呼应。如果用"白玉盘"不符合当时的画面。

师：同学们回答得非常精彩。诗人以奇特的想象和确切的比喻，给我们展现了一幅美轮美奂的"湖光秋月"图。让我们闭上眼睛，走近这宁静、柔美的洞庭湖畔吧！

（师生诵读古诗。）

一般情况下，教师在遇到学生读错课文时，觉得只要让学生简单地把错误的地方改正就好。其实很多时候，这种简单的操作，错过了许多有"深"读价值的教学资源。上述案例中，如果我只让学生重读一遍，也许就错过让学生进一步感悟"白银盘"的机会了。

（董海，载《教育时报》2011年12月20日）

【教学感悟】宽容的样子

一位伟人说过：一个伟大的人有两颗心，一颗心流血，一颗心宽容。教育呼唤宽容，学生需要宽容。《等待两分钟》的案例启发我们，宽容就像黑夜中的明灯，它将照亮学生前进的道路，重新点燃学生的希望。

宽容到底是什么？宽容是高山，它能容下各种鲜花，也能容下所有荆棘；宽容是大海，它能容下大江大河，也能容下浅浅的小溪；宽容是丝丝春雨，它能融化坚硬的冰层，也能唤醒暖暖的爱心。尊重学生的独特之处而能有兼容之心，是一种宽容；承认学生的优点而常怀赞赏之意，是一种宽容；了解学生的过失，并给予原谅，常留希望之心，是一种宽容；体察学生的失败和难处，并及时伸出援助之手，是一种宽容……

宽容学生，就是对学生不同的见解，以大度的态度对待，不能一味地否定学生。有时候，你给学生一份宽容，学生会以双倍的尊重回应你。在你的宽容中，学生懂得了为人处世的道理。作为老师，要通过各种途径及时了解学生的生活，了解他们的所思所想，把自己当作他们的朋友，对他们加以引导、呵护。以宽容对待学生，你会发现，它会比严厉、苛刻的教育效果强百倍。

俗话说，你希望别人以什么方式对你，你就要先以什么方式对人。教师以宽容之心对待学生，才能教会学生宽容，学生才有可能以宽容的心对待教师。要想让学生尊重自己，就要首先去尊重学生。尊重能换来尊重，关爱能换来关爱。学生就是自己的一面镜子，你对学生笑，他就还你以笑。与人为善，就是为自己提供方便，就是为自己的成功和幸福铺平道路。

# 十八、严谨治学法

【教学视点】治学务求严谨

苏霍姆林斯基在《给教师的建议》中指出："有经验的教师在备课的时候，总是要周密地考虑他所讲授的知识将在学生的头脑里得到怎样的理解，并根据这一点来挑选教学方法。"

1. 治学严谨

韩愈曾说："先生口不绝吟于六艺之文，手不停披于百家之编；纪事者必提其要，纂言者必钩其玄；贪多务得，细大不捐；焚膏油以继晷，恒兀兀以穷年。先生之业，可谓勤矣。"陶行知先生也说过："第一流的教授具有两种要素：一、有真知灼见；二、肯说真话，敢驳假话，不说诳话。我们必须拿着这两个尺度来衡量我们的先生。合于此者是吾师，立志求之，终身敬之。"这话是从学生择师而从的角度说的。实际上，这两个"尺度"，也应当是教师自我发展、自我评价、自我监督的标准。要教育别人，做一名人类灵魂的工程师，就要具有真才实学，因为"不学无术的教师，消极地指导别人的人是没有躯体的人影，是无雨之云、无水之源、无光之灯，因而是空洞无物的"。

2. 施教严格

黄宗羲说过:"道之未闻,业之未精,有惑而不能解,则非师矣。"教师要严肃认真地对待自身业务知识的修养、能力结构的完善,老老实实地对待学问,一丝不苟,求真求善;在课堂教学中要严格要求自己,谦虚谨慎,讲原理要准确,叙述概念的定义不可有失误,在关键处不可随意添字或漏字,要做到"一字不易"。在推导性质或范解例题时,要有条不紊,层次分明,言简意赅。板书的每一个步骤、每一个符号乃至每一个标点,都要正确、清楚、规范,做到分毫不差。

总之,热爱学生、严谨治学、诲人不倦是每一位教师献身教育事业的具体体现,也是衡量教师道德水平高低的主要标志。只要用严谨做水,用细致做肥,就能铸就学生的成功;只要我们用细心做曲,用严格做弦,就能弹奏教师的辉煌。只要我们有细腻的态度,从细微处着眼,在细小处着力,就定能听到小草茁壮成长时拔节的声音,定能看到花儿快乐绽放时喜人的笑靥……

【案例在线】语文《番茄太阳》的教学案例

《番茄太阳》是苏教版教材四年级下册中的一篇课文。作者用细腻的笔法描写了一位5岁的小盲童——明明。作者为她的美丽聪颖、乖巧可人、善良乐观所感染,为她的笑声和爱心所感动。明明就像一个"番茄太阳"温暖着作者的心。

从文中不难发现,明明内心的阳光与乐观是她父母亲给予的。文中第3段描写父亲教女儿认识蔬菜的语言,深深打动了我,成了我教学的着眼点——年轻的父亲拉着小女孩的手,在面前各种蔬菜上来回抚摸,耐心地说:"这是黄瓜,长长的,皮上有刺;豆角呢,扁扁的,很光滑;番茄很好看,圆圆的……"

师:自由读读这段文字中父亲的语言,看能发现什么?

(指名读父亲说的话:这是黄瓜……)

生:有很多标点符号。

生:基本上三四个字就用一个标点符号隔开。

师:你们那明亮的眼睛发现了,短短的二十几个字,却用了七八个标点符号。符号越多，表明父亲说话越慢，耐心越大。想想看，我们的父母亲在教我们认识事物时一般会怎么说？

生：这是黄瓜，长长的皮上有刺；豆角扁扁的光滑点；番茄很好看圆圆的。

师：而这位父亲是怎样说的？谁来说说。

（一学生将父亲的语言读了一遍，读得不够慢。）

师：假如你就是明明，闭上眼睛，听着爸爸说的话，来摸一摸。

（其他学生闭眼体会、想、摸，那位学生又读。）

生：这是黄瓜。

师：摸到了吗？

生：长长的。

师：感觉到了吗？

生：皮上有刺。

师：小心，别扎着手。

……

师：从这些标点隔开的一个一个短句子中，你看出了什么？

生：父亲很耐心地教女儿认识蔬菜。

师：怎样教就是耐心地教？

生：父亲要轻轻地说话，要像个父亲对小孩说话的语气，慢慢地对她讲。

生：要认识这些蔬菜，小女孩只能靠鼻子闻、嘴巴尝、用手摸，如果父亲很急躁，小女孩就更紧张，就很难认识蔬菜。

师：再看看父亲说的话里有个省略号，表示什么？

生：父亲还可能教她认识其他的蔬菜，不只黄瓜、扁豆、番茄这三种。

生：小女孩是靠手来摸，如果没学会，父亲可能把自己讲的话再讲一次，一遍一遍不厌其烦地重复。

生：可能一次没弄清楚，父亲会再拉着她的手教她来回抚摸几次，甚至是很多次。

师：不起眼的标点符号却点出了父亲的那份耐心和细心。父亲就是这样拉着女儿的手慢慢地抚摸事物，认识世界。来，谁再来读父亲的话？

（一生读。）

师：再听老师读父亲说的话，还会有新发现。

（师读：黄瓜，长长的；豆角，扁扁的；番茄，圆圆的。）

生：父亲都是告诉女儿这些蔬菜的形状，这样方便她抚摸。

生：爸爸知道明明是个盲童，看不见颜色，不想伤害她，所以没有说蔬菜的颜色。

师：我们认识一样事物，首先就从物体的形状、颜色来认识、分辨。可明明的父亲只说物体的形状，绝口不提表示颜色的词。这说明什么？

生：父亲不想伤害女儿。

生：说明父亲很爱自己的女儿。

生：这位父亲很聪明。

生：父亲非常小心。

师：这是耐心中那份小心呵护的爱。

……

文中两次描写父亲的语言，都是在教女儿认识蔬菜。细嚼描写父亲语言的文字，颇有味道！"这是黄瓜，长长的，皮上有刺；豆角呢，扁扁的，光滑点；番茄很好看，圆圆的……"字短少、标点多；只听其形，不闻其色。我不禁愕然，惊叹作者笔调的微妙。

（赵建锁，载《中国教师报》2009 年 6 月 17 日）

【教学感悟】严谨是追梦之人的成功之道

　　严谨是教书之要。严谨，就是在教学时要精益求精、认真负责，做到严肃、严格、严密。严肃是指认真的教学态度和踏实的工作作风，反对工作上轻率浮躁、马虎应付的态度；严格是指对知识要弄懂弄通，对教学要求要严格遵守，反对敷衍了事和不求甚解，反对急功近利和粗心大意；严密是指驾驭课堂要细致入微，包括在教学任务的安排上要周全有序，有条不紊地妥善处理教学中的各种关系。

　　严谨是育人之道。我们知道，教学离开细节的雕琢，就会显得空泛。曾听一位教育专家说：做一位老师最少要能将"走过来"三个字会用 30 种表达方式说出来。即使"不起眼"的小标点，也会起到四两拨千斤的作用。上述案例中，教师通过仔细读《番茄太阳》一文中父亲的语言，对逗号、分号、省略号等标点符号都做了严谨而入情入理的分析。文中的多个逗号与分号不仅表示父亲对盲童说话时的停顿与缓慢，还生动再现了父亲对女儿说话时的耐心与和蔼。最后的省略号更给学生留下思维的空间，让学生想象他们的生活剪影：父亲教女儿认识的不仅仅是蔬菜等事物，还认识了生活的各方面；父亲在教女儿的过程中花费了很多心思与精力，这就是耐心，更是父亲对女儿深深的爱。正是因为抓住了文章的细节，使得学生领会了作者的心声，理解了作者写人画物的思想与感情。

严谨是为学之理。孔子曰："食不厌精，脍不厌细。"南开中学的容止格言与之有异曲同工之妙，曰："面必净，发必理，衣必整，纽必结。头容正，肩容平，胸容宽，背容直。"这些似乎微不足道的小事，却体现了南开人严谨的治学之风。

严谨是成功之基。方孝孺说过："人之持身立事，常成于慎，而败于纵。"法国雕塑家罗丹晚年曾为大文豪巴尔扎克创作塑像。为了做到惟妙惟肖，得其精髓，他仔细研读了巴尔扎克的全部著作，收集了许多照片，甚至跑遍了巴黎的服装店，获得了巴尔扎克的身材的翔实而准确的数据。经过历时七年的精雕细琢，这座震惊世界的雕像终于问世，罗丹也因此成为继米开朗琪罗以后，欧洲最伟大的雕塑家。罗丹正是凭着严谨精细的执著探索精神，一步步走进成功的殿堂。

# 十九、化繁为简法

【教学视点】教学要追求简约之美

《易经·系辞上传》有一句话："乾以易知，坤以简能。易则易知，简则易从。易知则有亲，易从则有功。"陶行知也说过："凡做一事，要用最简单、最省力、最省钱、最省时的法子，去收最大的效果。"其实，教学只要遵循教育规律，以简明的教学目标、简约的教学内容、简化的教学流程、简要的教学语言、简便的教学方法，达到教学效益的最大化，那就是好的教学，那就是高效课堂。

第一，教学目标简明而不失准确。教学目标是课堂教学的出发点，是课堂教学的"魂"，只有简明、合理、准确、好操作，课堂教学才会有效益。

第二，教学内容简约而不失重点。我们的课堂要有效"瘦身""减肥""消肿"，既要突出主导，抓住主题，坚持主线，凸显主体，又要化繁为简，化难为易，化简为精。

第三，教学流程简化而不失精彩。教学流程的设计要精于心，巧于导，简于形。坚持"以线串珠、以点带面、以面构体"的知识结构化原则，使每个环节都尽可能做到条理清晰、简洁明了。

第四，教学语言简要而不失深刻。教师在教学中要锤炼自己的语言，既要做到要言不烦、简明扼要，又要做到画龙点睛、言约义丰。

第五，教学方法简便而不失高效。在以往的教学中，有些老师为了使课堂出彩，使出浑身解数，设计烦琐的教学模式。要知道，简单的方法、简捷的思路才是学生乐于接受的。

艺术大师郑板桥有诗云："删繁就简三秋树，领异标新二月花。"艺术的最高境界就是简单，课堂教学也是如此。

【案例在线一】化繁为简

我在分析价值规律的作用时，作了这样的比喻：价值规律在商品经济中起重要作用，它像一根"棒子"，调节劳动力和生产资料在社会各个部门的分配；它像一根"鞭子"，鞭策着商品生产者改进技术，改善经营管理，提高劳动生产率；它像一只"筛子"，促使商品生产者优胜劣汰。用"棒子""鞭子""筛子"分别比喻价值规律的三个作用，达到了化繁为简，化抽象为形象的目的。再如，在讲"社会主义市场经济条件下，必须反对拜金主义"这一内容时，运用作家投笔从"融"、历史学家谈"股"论"金"、技术人员"做"以待"币"、银行员工持"资"以"横"、记者言为"薪"生、演员多"财"多艺、出版商添"资"加页、受贿者据"礼"力争、家庭教师因"财"施教等风趣幽默的语言，使学生笑意无穷，达到化平淡为神奇的目的，极大地提高了学生学习的兴趣。

（摘自董彦旭的《走进新课程的思想政治课教学》）

**【案例在线二】** 语文《哲学家的最后一课》的教学设计

一、导入

1. 同学们学懂了很多词语，（出示：数学家）懂吗？用一句话说说什么样的人是数学家。

（对数学有专门研究的人。）

2. 你还知道哪些"家"？

（其中学生有可能说到"哲学家"。）

［释题设问自然，由特殊到一般再到特殊，能帮助学生很好地解题。］

二、初读课文

1. 边板书（哲学家）边说：哲学家是干什么的呢？

让我们走进哲学家的课堂，聆听哲学家与学生们的对话，看看你能读懂些什么。

［让学生带着任务初读课文，很快就使学生掌握了文章的主要内容和脉络。］

2. 汇报，板书主要词语，探讨人生奥妙。

如何除掉杂草　一年

用铲子

火烧

撒石灰

挖根

满腹经纶　饱学之士

三、精读领悟

1. 那么哲学家提这么简单的问题，到底有什么用意呢？

出示：要想根除旷野里的杂草，方法只有一种，那就是在上面种上庄稼。同样，要想铲除灵魂里的杂草，唯一的方法就是用美德去占据它。

［精读阶段直奔主题，突破要点，训练了思维、语言、朗读，显示了简约、清新、睿智的教学风格。］

2. 多种形式读熟（指名读；女生读；男生读；男女生分别读第一、第二句。）

3. "要想根除旷野里的杂草，方法只有一种"，可当时上课时，学生们都有各自的方法，请大家读2至10自然段，想一想，当时他们回答这一问题时的表现是怎样的？（很自信、胸有成竹、不以为然……）哲学家的话又该怎样读？

请大家先练习一下。

指名读。评议。

[让学生接受理趣熏陶的同时还进行了情感教育，看似蜻蜓点水，实则用意精深。]

4. 过渡：同学们毫无困难地讲出各自的除草方法，用这些方法除草，结合你们的经验，想象一下，在这一年时间，他们各自会遇到哪些情况？

小组内讨论，得出结论，这些方法都不可以根除杂草，那该怎么办？（种上庄稼）为什么这一方法就行了呢？为什么？

5. 我想，作为哲学家，他应该知道学生们会遇到这些情况，可当时为什么只是点点头或只是微笑一下，还让他们用一年的时间去完成这一作业？（实践出真知）还能说出类似的名言警句吗？（纸上得来终觉浅，绝知此事要躬行……）

[强化了学生的积累意识，勾连了课内外、新旧知识的联系。]

6. 你们想想：哲学家用心良苦，仅仅是为了让学生根除旷野里的杂草吗？要知道，哲学家是探讨人生奥妙的。

理解后句中的杂草（思想上的各种杂念）。

理解最后一句话：结合自己的体验，说说这句话又是什么意思呢？

7.《哲学家的最后一课》我们欣赏完了，当我们离开他们的课堂时，能说说哲学家的高明之处在哪里吗？学生们聪明过人之处又在哪里呢？

（哲学家：循循善诱，用实践去启迪、引导学生发现真理；用简单的问题引出深奥的人生哲理。学生们：满腹经纶，饱学之士，善于领悟，亲自实践。）

8. 让我们再次感受他们的高明之处，请大家把课文完整地读一遍，还会有什么问题吗？还有什么新的见解吗？

9. 小结过渡。哲学家以其独特的方法引导学生探讨人生奥妙，启迪后人。课后请：

(1) 背诵最后一个自然段，会默写。

(2) 完成习字册。

（3）摘抄10个词语、5个句子。

（摘自唐伟华的《〈哲学家的最后一课〉的教学设计》）

【教学感悟】 简约之美

  上述案例启发我们，诸多复杂的学问、事理，诸多烦琐的文字、话语，倘使从骨子里挖，从根子上刨，真正有含金量和概括性的，也就是那么寥寥数语，十分简单。

  介绍如何经商和推销产品的图书铺天盖地，可是一位农民却以简朴扼要的回答概括为："人无我有，人有我好，人好我多，人多我早。"只有十六个字，何其简单，但又抓住了商业竞争的核心。阐述和探讨婚姻、恋爱问题的长篇大论可谓车载斗量，可是一位在报告会现场的服务员听完了专家、学者的高论，却不以为然，他认为要达到婚姻美满只要做到这两点就行："寻一个好人，自己做一个好人。"短短十二个字，何其简单，但又抓住了"人生大事"的关键。谈论写作技法的著作多如牛毛，车载船量，可是一位作家对于怎样才能创作出好作品，他的回答是："写熟悉的，写独特的。"只有八个字，寥寥数语，何其简单，但又点到了文学艺术的穴位。

  南宋时有个叫马远的画家，他画《寒江独钓图》，令世人拍案叫绝。画中一叶扁舟漂浮水面，一渔翁船上独自垂钓，寥寥几笔渲染，其余大部分皆为空白，叹为观止的简约之美有力衬托出空旷寥廓、寒冷萧条的气氛，给人留下意蕴无限的想象空间。齐白石炉火纯青的艺术造诣，使他简单几笔，就把活灵活现的虾呈现在人们面前。

  一个成功的企业，它的经营模式大多是简单的；一个伟大的人物，他的人际关系大多是简单的；一个危机处理专家，他抓住核心问题处理的思路大多是简单的。

  清代散文家刘大櫆说过："凡文笔老则简，意真则简，辞切则简，理当则简，味淡则简，气蕴则简，品贵则简，神远而含藏不尽则简，故简为文章尽境。"由此可见，简约之美，是一种删繁就简的美，是一种返璞归真的贴近自然的美。

# 二十、轻负高效法

**【教学视点】** 提高教学效率的策略

所谓课堂教学的"有效性",就是在有效的教学时间内体现出的教学效果和教学效率。教学时间要讲效率,教学方法要讲效果,教学要尽量采用效果最好、效率最高的教学方法让课堂的每一分钟都体现出价值。

1. 评价课堂教学效率的三条标准

一堂好课必定是一堂高效率的课,看一堂课的教学效率的高低,除了要考虑一般课堂教学评价标准外,还要从认知的角度考虑,把握住这样三个因素:一是单位时间内信息输出量的多少。一般说来在一节课内信息输出量越多,课堂教学效率越高。二是单位时间内学生信息接收量的多少。课堂上信息的输出量要尽可能大,但是这个"大"要以学生的可接受性来定。如果教师倾其所有,信息量过大,学生接受不了,那也是徒劳。所以,必须看学生在单位时间内接收信息量的大小。应该说,学生在课堂上接收的信息量越多,课堂教学效率就越高。三是单位时间内学生受益面的大小。要以尽可能少的时间投入和精力消耗,让学生获取更多的知识,这就是高效率的课堂教学,这就是课堂教学所要追求的高层次、高境界。

2. 提高课堂教学效率的策略

(1) 教师精讲策略

提高课堂效率,教师的精讲是关键。要把握以下四个"点":分析制高点,挖掘知识深度;找准切入点,拓展思维宽度;围绕困惑点,降低教材难度;坚持根本点,追求精致教学。精讲、精练是学生获取知识、形成能力的主要途径。讲得精,占用的时间自然少;讲得精,留给学生自主讨论的空间自然大。找不到精讲点,教师就点不到穴位、说不到关键处,就会觉得什么都重要,眉毛胡子一把抓,自然会感到课时紧。课堂精讲的前提是要做到两个到位,即对教材的挖掘到位、对所要讲的内容理解到位,这样自然就清楚哪些是必讲点,哪些是选讲点,讲哪些有效,讲哪些无效。

(2) 有效参与策略

学生能否全员参与、全程参与及有效参与,是衡量一节课是否高效的重要标准之一。让学生积极参与到课堂教学中，教师应注意以下三个方面：一是让学生学起来。充分利用学科特点，利用学生已有的生活经验来帮助学生理解、掌握和运用知识，并在此基础上提高学生参与的广度与效度。二是让思维动起来。要求学生解决问题时尽可能选择符合学生"最近发展区"的一些问题，教师要鼓励学生探究思考，激发学生活跃思维，使学生的自主学习能力不断提升。思维是智力发展的关键，一堂课要想效率高，关键是要发挥教师为主导的作用，让学生这个主体有更广阔的自由思考空间和更多的自主探索的机会。三是让信息密度适量起来。在课堂教学中要有适当的信息密度。随着课堂教学的进行，教师通过信息密度的调整来保持学生的学习状态，使他们既不会因为信息的空缺而思维停滞，也不会由于信息过多而无法接受。

（3）先学后导策略

根据高效课堂教学模式的基本要求，力求做到"先学后导，先练后导"。在学生没有认真自学，独立思考的情况下，不引导，不讲解；在没有发现学生思维的障碍点、困惑点的情况下，不点拨，不提示；在给学生引导时，教师不要直接告诉其结论，而应当帮助学生理清思路，找寻规律，提供方法。

在市场经济中"时间就是金钱"，而在课堂教学中，一切教学行为都应瞄准效率、效能、效益。只有做好落实三维目标的加法文章、优化作业设计的减法文章、提高效能的乘法文章、降低学习负担的除法文章，不断追求高效率，教师才有可能实现高效能的教学，学生才能够在一定的课堂学习时间里通过学习效率的提高而取得更好的学习效果。

【案例在线】数学《整式的化简》的教学实录

1. 简单介绍圆盘唱片史。
2. 创设情境，导入课题。

引例：一张唱片的半径为 $r$ cm，圆盘唱片的半径与碟片的半径差为10cm，唱片的圆心与碟片的圆心重叠放置，如图1所示，怎样计算黑色部分的面积？

【设计意图】介绍圆盘唱片发展史的目的是为了让学生从音乐载体的

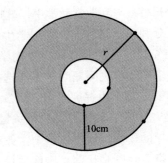

**图1**

不断更新来体验科技发展的魅力。在知识爆炸的时代，我们还是首先要学好基础知识，为今后的发展奠定扎实的基础，从而激发学生的学习兴趣。

3. 探索新知，尝试发现。

如图2所示，点 $M$ 是 $AB$ 的中点，点 $P$ 在 $MB$ 上，分别以 $AP$、$PB$ 为边，作正方形 $APCD$ 和正方形 $PBEF$。设 $AB=4a$，$MP=b$。正方形 $APCD$ 与正方形 $PBEF$ 的面积之差为 $S$。

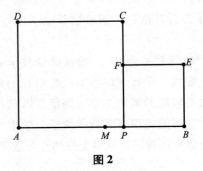

**图2**

(1) 用 $a$、$b$ 的代数式表示 $AP$、$PB$ 的长；

(2) 用 $a$、$b$ 的代数式表示 $S$；

(3) 当 $a=4$，$b=\dfrac{1}{2}$ 时，$S$ 的值是多少？当 $a=\dfrac{99}{49}$，$b=\dfrac{49}{99}$ 时，$S$ 的值又是多少？

【设计意图】此题的突破口是要知道两正方形的边长，于是设计了求 $AP$、$PB$ 的长为 (2) 小题作铺垫。通过教学，使学生掌握了分析问题的一般思路。(3) 小题中给出的 $a$、$b$ 值简单，直接代入公式 $S=(2a+b)\times 2-$

$(2a-b) \times 2$，求值也简单，无法让学生体会化简求值的必要，所以本人在设计时把 $a$、$b$ 的第 2 组值改成 $a=\dfrac{99}{49}$，$b=\dfrac{49}{99}$，此时如果先化简得到 $S=8ab$，再代入求值就简单多了。从而让学生体会到整式化简的必要性。

4. 练习运用，反馈纠正。

化简：

(1) $2(x+6)+(3+x)(3-x)$；

(2) $(2x-1)(2x+1)-(4x+3)(x-6)$；

(3) $2(2a+3b)-4a(a+3b+1)$；

(4) $2(3x+5)+(3x-5)(3x+5)$。

【设计意图】用整式解决实际问题的一般过程中蕴含化简，所以整式化简的技能练习是非常必要的。有了前两例的整式化简，对大部分学生而言整式化简也已经不陌生了，上面 4 道题由学生尝试自己解决，然后叫学生板演，发现一些普遍的问题，以便及时纠正。然后归纳总结，使学生意识到解题时应该注意的问题：① 断运算，定顺序；② 各种运算应遵循运算法则，能用乘法公式的要运用乘法公式；③ 结果要保持最简形式，有同类项的必须合并同类项。

5. 反思提炼，深化认识。

填空：

(1) ① 一件衣服原价 100 元，降价 20%，则现价为_____元。

② 一件衣服原价 $a$ 元，降价 $x\%$，则现价为_____元。

③ 一件衣服原价 $a$ 元，连续两次降价 20%，则现价为_____元。

(2) 甲、乙两家超市 3 月份的销售额均为 $a$ 万元，在 4 月和 5 月这两个月中，甲超市的销售额平均每月增长 $x\%$，而乙超市的销售额平均每月减少 $x\%$。

① 5 月份甲超市的销售额比乙超市多多少？

② 如果 $a=150$，$x=2$，那么 5 月份甲超市的销售额比乙超市多多少万元？

(3) 观察下列各式：

$5^2=25$，

$15^2=225$，

$25^2 = 625$,

$35^2 = 1225$,

……

你能口算末尾数是5的两位数的平方吗？请用完全平方公式说明理由。

【设计意图】书本中关于平均变化率所涉及的情境比较复杂，学生对增长率（或下降率）问题总是觉得不好理解。为了分散难点，设计了以上（1）中的几个问题。如果上述问题中的降价都变为涨价，那现价又该怎么算呢？以此为下一题（2）作铺垫。由此例概括出用整式解决实际问题的一般过程：列代数式—化简—求值。（3）先实践，后探究，主要是为了更好地激发学生积极探索的精神，提高学生的学习兴趣。

6. 交流悟理，归纳小结。

由学生谈谈今天这节课的收获及困惑。

（1）通过本节课的学习：

① 对自己说，你有哪些收获？

② 对同学说，你有哪些温馨的提示？

③ 对老师说，你有哪些困惑？

（2）对同学指出的有代表性的问题再作进一步的强调，达到知识的及时巩固与正迁移。

（3）分层布置作业。

【设计意图】发展学生的数学素养，增强学生的反思意识，提取学生的学习结果信息。

（杨幼蜜，载《现代教育报》2011年7月4日）

【教学感悟】凡事要讲求效率

上述案例启发我们，提高效率对于我们提高学习成绩和做好工作都是十分重要的。人们常说，时间是金钱，效率是生命。注重效率，需要抓紧时间，因为效率是在单位时间里产生出来的。无论做什么，都应当有较高的效率。

在微观的课堂教学领域，教学质量取决于教学效率。教学效率与课业负担成反比例：课堂教学效率高，学生课业负担则相对减轻；课堂教学效率低，学生课业负担则相对较重。课堂教学时间是有限的，如何在有限的时间内达成教学目标，又能让学生多学，这是教法改革所探究的问题，也要求我们教师必须把握"中心是减负、重点是创新、关键是育人、支撑在课堂"的教学要求，千方百计地提高45分钟的利用率。

## 二十一、塑造成功法

【教学视点】实施成功教育的方法

成功教育的基本思想是相信每一个学生都有成功的潜能和愿望，通过教师帮助学生成功、学生尝试成功，逐步达到学生自主成功。即通过让学生不断产生成功的情感体验，使其形成积极的自我概念，主动内化教育要求，主动开发内在潜能，成为学习的成功者，进而为成为社会的成功者作好基本素质的准备。实施成功教育的方法主要有以下三个方面。

1. 成功动机要内化于心

现代教育心理学认为：成就动机能够很好地激发人的学习动机。每一个学生都希望自己是成功者，都期待收获肯定和赞誉。成功的动机是一种重要的精神原动力，它能使学生产生主动求知的心理冲动。作为教师，应善于发现学生心灵深处的渴望，积极创造机会，让学生不断地取得"我能行"的成功体验。

2. 成功意志要固化于恒

英国科学家贝弗里奇说："几乎所有有成就的科学家，都具有一种百折不回的精神。因为大凡有价值的成就，在面临反复挫折的时刻，都需要毅力和勇气。"坚强的意志，是事业成功的思想基础。教师在对学生进行正面意志教育的同时，要注重发掘教材中或搜集教材外众多人物的典型事迹，对学生进行挫折教育。鼓励学生，面对困难，选择坚毅；面对挫折，选择坚强；面对失败，选择坚韧；面对繁难，选择坚持。司马迁说："文王拘而演《周易》；仲尼厄而作《春秋》；屈原放逐，乃赋《离骚》；左丘失明，厥有《国语》；孙子膑脚，《兵法》修列；不韦迁蜀，世传《吕览》；韩非囚秦，《说难》《孤愤》……"通过深入发掘这方面的资料，锻炼学生的意志力，使其认识到：如果能够正确认识和对待挫折与磨难，以挫折为师、以磨难为友，并从中吸取教训，挫折和磨难就会变成一种强大的动力，促使人们勇于追求成功。

3. 成功意识要外化于行

首先，创设成功的氛围。要使学生受到成功教育，进而人人争取获得学习上的成功，就必须有一个适当的氛围。第一，注重强化全体学生的成功意识。让每个学生将自己在教师指导下制定的目标写出来，使之成为自己的座右铭，时时激励自己。第二，在教学中适时启发学生，在学习中要不断树信心、立恒心、长雄心，鼓励他们讲述自己学习成功的体会，或是点滴收获，使每个学生都有这样的认识：每个人都有成功的机会，自己也要争取成功。

其次，创造成功的机会。在教学过程中强调参与性，突出实践性，体现激励性，对于那些性格过于内向的学生、那些唯恐露怯而羞于回答问题的学生、那些想提问题又不知从何处提的学生，老师需要设法给他们创造成功的机会，让每个学生认识到，要想成功，需要在经历一次又一次的坎坷中稳步向前，需要在破解一个又一个的难题中昂首前进。

总之，成功教育对激励学生走向卓越、培养学生的成功心理、全面提高学生素质、提高课堂教学效果有极其重要的作用。教育不能急功近利，我们不能指望把学生都培养成精英，但是我们相信，只要提供合适的教育，为学生创造成功的机会，做到培养成功意识心相通，追求成功体验情相系，创造成功人生智相融，就能让学生体验成功的成乐，取得应得的成绩。成功教育，收获的必是教育的成功。

【案例在线】赏识教育引领学生走向成功

山东省沂源县实验中学校长李振义一直把"追求成功"作为整个教育教学工作的主旋律。李振义常说，让学生始终看到自己的进步，不断体会到成功的快乐，这是做教师的本分。为了激发人的潜能，给师生注入成功的信心、活力和动力，李振义从现代社会对人的素质要求出发，实施了"全员赏识、全程赏识、全方位赏识和多方式赏识"，即"三全一多"赏识的激励育人工程。

"三全一多"的最终切合点是将领导、老师、家长、学生都变成赏识激励者,将学校、家庭、社会变成赏识激励的大舞台,让学生在被赏识激励的环境中找到自信,找到成功的快乐,最大限度地发挥自身优点,实现自我激励、主动进步,最终实现教育的成功。

"做火种吧,把你周围同学学习的兴趣点燃!"作业评语中冰冷的对错号,变成了"看了你的书写,我明白了什么叫艺术美"(对书写规范的学生)、"不断积累,不断进步,你将得到升华"(对进步的学生)、"完成作业后你仔细检查,用你的'细心'战胜一个小'错误'好吗"(对作业有问题的学生)等人情味十足的鼓励。"父(母)子(女)通信周"拉近了父(母)子(女)之间的距离,学校对通信统一进行整理,分别结成了优秀家庭教育文集《为了未来的希望》和"我心中的好家长"优秀征文集《心语》。学校对每一个学生从初一入校到初四毕业离校,从校内到校外……即从学生成长的每一个环节入手,使学生时时刻刻受到口头的、行动的、书面的赏识激励。

为了进一步激励学生,让学生以"我也曾经成功过"为题进行演讲,既激励了演讲的学生,又感染鼓舞了其他学生。让每一个班级都办起了"赏识激励园地",对学生的评价由原来单一的"三好学生"改为"三好+十类明星"。为了使自己早日成为"星苑"中的一朵花,学生们你追我赶,争先恐后。学校创办了"赏识教育通报"和"赏识激励卡",随时表扬和肯定学生的闪光点。

学校还统一制作了喜报和"家校联系卡",班主任和任课老师随时将学生在校的思想、学习、生活、守纪等方面的进步情况,向学生家长反馈,学生家长用同样的形式把学生在家表现好的方面反馈给学校。

(崔现龙、齐常山,载《淄博日报》2006年6月22日)

【教学感悟】成功的课堂,是学生成长的乐园

成功是一个人经过奋斗,把愿望变成现实。海洋的成功是浩瀚万里,波澜壮阔;河流的成功是突破高山的险阻,拒绝湖泊的诱惑,一往无前地汇入大海;小溪的成功是接纳涓涓细流和每一滴水珠,唱着欢乐的歌,叮叮咚咚地融入河流。

每一个人都把成功作为不断追求的目标。成功意味着超越自我,超越

他人；成功的本质是不断发展，不断提高；成功是经过奋斗获得的预期的结果，是一个连续的动态的发展过程。成功需要以超越作舟，以发展当桨，以进取为帆。

心理学告诉我们，一个人只要体验一次成功的喜悦，便会激起无休止的追求意志和力量。苏霍姆林斯基说过："一个孩子，如果从未品尝过学习劳动的欢乐，从未体验过克服困难的骄傲，这是他的不幸。"我们应充分鼓励学生追求成功的愿望，体验成功的快乐，发现成功的机会，创造成功的未来。在课堂教学过程中，使每个学生在不断获得成功的过程中，产生获得更多成功的愿景，使每个学生在原有基础上都得到理想的发展。

成功教育是一个连续不断的系统工程，帮助学生成功，大都起源于追求卓越，加深于收获成长，巩固于反思体验，落实于行动改进。只有使学生时有进展，处处有成功，才能使学生摆脱失败者的心态，享受成功体验的喜悦。要创造条件让所有学生都参与课堂教学活动，一切从学生的实际出发，从各个方面为学生创设成功的机会，培育学生的成功动机，激发学生的追求动力，释放学生的巨大潜能，促进学生的全面发展。

## 二十二、网络互动法

【教学视点】应用网络技术优化课堂教学

21世纪是社会发展多元化、学习化、信息化的时代。随着以计算机为核心的信息技术的不断发展及其在教育中的应用，网络技术在课堂教学中得到了广泛运用，改变了传统的教学方式，对于优化课堂教学、提高课堂效率等起到了积极的作用。在实践中，必须坚持三个"化"的教学原则。

1. 着眼知识可视化

根据学生的心理、生理特点，学习知识、训练技能离不开从易到难、循序渐进的形象思维，而网络化的课堂，可以使学生一下子进入色彩斑斓、声像逼真的多媒体的美妙空间，使他们的学习兴趣油然而生，促使他们不断努力学习，探索其中的奥妙，在愉快中强化学习的动机。另外，利用多媒体计算机讲授知识，能增强事物的"动感"，突出事物不断变化的属性，生动地展示事物的形成过程，将文字信息在简便操作中转换为图像信息，变抽象思维为直观思维,使学生在轻松愉快的情境中学习,耳目为之一新,重难点也容易接受消化,这就调动了学生学习的主动性和积极性。

2. 着重资源网络化

网络化的课堂,特别是网上浏览、网上探究、网上协作以及网上讨论,给学生自主发展提供了资源空间与环境空间。网络教学的优势不仅在于显示屏幕上可以出现活动的画面,还在于能够大量储存、快速处理、灵活调用多种信息及数据资料,并且计算机能够很快根据这些资料的变化、组合显示相应的发展过程,这样就便于学生从多方面理解过程,同时能提高学生对学习过程的主动参与程度。

3. 着力手段最优化

在传统教学中,教师讲,几十个学生听,学得怎么样,教师无法一一沟通;每个学生的能力训练达到什么程度,教师在课堂上无法知道。就是提问、抽查、引导订正,也往往挂一漏万。在网络化的课堂中,教师能及时利用网络互动教学提供的高质量反馈,了解每个学生的学习现状并进行指导。通过人机对话,每个学生也能及时发现自己的不足,并得到及时的纠正。不同层次的学生,可以根据自身情况控制学习进度,选择不同水平的习题练习。同时,多媒体计算机具有作业导航功能。网络互动的习题以学生为中心,可由学生自己操作,进行选题、答题,计算机自动对答案给予处理并提供反馈信息。

教学实践证明,现代教育技术是一种高层次、高效率的教育手段。在教学中灵活、合理、恰当地运用,能让学生置身于浓浓的现代化课堂氛围,提高教学质量,收到事半功倍的效果。

【案例在线】语文《桥之思》的教学实录

一、导入激趣,设疑启思

1. 观看flash动画《桥》,欣赏北京金水桥、河北赵州桥、周庄双桥、杭州断桥、南京长江大桥等名桥。

2. 提问:同学们在动画中看到了哪些桥?它引起你的哪些思考?你还想到哪些桥?

3. 揭示课题"桥之思"。

二、自主阅读，感知大意

1. 点击进入《桥之思》专题学习网站中的"走进课文"栏，选择自己喜欢的方式读课文，遇到不认识的字和不理解的词，利用专题学习网站中的"在线词典"助学。

2. 交流：通过刚才的阅读，你知道这篇课文主要写了哪些内容？

三、研读文本，理解内容

1. 朗读课文的第一部分。思考：这一部分是从哪几方面来介绍桥的？

2. 提问：桥有哪些样式？按建筑材料又可以分为哪几种？

3. 点击专题学习网站中的"桥梁样式"栏，浏览各种各样的桥。

4. 思考：桥的基本功能是什么？从文中什么地方可以看出来？

5. 再读课文第一部分，体会第一句和最后一句之间的关系。

四、品读词句，欣赏美景

过渡：桥是路的连接和延伸，使没有路的地方有了路。各种各样造型优美的桥在给人方便的同时，还有些什么作用呢？请同学们带着这个问题自读第二部分。

1. 提问：这一部分告诉我们桥还有什么作用？

2. 桥不但给人带来了方便，而且成了一道亮丽的风景。这部分写了公园里的九曲桥和城市中的立交桥，在这两种桥中，你最喜欢哪一种？为什么？

3. 朗读第二部分，注意体会怎样读才能体现自己的喜爱。

4. 请同学们再读这一部分，思考：从文中哪些词句看出了桥所带来的美？

5. 评析：你从哪些地方感受到了？

6. 点击进入专题学习网站中的"桥梁欣赏"，先欣赏各种桥梁，而后完成练习：

_____因为有了_____桥，更_____。

五、拓展延伸，感悟真情

1. 美丽雄伟的桥引发了我们无限的遐思，作者从这些有形的桥又想到了什么呢？

2. 默读第三部分，思考：这一部分主要写什么？

3. 提问："无形的桥"指什么？这种无形的心桥是怎样构筑的呢？它

又存在于哪里呢？

4. 讨论：为什么说"这样的桥越多、越普遍，我们这个世界就越和谐、越美好"呢？

5. 交流：在同学之间、父母之间、老师之间有没有这样一座相互尊重、谅解、关注、信任的心桥？国家之间、民族之间呢？在日常的生活中，我们是怎么做的？我们应该怎么做？

6. 点击进入专题学习网站中的"心桥架设"，先自主阅读"电话——沟通的桥"、"贺卡——友谊的桥"、"对话——理解的桥"等材料，将自己的想法或讨论的结果写在 BBS 留言板上与他人进行交流。

7. 选择部分体会进行展示。

六、总结全文，升华情感

通过这节课的学习，我们深切体会到：在我们的生活中，路桥必不可少，心桥更为珍贵。心与心相通，就会构建起一座座心桥——谅解之桥、友谊之桥、信任之桥……这样的桥存在于心灵之间、民族之间、国家之间。让我们共同努力，一起来架起这一座座无形的心桥！

(徐端斌，载《中小学信息技术教育》2007 年第 1 期)

【教学感悟】利用网络化课堂，提高教学实效

《桥之思》的教学案例中，教师根据课文内容设计开发的"《桥之思》专题学习网站"，以"走进课文""在线词典""桥梁样式""桥梁欣赏""心桥架设"等栏目，为学生的课堂学习提供了较为完善的信息系统，依靠网络资源，构建起生动的教学场景、友好的操作界面，为学生创造了自主学习和协作学习的环境，让学生通过教师的引领在网络中自由地遨游，增强了学生自主学习、主动探究的意识，促进了学生对知识的主动建构。

通过上述案例，不难看出，网络化课堂作为新课程标准中提出来的新理念，它必将对教师的教学思想、教学方法、教学过程以及对学生的学习方式产生深刻的变革，最终导致整个教育思想甚至教育体制发生根本的变革。

面对缤纷的世界，面对海量的知识，作为一个 21 世纪的教师，在课堂教学中引入信息技术势在必行。在信息技术与学科课程整合的过程中，通

过人机交流、师生交流、生生交流，生动地体现教师主导作用和学生主体作用的有机结合，必然会给课堂注入新的活力，提高课堂教学效率也就水到渠成了。

## 二十三、纠错自省法

【教学视点】纠错簿的妙用

　　歌德说："错误同真理的关系，就像睡梦同清醒的关系一样。一个人从错误中醒来，就会以新的力量走向真理。"如果学生在平时的学习中重视纠错，及时总结得失，对提高学习效率有举足轻重的作用。建立纠错簿，教师一定要提醒学生注意在以下"六个一点"上下功夫。

　　第一，记录错误早一点。一科要有一个专门的记录错题的笔记本。根据自己的实际情况，软皮本或硬皮本都无所谓，但一定要满足自己的整理错题所需且利于保存。

　　第二，整理错题细一点。分门别类地对平时练习或考试中做错的题进行整理、分析、归类。分类时可以根据错误的原因、课本章节顺序、解题技巧等情况进行分类。

　　第三，错题归因实一点。分析出现错误的原因，明确是答题失误，还是思维方法错误、知识错误、计算错误，这是建立纠错簿最为关键的环节。

　　第四，牢记错误准一点。把做错的原题在纠错簿上原原本本地抄一遍或剪贴在错题本上，把原来错误的解法清晰地摘写在纠错簿上，时时提醒自己"题不二错"。

　　第五，纠正错误巧一点。对每一道题目的错误原因都要弄清楚，然后记下错误的类型和原因，还要一步一步规范地把原题做一遍，以便加深印象，逐步形成能力。如果题有多种解题思路，可以在旁边用另一色笔把几种解法的简要思路写上。

　　第六，定期归类透一点。定期归类、整理。每一次周清、每一次月考结束之前，应该对这一周、一个月解题过程中所犯的错误进行归类整理，把它们分成知识错误、思维方法错误、计算错误等几部分。这个过程是再学习、再认识、再总结和再提高的过程，可使大家对知识的理解更深刻，对知识的掌握更牢固，对知识的运用更灵活。

总之，错误是财富，是进步的资本，错误离成功最近。只要在学习中经常做到温故知"错"，"改过"而"知新"，错题本就会成为学生制胜的法宝，就一定会帮助学生取得成功。

【案例在线一】利用"失败"，反求"成功"

泰戈尔有句名言："当你把所有的错误都关在门外，真理也就被拒绝了。"这话意味深长，发人深省，向世人揭示出错误也有不菲的价值。美国有一个叫罗伯特的人，用几年时间收集了七万多件"失败产品"，然后创办了一个"失败产品陈列室"，并一一配上了言简意赅的解说词。由于这一展览给人以真实深切的警示，开展后观者如潮，给罗伯特带来了滚滚财源。展览"失败"竟创造了"成功"。这让我联想到一句西方的幽默：所谓垃圾，就是放错了地点的好东西。既然放错了地点，就不妨重新找个地点放，谁找准了这个地点，谁就能让那些"垃圾"大放光彩。在美国的圣路易斯市，有一个引人注目的假医药陈列馆，被"揪出示众"的全是坑人骗人害人的玩意儿。参观者睹物反思，受到了一次极其深刻的打假教育，并在感慨万千后切实提高了识别假货的能力。正因为展览会的设计者们为"假货"这个"垃圾"找到了一个引人注目的"好地方"，他们才获得了空前的成功。其实在学习上莘莘学子会经历很多失败，但智者能巧妙利用失败从而孕育成功。有位记者访问了一所名牌中学的7位高考单科状元，问他们在学习上有什么好的经验，虽回答各异，但有一个惊人的共同点是他们都能从失败和错误中吸取营养，滋润成功。甚至有4人不约而同地拿出一个本子，只见封皮上工工整整地写着三个字——错题集。打开本子一看，原来他们把作业或考试中做错的题都收集在里面了，他们先把错的解答原封不动地抄下来，用铅笔标出出错的地方；然后认真做一遍，把正确的解答写在错误的下面；最后用简明的语言归纳出错误的类型和失败的原因，为的是提醒自己注意。他们把这个过程叫作改正错题的"三部曲"。他们怎么想到建立错题集的呢？以前，老师每次发回作业和考卷，他们只关心分数，得了高分，自然高兴；得了低分，丧气地往书包里一塞了事。后来，他们发现，不少考题是自己平时做过的习题，或者略作引申，相差无几，看起来似曾相识，做起来照样出错。有一次，老师在讲评试卷时说："解答错误，反映了知识的欠缺和理解的错误。一个'x'就是一个漏洞，若不及时修补，日积月累就补不胜补；水壶底出现了一个洞，水很快就会漏光，要是漏洞太多，成了一把'漏壶'，知识还能存住多少？"老师的话引起了他们的深思，他们决心补好漏洞，凡是做错了的题，都要多加反思，一个也不放过。为了便于查阅，他们郑重其事地开始编写错题集。说来也怪，开头一两个月，要收入错题集的题目一个接一个，每天要花不少时间。一年以后，需要"登记"的错题就越来越少了，有时候，一星期也碰不上一个。有位哲人说："失败的味道挺苦，包含其间的道理却是甜的。"可见经营"失败"正是一种"高明"。关键是，你必须别出心裁，另辟蹊径。

（章剑和，载《初中生之友》2011年第25期）

## 【案例在线二】别浪费失败

20年前的中考数学满分是120分，我以118分的成绩居全县第一。老师让我谈谈自己的成功经验时，我拿出了16本错题集。最值得一提的是第16本错题集里只收集了6道题，其中一道就是中考时最后20分的附加题。我的错题集让老师大为赞赏。他一直把我的16本错题集保留着，借此鼓励下一届又下一届的学生。

那16本错题集囊括了初中3年我所有出错的数学题。初一数学4本，初二数学4本，初三数学2本。其余6本是综合整理了3年中容易出错的数学题。易错题有从作业本上摘录的，有从考卷中摘取的，还有的是从课外书上摘录下来的。第16本错题集中那道"含金量"最高的中考附加题就是课外书上的，那是一道几何题，是一道怪题难题。怪到让人感到所给的条件不足，难在要做三道辅助线。初遇这道题时书上没有答案，我当时绞尽脑汁也没想到解决办法，后来我在另一本数学课外书上发现了答案，让我茅塞顿开，欣喜若狂。那道题设计得太妙了，那三道看不见的辅助线就像是三架云梯，把我送到了峰顶，让我领略了无限风光。

第11、12本错题集最厚，分门别类地集合了初中3年中改错后又反复出错的题目。第13本就开始变薄了，第16本就只剩下6道题，实在找不出再容易犯错的题了。这6道题全是课外书上的，复杂而有难度，可以说是初中数学中的6座高峰。

在考场上，面对4张数学考卷，我体会到了"读书破万卷，下笔如有神"的快感。那些题目就像老朋友一样向我热情地微笑，我从头到尾没遇到一个拦路虎。时间刚过半，我就答完了卷。又反复检查了四五遍，连标点符号都检查了。考试完毕，许多考生却说题量多，难度大，时间不够用。

我知道这次考试非常成功，对我来说，这次考试就像一次玩游戏。3年来我在书本中反复畅游，多少道易错的难题都让我做熟了。踏平坎坷成大道，任何困难，你无数次克服了它，在你面前，它就不再是一只凶巴巴的老虎，而变成一只温顺的小猫咪了。

著名桥梁专家茅以升的数学成绩特别好。据说他的成功也是因为建立了多本错题集。人生谁都有走错路、做错事的时候。错了，要走出一味自责的怪圈，如果走不出这个怪圈，就会让你一错再错。我们要直面现实，错了总有错的原因，也许是条件还不具备，也许是我们疏忽大意。

珍惜错误吧，它和成功一样重要，是我们人生宝贵的经验。让人惋惜的是许多人不善于利用错误，而白白浪费了错误资源。

（杨传良，载《中华文摘》2008年第1期）

**【教学感悟】** 不要让同一块石头绊倒两次

上述案例启发我们，成功的学生都有很好的学习习惯，平时做考卷和复习时，都随手准备一本纠错簿，把做错的所有题目及时地收集、整理，并对每道做错的题目进行详细分析，找出造成错误的原因，明白自己的薄弱环节，及时查漏补缺。

"天空收容每一片云彩，不论其美丑，故天空广阔无比"，犯错误是学生成长中的一种必然现象，教师不仅要有能容错的胸襟，还要巧借学生的错误寻找教学生长点，让纠错簿成为学生知识的"背囊"，进而提高学习效率。纠错簿上记录的都是学生曾经走过的"弯路"，每记录一个错误，都提醒学生提高对相关知识的认识，进行跟踪式剖析，多次触碰错误，揣摩知识困惑点，前勾后连，仔细辨析，使学生头脑中对容易出错的知识加深印象，同时也促使学生在改正错误的过程中走向成熟，走向完善。

　　罗马杰出的演说家西塞罗说过："被同一块石头绊倒两次是一种耻辱。"纠错簿如何使用？关键在于教师的正确引导，教师应建立起质量反思意识，错题就是我们教学中的"次品"，要及时加以改造，修补教学漏洞，使之成为"合格品"。只要学生能够主动识错、知错、纠错，善于在错题中找真金，就完全不用担心他们曾经犯过的错误了，它们会成为学生通往成功路上坚定的基石，帮助学生攀登到成功的顶峰。

## 二十四、智慧管理法

【教学视点】建立学生导向的课堂新秩序

　　在传统课堂上，教师扮演着警察、法官的角色，实施严格的课堂管理，强制学生被动服从教师的"指令"，强制学生完成学习任务。在现代社会，学生的思想越来越多样、多元、多变，新的课堂教学秩序追求积极思维的有效激活、脑力劳动的适度紧张、情感体验的逐步加深，追求教师要以坦荡的力量赢得学生，以坦诚的力量赢得支持，以智慧的力量赢得信任，它要求课堂管理的视角发生根本的转换，从教师主宰一切转变为以学生导向为中心，把学生的需要作为第一信号，把学生的成长作为第一选择，把学生的自我管理治作为第一标准。而营造新的课堂秩序，要求教师必须树立智慧型管理理念。具体而言，智慧型课堂管理要以"五个力"为抓手，不断创新课堂管理。

　　1. 以人为本增引力

　　课堂管理的根本目的不是控制学生的行为，而是促进学生的发展。在课堂管理中，应以学生为中心，时时考虑学生的需要，在全面分析学生实际情况的基础上，通过师生的课堂管理活动充分调动学生课堂学习的主动性积极性，让课堂焕发出生命活力。

　　2. 人性至上激活力

　　与传统的强迫纪律不同，现代课堂管理强调要实行人文化的管理，使课堂管理方式呈现出人文特性和无痕境界。实行人性化管理，以"以罚代管"，更容易让学生接受。以严格的规则和苛刻的惩罚管理课堂，会使学生觉得老师总是"太认真""小题大做""吹毛求疵""横挑鼻子竖挑眼",让学生产生畏惧心理、逆反心理,不可能让学生心服口服。在课堂管理中,只有为每个学生营造一种以相互信任和尊重为基础的愉快、智慧、高效、融洽的课堂氛围,才能不断激发学生自强、自尊、自立的心理,从而使学生在课内外过一种健康、幸福和有意义的生活。

3. 纪律约束靠内力

课堂纪律不能只看表面上的热闹或安静,而应追求学生思维的活跃和自由。好的纪律表现为师与生的和谐、个人与集体的互动、自律与他律的结合、"放"与"收"的辩证统一,是"形散神不散"的纪律,是学生在对学校纪律认同、接纳和内化的基础上对纪律的超越。

4. 自我管理加压力

传统的课堂管理,包括课堂常规、纪律、规范和策略,都是以教师为中心设计的,强调自上而下的约束,并在课堂中由教师监督和实行。现代教育生态学原理告诉我们,课堂管理是一种自组织行为,教师与学生都是这种组织行为的一个生态因子,他们的地位是平等的,遵守课堂常规不仅对教师维持课堂秩序有利,而且对学生的成长和发展有利。这就要求教师要特别注意学生的自我管理,通过学生积极主动地参与课堂管理和教学活动,让学生承担他们可以承担的责任,自己管理自己,自己监督自己,自己发展自己,培养学生的自主意识和责任感,从而激发其主动性和创造精神。

5. 满足需要聚合力

传统的课堂管理是以控制与矫正学生的违纪行为为重要特征的。当代课堂管理理论普遍认为,学生的行为甚至是违纪行为,都受其内在需要的驱动,都是学生尝试满足某种需要的结果,学生的问题行为主要是由课堂环境不能满足其归属、认同和爱的需要造成的。当课堂环境不能满足基本需要时,学生在课堂上经常表现出消极应付,精神疲惫,毫不耐烦,对课堂漠不关心,甚至会将自己的行为转向寻求关注、寻求报复、规避失败等相反的目标,错误地制造各类违纪行为来满足自己的心理需要。因此,为了提高课堂管理实效,必须通过关注学生的需要和创建一个有意义、真正能够满足学生需要的积极课堂环境,让学生在课堂环境中切身体验到自己各种需要被满足,使学生积极进取、精神振奋,从而减少违纪行为,形成良好纪律。

【案例在线】消防车来了

**消防车来了**

今天是星期一，第一节就是语文课，教学内容是有趣的童话《小山羊》。为了让学生对这节课感兴趣，侯老师早就着手准备了，昨晚，光那几个精致的小山羊、小黄牛、小鸡和小猫头饰就让她忙乎到半夜。

侯老师很有信心地提起精神走进课堂，手中的那几个头饰果真让好些学生眼睛瞪得圆溜溜，他们那好奇的神情，也让辛苦后的侯老师好不得意。课堂顺利地进行到十多分钟时，突然，从窗外传来一阵急促的"的嘟的嘟"声，这声音犹如一块巨石落入平静的水面，教室里顿时喧闹起来。紧接着，像有谁下了一道命令——"向左看齐！"一样，所有的学生都向左边看去。这是怎么啦？还没等侯老师喊出声来，坐在靠窗边的同学已经站起来，趴在窗台上向外张望，其他的同学更是着急，他们有的站在椅子上，有的一蹦一跳，脖子伸得老长，平时上课就坐不住的郑欣杰索性冲出座位，紧跟着十几个学生一下子涌到窗前。他们你扒我，我推他，争先恐后地向外张望。

此时，受了冷落的侯老师脸色可不好看了，这是上课时间呀，怎么想干什么就干什么？还要不要纪律？可这个时候，谁也顾不了侯老师了，同学们看到一辆红色的消防车由南向北从窗前驶过，大家嘴里还"哇哇"地叫喊着，转眼工夫，消防车就在同学们眼前消失了，那刺耳的"的嘟"声也渐渐远去。回过神来的学生有的赶紧坐下，有的立刻回到座位上。再看看侯老师，奇怪，她脸上的表情舒展开了，仿佛什么事都没发生一样。她静静地看了大家一会儿才拍拍手说："好了，都回位吧。"得到了满足的同学一下子变乖了，都老老实实回到了自己的座位上，也许是意识到要挨批评了，谁都不敢作声，教室里恢复了平静。

**不能白看**

侯老师拿起粉笔，转身在黑板的右边写了一个"看"字，然后微笑着问道："你们刚才看到了什么？"话音刚落，同学们又活跃起来，郑欣杰抢着说："看到一辆消防车。"好多同学附和道："对！"可侯老师不满意，她鼓励学生说:"你们能不能说得完整些,清楚些?看到消防车怎么样?"李昊站起来,把手举得高高的,一副胸有成竹的样子。侯老师请他发言,他放开嗓门响亮地答道:"我看到一辆红色的消防车从教室窗前飞驰而过,上面还有解放军叔叔。"侯老师笑了,故作惊讶地说:"哇,你比我强,都会用'飞驰'了,谁教你的?""我看书学的。"李昊神气极了。"你真了不起,看来多读点书确实能丰富我们的知识,使我们变得聪明起来。大家为李昊同学鼓掌。"侯老师的提议得到大家的赞同,教室里响起一阵热烈的掌声。李昊更加神气,他端坐在位置上,认真地看着侯老师。这时,侯老师也在注视着他,并亲切地对他说:"李昊,我给你提个意见,站在消防车上的不是解放军叔叔,而是消防员叔叔。"李昊腼腆地点点头,紧接着嘴里又蹦出一句:"消防员叔叔是专门去灭火的。"瞧,他总是比别人懂得多。

这时,一向不爱发言的孙芳芳也举手了,侯老师心头一喜,马上把机会给了她。她站起来大大方方地说:"我看见一辆红色的消防车,上面站着三个(只看到一侧)全副武装的消防员叔叔。"侯老师高兴地向她竖起了大拇指,瞧她那得意样,仿佛天下她最棒。接下来,侯老师又拿起粉笔在"看"字后边写了一个"听"字,然后追问同学们:"你们是先听到声音,还是先看到车?"班长刘嘉第一个举手,她答道:"我想起来了,是先听到声音。"侯老师马上把"听"字擦掉,写到了"看"字的前面,然后直夸刘嘉观察仔细。"侯老师,我知道消防车是这样叫的——'的嘟的嘟'。"爱模仿别人表演的陈晓急得满脸通红,他的发言逗得大家都笑了。这时,侯老师提醒大家:"听到声音后,你们看到同学们有什么反应?教室里变成啥样了?"侯老师让大家分组说说。各小组的同学围在一起,七嘴八舌地议论开了。侯老师走到郑欣杰他们组,他正在发言:"我一听到消防车'的嘟的嘟'地叫,就忍不住跑到窗前去看。"一向都比较守纪律的吴婉青一本正经地说:"一听到消防车的声音,教室里就闹哄哄的,同学们都跑出位子,有的冲到窗前,有的站在凳子上,我怕自己看不见,才站到了凳子上的。"侯老师肯定她说:"吴婉青不仅注意到自己当时的反应,还观察到了全班同学的反应,真是个细心的孩子。"讨论结束后,侯老师指着黑板上的"听"和"看"说:"同学们,我们是先用耳朵听到声音,再用眼睛看到了教室里的反应,接着又看到了消防车飞驰而过。我们的耳朵、眼睛都参与了观察,很好!我们还要让脑子也活动起来。大家回忆一下,你们看到消防车后,想到了什么?"侯老师在黑板上那个"看"字后面又写了个"想"字。同学们的积极性很高,有的说:"我想到有一个地方着火了,消防车赶去救火。"有的说:"我希望消防员叔叔赶快把火扑灭。"有的说:"我想现在是秋天,要注意防火。"还有的说:"玩火危险,我以后不玩火了。"看到同学们有了收获,侯老师真高兴呀!最后,侯老师用红粉笔把"听""看""想"圈了起来,说:"如果你们能把刚才听到的、看到的和想到的连起来说一段话,那就更棒了。"侯老师的话音一落,同学们都跃跃欲试,小手臂举得跟小树林似的,发言的同学个个都说得头头是道,有的还说得很有条理,很精彩,乐得侯老师满脸堆笑。她感到今天的这堂课收获太大了。

"我要写"

不知不觉,下课铃响了,几个没有机会发言的同学围住了侯老师,这个喊"侯老师,我要说",那个叫"侯老师,我也要说"。侯老师认真地听学生们说,还不时地点头、鼓掌、纠正,教室里出现了从未有过的学习场面。又一节课马上要开始了,张清晖一脸的遗憾,突然,她换了一副表情,高兴地说:"侯老师,我今天不能说给你听,我要写一段话给你看。""那太好了!写好了明天一定给侯老师看看,我奖励你一朵小红花。"她满意地跑回座位,两根羊角辫一翘一翘的,可爱极了。侯老师太了解她了,平时一写话,她就烦,今天她也不把写话当负担了。

第二天早上,张清晖交上了自己写的一段话。这段话由汉字和拼音混杂而成,但出自一年级学生之手,实在是顶呱呱。全段如下:"今天上午,我们在教室里上《小山羊》这一课。同学们上得正来劲时,一阵刺耳的'的嘟的嘟'声从远处传来。出什么事了?我很紧张。教室里像开了锅似的沸腾了,同学们都坐不住了,他们有的跑到窗前,有的翘起脚跟,有的干脆站在凳子上,所有的人都在向外张望。不一会儿,'的嘟的嘟'声越来越大,一辆红色的消防车从我们眼前飞驰而过,上面还站着几个全副武装的消防员叔叔。'的嘟的嘟'声越去越远,但我还在想着它,也不知哪里发生了火灾。我希望消防员叔叔赶紧把火扑灭。"下午放学时,张清晖的妈妈见到侯老师就说:"昨天晖晖写了那么长、那么好的一段话,我都不敢相信她有这个水平。"张清晖妈妈的脸上洋溢着幸福的笑容,孩子的眼睛闪烁着自豪的光彩。看到这一切,侯老师把喜悦埋藏于心底,因为她知道,自己面前的路还很长……

（吴萌，载"人教网"）

**【教学感悟】** 应掌握智慧管理策略

在上述案例中，一辆消防车的驶过，使侯老师精心设计的《小山羊》一课的课堂上出现了纪律混乱的现象，侯老师似乎没有完成"教学任务"。学生们没有受到侯老师的批评指责，相反，侯老师却启发学生把看、听、想的内容说出来，甚至写出来。课堂上涌动着那稚嫩的生命的好奇和探索，语言变成了快乐的音符，这难道不是一堂成功的语文课吗？设想一下，假如侯老师硬让学生回到座位上，继续讲《小山羊》，学生失去的将是何等鲜活的体验；假如侯老师板起面孔维持纪律，孩子们的好奇心和探究冲动将会受到压抑。

众所周知，良好的课堂秩序，是教师的"教"和学生的"学"得以顺利、有效进行的保证。上述案例启发我们，在课堂教学中，智慧型的管理，对于形成良好的课堂秩序，培养学生的自制能力、民主意识、良好的人际关系等，有着良好的促进作用。

智慧型管理，要求老师拥有一颗宽广、仁爱的心。好教师总是谆谆教诲学生，使学生明白关于人生和学习的哲理。当学生听讲遇到困难，精神溜号时，教师要耐心地为学生答疑解惑，使学生走出困惑；当学生学习受挫，昏昏欲睡时，教师要如风一般地为学生鼓起自信的帆，引领学生卸下学习烦恼的包袱，勇敢向前；当学生志得意满而傲气十足时，教师要及时告诫学生虚心使人进步，骄傲使人落后的道理；当学生学习受阻时，教师要鼓励学生决不放弃；当失败的冰雹袭来时，教师要给学生提供一个安全的港湾；当学生感到彷徨时，教师要激励学生坚定理想，奋力前行。

智慧型管理，要求老师拥有育人的聪颖智慧。教师常用敏捷的思维捕捉学习生活中的教育契机。每一次善意的提醒，每一次贴心的教诲，每一次含蓄的批评，每一次迂回的指点，都充满智慧气息，启人心智，都让学生获得生活的哲理、处事的艺术、精神的滋养、情感的生华。

智慧型管理真好！有了智慧型的管理，不想学习的学生不再无聊，不愿听讲的学生不再低迷，不守纪律的学生不再庸俗。在智慧型管理中，甘醇甜美的语言、激扬奋进的提醒、朴实的人生哲理，如醍醐灌顶，洗涤灵魂，使学生回归本色与纯美。

# 后　　记

　　书稿如期完成，当提笔写最后一部分——后记时，心中的千言万语，刹那间又逃得无影无踪，真可谓欲言又止。本书是我在参加"天津市未来教育家奠基工程"培训班期间，历经三年而写成的。关于这部专著，想说的话很多，但又似乎怯于言说。想说的话很多，是因为求索之艰辛与深蒙多方关怀之幸运；怯于言说，则是深知求索之无涯与自身之疏薄。

　　承蒙学校领导的厚爱，2010年我成了"天津市未来教育家奠基工程"培训班的一员，学习三年，同时亦笔耕三年。将"课堂教学'心'主张"作为研究对象是天时、地利、人和等各方面的原因所致。天时，是《国家中长期教育改革和发展规划纲要（2010—2020年）》出台，指出要把提高质量作为教育改革发展的核心任务，而要想提高教育教学质量，根本在课堂，如何提高课堂教学的质量，是摆在每位教师面前的一项紧迫任务；地利，则是因为我所在的学校系一所拥有90年历史的名校，在科研兴校、科研育人上具有得天独厚的条件，学校浓郁的科研氛围，常常会带给我研究的灵感与使命；人和，则是从选题到写作的过程中，我受到了著名德育特级教师张万祥先生等许多专家的指导和帮助，经过三年的翻阅、整理、撰写终于完成本书的写作。工作之余，又常会拿出来增删修改，终于使书稿得以定型。

　　出书本是一件严肃的事情，它像一个品牌，它是作者的定格。余一凡夫，文采平平，无大功绩，何敢出集？为名？为利？非也！为吾参加"天津市未来教育家奠基工程"培训班时际遇的许多德业双馨的老师！吾虽不才，每每与所敬仰的各位专家相遇，诸如顾明远先生、王敏勤先生、张武生先生、杨启亮先生等等,耳濡目染,总算学得一些教学本领。为感师恩,结此小集,作为向各位恩师献交的一份作业。在这份作业中,有各位专家笔墨的影子,有各位恩师教诲的心声。它虽不成熟,或不及格,在我却是一份阶段性的小结。但愿没有辜负各位专家的教诲,没有辱没各位专家的名声。

当我的这部教学专著即将付梓之时,心里堆积着沉甸甸的感谢。最要感谢的是我的科研导师张万祥先生。我有幸师从张万祥老师,于我来讲,他是学界前辈,也是一位我敬仰已久,并受益颇多的大家。我与张万祥老师相识、相知,皆缘于对教育的热爱。他锲而不舍、坚毅不拔的教育实践,他文章中所展扬的教育智慧、拳拳爱心、人格魅力,让我日益明其志,懂其言,察其心,知其人。张万祥老师从教以来一直做班主任,酷爱教育,堪谓成"痴"成"瘾"。从上班伊始,其班主任生涯迄今已四十余年矣!从初一至高三,从普通班到特长班,张老师都教过,教育之情日久弥深。工作之余,不避寒暑,阅读不辍。见到名著,更是如饥似渴、反复体味。几年前,张先生开网络收徒之先河,众多门生有幸列于张老师门下,对于教育教学技巧,大家更是珍惜机缘,夜以继日,发奋苦攻。在张先生的倾心相授下,众徒弟教育境界日见精进,对教育艺术的理解与感悟亦实现了质的飞跃。后来很多人都成长为德育方面的专家,但大家仍以甘做小学生的态度,一丝不苟,不敢稍有懈怠,个中艰辛,亦非常人所能想象,真可谓"深耕教坛""汗水成河"。汨汨的汗水浇铸成张万祥老师育人智慧的坚实根基,无尽的付出孕育了他今日在教育方面的突破和创新。记得先生第一次约我编写《破解班主任难题》时,先生便将其编写的多部德育著作赠于我,并附赠言,我大为欣喜;后又聆听先生讲授德育智慧、带班锦囊等,在一次次学习的过程中,先生深厚的文化学识、涵养深深感染了我,使我自觉地关注德育科研,特别是自觉地对教育工作充满热爱,这也成为撰写本书灵感的重要来源。我想,如果没有先生对我的殷切期望和培养,也就不会有这部书了。先生虽然已经退休多年,仍孜孜不倦地潜心做学问,无微不至地关心我的学业、生活和工作,让我心生敬意时又备感科研的幸福,他不仅是我求学的导师,亦是我人生的导师。当这部书稿成型之时,我忐忑不安地将书稿递交给张先生,先生不仅给了我修改意见,而且主动联系出版社，希望本书付梓出版，这对于我来讲更是莫大的激励与鞭策。

我又有幸成为蔡则晓先生的学生。先生旷达、慈祥的人格魅力，严谨的治学方法和开阔的学术眼界，令我心向往之。进入实验中学，又多蒙先生点拨。先生对我极为关心，我虽甚努力，仍觉与先生之期望相差甚远。先生对我又极为亲切，谈笑间指导我如何做人、如何做学问，路上、书房中、办公室里，都留下了永远的记忆。我所尝试的教学改革工作、教科研工作，凝聚了先生大量的汗水，尤其是在我所做的市级展示课中，大至教学构想，小至板书设计，先生均悉心指点，并提出具体建议，此情此景，让我感激涕零。先生不仅循循善诱、诲人不倦，而且对我们的生活关爱有加，视我们如其子女。在先生的关怀下，我们学科组亲如兄弟姐妹，彼此在工作中相互帮助、相互学习，其乐融融。先生教诲之谆谆、举止之德馨，将永驻我心。

我还要感谢大夏书系团队为这部专著的出版所付出的心血。他们时刻都在关心我的学术成长，在书稿的立意、体例及写作方向方面给了中肯、合理的建议，亦对我的写作给了诸多支持与鼓励。同时还要感谢与我朝夕相处的同事们，因为有了他们的陪伴，我的学习生活、工作生活充满了欢声笑语，与他们共同经历的青春往事，将永久地珍藏在我的记忆册中。同时本人深感自己才疏学浅，又不自胜、勤行，几经周折才完成本书，可谓是"芜词拙笔，徒污仙眼耳"，实在愧对各位领导和专家的栽培与殷切期望。

付梓之际，恳请专家们批评指正。日后，吾将求索而不怠。